Knowledge BASE 系列

一冊通曉 猶太教、基督教、伊斯蘭教的共通聖典

圖解 舊約聖經

生田哲 著 黃碧君 譯

宗教、民族、歷史的連結與啟發

文◎何宛倩
（東吳大學歷史學系副教授）

「神的選民」──篤定信仰的猶太人

對於一個近兩千年間頻遭迫害、流離失所的弱小民族，何以能始終團結、並在族群認同上奮鬥不懈，發展出影響後世深遠的文化遺產，究其源由，猶太人對其律法經典的重視與遵守，應該是最重要的原因。

虔誠敬拜並絕對服從耶和華的猶太人成為神的「選民」，神並對猶太人應允了種種的承諾與責任。神曉諭摩西而宣布的律法、典章和誡命，是猶太人最基本的文化規範，他們透過對律法無止盡的鑽研，建立了堅定的信仰與理想；從日常生活到週期性的宗教節期，自私人的個體活動延伸到集體活動的範疇，代代相傳，反覆地重溫其民族文化的歷史與意義，形成強烈有別於其他民族的文化藩籬。

以宗教解釋歷史、以歷史事件論證宗教

猶太教是猶太民族的靈魂，不僅是民族歷史的產物，也是維繫民族團結的紐帶。號稱「聖經之民」的猶太人以宗教觀念來解釋歷史，又以歷史事件來論證宗教，這是猶太文化最顯著的特徵。要了解猶太人的生活、道德、社會、歷史及宗教，不能不透過《舊約聖經》方可一窺堂奧。猶太文化的核心是「與上帝立約」，《舊約聖經》就是與神立約的見證，是上帝的恩典，是獨特而神祕的啟示，因此猶太人深信「遵行神的意旨，神就降福，背離神的意旨，神就降禍」（〈申命記〉11章13～17節）。所以無論是古代的宗教反猶主義、近代的經濟反猶主義、乃至於現代的種族反猶主義，都未能摧毀猶太人，相反地更磨練猶太人堅忍的意志。他們維護民族團結、保持歷史文化，並對抗打壓、迫害的強權勢力，在在凸顯他們是立約的選民。

從《舊約聖經》追溯種族恩怨的根源

　　烽火連天的中東地區，情勢的演變始終是世界所矚目的焦點，更是世界和平的重大威脅。以、阿之間的恩怨情仇必須追溯到歷史的根源，數百年來歐洲人對猶太人的百般迫害和瘋狂屠殺，造成劫後餘生的猶太人在復國之後，對巴勒斯坦這塊「上帝應許之地」產生了牢不可破、退無死所的情結，也因而形成了與阿拉伯人間無止境的對抗和舉世震驚、難以計數的恐怖行動。

　　歷史變遷中，宗教經常具有教育的作用，促進道德的進步和文明的提升；然而，宗教戰爭在人類歷史上卻也是最血腥、最殘酷的，誠可謂「民不畏死，奈何以死懼之」，更不禁令人想起《詩經》中「時日曷喪，吾與汝皆亡」那句話。然而在譴責暴力的同時，吾人也應對這段歷史的淵源有進一步的了解和省思，因為沒有記憶就沒有反省，罪惡與苦難也

　　必然一再重演。《圖解舊約聖經》是日本學者生田哲先生的力作，本書以深入淺出的圖解形式，在每一頁文字之後附上一頁相關的圖片、家譜、世系表、地圖，圖文並茂地介紹聖經的知識內容，更以清晰的邏輯推演讓讀者進一步地理解到人類的本質是古今相通、亙久不變的道理，並以化繁為簡的深厚功力將聖經的教誨積極活用在日常生活當中。在作者的循循善誘、因勢利導之下，相信能夠使讀者得以輕鬆吸收相對沈重的歷史教訓，並從中得到學無止境的樂趣和滿足。

何冠儒

主導世界的根基——《舊約聖經》

　　猶太教、基督教與伊斯蘭教都信仰唯一的神，在全世界擁有相當大的影響力，世界總人口中就有四成的人信仰這三種宗教，而他們共通的基本經典即是本書的主題「舊約聖經」。

　　宗教可說是倫理、道德、文學、藝術、生活習慣的根基。這個世界表面上看來似乎是由經濟在推動著，但若剝開這層表面，主導世界的卻是倫理、道德等思想。若再往內探究，則真正的根基其實是民族與宗教。

　　《舊約聖經》的內容描寫了與前述三大宗教相關的民族與宗教根源。如果不了解《舊約聖經》，就無法掌握世界在政治、經濟、文化、紛爭等現象背後所潛藏的道理和原則。

　　神是什麼？人又是什麼？為什麼一週是七天？為什麼每週要休假一天？為什麼不能殺人？為什麼不能偷盜？為什麼不能姦淫？為什麼猶太人要堅守以色列這塊小小的土地？各種疑問多到問不完。

　　《舊約聖經》明白記載著契約的概念、濟弱扶傾、稅金、實行正義、正直、公平、透明性等支撐著當今國際秩序的重要基本思想。國人不論是在海外發展，或是在國內與來自世界各地的外國人生活及共事，都必須具備《舊約聖經》的知識才行。

　　《舊約聖經》裡生動地描寫了人類的心理和行為，也就是善和惡、獨善其身、謊言、賄賂、詐欺、竊盜、姦淫、嫉妒、殺人、放火、強盜等的惡行，以及個人與社會種種不正義的現象。不論古今中外，人類深層的心理和行為在根本上是不變的。《舊約聖經》即是站在神的觀點，從人類存在的根本來描寫人類的心理和行為。

　　如果理解《舊約聖經》的話，就能夠通曉人類的本質。但是，要理解《舊約聖經》並不是一件容易的事，因為《舊約聖經》描寫的是距今三千年以前的事，此外日本和以色列在地理、歷史、文化上又有著很大的差異。舉個例子來說，〈箴言〉二十六章十七節裡寫著：「過路的人被激怒，去

干涉與自己無關的爭執，就像人揪住狗的耳朵。」《舊約聖經》裡出現的「狗」，指的是當時未經過品種改良、性情凶暴的「狼」，因此這句話是要人不要涉入與自己不相關的事物，帶有強烈的警告意味。然而若以現在一般所認為憨厚又可愛的狗來解讀這個句子的話，就無法理解〈箴言〉的意義了。

像這樣去了解句子中每個詞的意義，對於理解《舊約聖經》來說是很重要的，不過，更重要的是要掌握住《舊約聖經》整體的面貌。如果只是理解其中詞句的意義，但卻不知道《舊約聖經》整體的面貌，就會像是迷失在森林裡、漫無目地四處徘徊一般，無法了解聖經真正的意義。

許多國人正是因為這樣而放棄閱讀《舊約聖經》，令人感到相當可惜。為了讓更多人能夠了解《舊約聖經》到底在寫些什麼，我因此動筆寫了這本書。

本書的目的即是要向讀者介紹，《舊約聖經》究竟是一本什麼樣的書，以及其內容為何。筆者不僅期待讀者能夠真的理解人類的本質，更希望讀者能有更進一步的收穫。那就是，不只把《舊約聖經》當成知識來理解、記憶，更希望能將《舊約聖經》裡的內容積極活用在日常生活中。如此一來，讀者應該會感到人生更為充實，在辛勞中能夠體會快樂，並對未來抱持更大的希望吧。

在此感謝日本實業出版社的田中大次郎、佐藤美玲、負責企劃圖片內容的各位，以及畫插畫的岡阪浩樹，謝謝大家。

二〇〇二年八月　生田哲

推薦序　　宗教、民族、歷史的連結與啟發 ··· 2
作者序　　主導世界的根基──《舊約聖經》 ································· 4
前言　　　舊約聖經是什麼？ ·· 12

第1章 神創造天地和人類

樂園裡與樂園外

◆創造萬物〈創世記〉1章1節-2章3節 ··· 26
◆男性亞當和女性夏娃〈創世記〉2章7-25節 ······················· 28
◆蛇的誘惑〈創世記〉3章1-7節 ··· 30
◆背叛神和定罪〈創世記〉3章8-24節 ······································ 33
◆該隱和亞伯〈創世記〉4章1-22節 ·· 36
◆挪亞與洪水〈創世記〉4章25節-7章24節 ··························· 38
◆洪水結束〈創世記〉8章1節-9章17節 ·································· 40
◆挪亞和他的三個兒子〈創世記〉9章18節-10章29節 ······· 42
◆巴別塔〈創世記〉10章30節-11章9節 ································· 44

信仰先祖亞伯拉罕的後代

◆從吾珥出發的亞伯蘭〈創世記〉11章27節-12章8節 ········· 46
◆亞伯蘭的信仰〈創世記〉13章1-18節・15章2-15節 ········· 49
◆以實瑪利的誕生〈創世記〉16章1-16節 ······························ 52
◆割禮的制定〈創世記〉17章1-27節 ·· 54
◆神和天使的來訪〈創世記〉18章1-33節 ······························ 56
◆羅得和女兒逃脫〈創世記〉19章1-38節 ······························ 59
◆繼承家業的以撒誕生〈創世記〉21章1-20節 ······················ 62
◆亞伯拉罕的試煉〈創世記〉22章1-19節・23章1-20節 ······ 65
◆以撒迎娶利百加〈創世記〉24章1-67節・25章5-10節 ······ 68
◆換得長子名分的雅各〈創世記〉25章19-34節 ····················· 71

◆雅各欺騙了父親以撒〈創世記〉26章34節-28章5節 ⋯⋯⋯⋯⋯⋯⋯⋯⋯⋯ 74
◆雅各結婚〈創世記〉28章10節-30章24節 ⋯⋯⋯⋯⋯⋯⋯⋯⋯⋯⋯⋯⋯⋯ 78
◆雅各回到迦南〈創世記〉30章25節-31章21節・32章3節-33章9節 ⋯⋯⋯ 81
◆做夢的少年約瑟〈創世記〉37章1-36節・39章1-5節 ⋯⋯⋯⋯⋯⋯⋯⋯ 84
◆約瑟在監獄裡渡過〈創世記〉39章6節-40章23節 ⋯⋯⋯⋯⋯⋯⋯⋯⋯⋯ 86
◆在埃及出人頭地的約瑟〈創世記〉41章1-46節 ⋯⋯⋯⋯⋯⋯⋯⋯⋯⋯⋯ 88
◆俯伏跪拜的十位兄長〈創世記〉41章47節-50章26節 ⋯⋯⋯⋯⋯⋯⋯⋯ 90

第2章 逃出埃及和征服迦南

出埃及

◆在埃及的奴隸生活〈出埃及記〉1章1-22節 ⋯⋯⋯⋯⋯⋯⋯⋯⋯⋯⋯⋯⋯ 94
◆摩西成為王子〈出埃及記〉2章1-10節 ⋯⋯⋯⋯⋯⋯⋯⋯⋯⋯⋯⋯⋯⋯⋯ 96
◆逃亡的摩西〈出埃及記〉2章10-25節 ⋯⋯⋯⋯⋯⋯⋯⋯⋯⋯⋯⋯⋯⋯⋯ 98
◆摩西聽到了神所賦予的使命〈出埃及記〉3章1節-4章31節 ⋯⋯⋯⋯⋯ 100
◆摩西和法老對決〈出埃及記〉5章1節-6章29節 ⋯⋯⋯⋯⋯⋯⋯⋯⋯⋯⋯ 102
◆逃離埃及〈出埃及記〉7章8節-12章41節 ⋯⋯⋯⋯⋯⋯⋯⋯⋯⋯⋯⋯⋯ 104
◆渡過紅海的以色列人〈出埃及記〉13章17節-15章21節 ⋯⋯⋯⋯⋯⋯⋯ 108
◆流浪的以色列人〈出埃及記〉15章22節-16章35節 ⋯⋯⋯⋯⋯⋯⋯⋯⋯ 112
◆和亞瑪力人作戰〈出埃及記〉17章1-13節 ⋯⋯⋯⋯⋯⋯⋯⋯⋯⋯⋯⋯⋯ 114
◆摩西的十誡〈出埃及記〉19章1節-20章17節 ⋯⋯⋯⋯⋯⋯⋯⋯⋯⋯⋯ 116
◆神與民的契約內容〈出埃及記〉20章2-17節 ⋯⋯⋯⋯⋯⋯⋯⋯⋯⋯⋯ 118
◆不受教訓的以色列人
〈出埃及記〉24章3節-34章29節・〈申命記〉34章1-12節 ⋯⋯⋯⋯⋯ 121
◆來到應許之地迦南〈約書亞記〉1章1節-5章12節 ⋯⋯⋯⋯⋯⋯⋯⋯⋯ 124
◆占領迦南和分配土地〈約書亞記〉6章1節-24章31節 ⋯⋯⋯⋯⋯⋯⋯⋯ 126
專 欄 三大一神教如何看待彼此 ⋯⋯⋯⋯⋯⋯⋯⋯⋯⋯⋯⋯⋯⋯⋯⋯⋯ 128

第3章 幫助痛苦民眾的士師們

神的審判與憐憫

◆士師的時代〈士師記〉1章1節-3章3節 ⋯⋯⋯⋯⋯⋯⋯⋯⋯⋯⋯ 132
◆喪失信仰的以色列人〈士師記〉3章5節-15章20節 ⋯⋯⋯⋯⋯⋯ 134
◆聖靈降臨後成為強者的士師〈士師記〉3章5節-15章20節 ⋯⋯⋯ 138
◆恐懼米甸人的人民〈士師記〉4章1節-6章21節 ⋯⋯⋯⋯⋯⋯⋯ 140
◆接受神的靈的基甸〈士師記〉6章25節-7章1節 ⋯⋯⋯⋯⋯⋯⋯ 142
◆因信仰而得勝〈士師記〉7章2-15節 ⋯⋯⋯⋯⋯⋯⋯⋯⋯⋯⋯⋯ 144
◆人少的軍隊獲勝〈士師記〉7章16節-8章28節 ⋯⋯⋯⋯⋯⋯⋯⋯ 146
◆亞比米勒、陀拉、睚珥〈士師記〉9章1節-10章16節 ⋯⋯⋯⋯⋯ 148
◆交涉和平的耶弗他〈士師記〉11章1-28節 ⋯⋯⋯⋯⋯⋯⋯⋯⋯⋯ 150
◆耶弗他的輕率誓言〈士師記〉11章30節-12章7節 ⋯⋯⋯⋯⋯⋯ 152
◆祈求獨立的參孫〈士師記〉13章1-24節 ⋯⋯⋯⋯⋯⋯⋯⋯⋯⋯⋯ 154
◆無法抵擋美女的參孫〈士師記〉14章1節-15章20節 ⋯⋯⋯⋯⋯⋯ 157
◆大利拉的陷阱〈士師記〉16章1-22節 ⋯⋯⋯⋯⋯⋯⋯⋯⋯⋯⋯⋯ 160
◆參孫的最後一戰〈士師記〉16章23-31節 ⋯⋯⋯⋯⋯⋯⋯⋯⋯⋯ 163

專　欄 猶太人被迫害的歷史 ⋯⋯⋯⋯⋯⋯⋯⋯⋯⋯⋯⋯⋯⋯⋯ 164

第4章 國王和首都耶路撒冷的確立

撒母耳的故事

◆撒母耳的誕生〈撒母耳記上〉1章1節-2章21節 ⋯⋯⋯⋯⋯⋯⋯ 168
◆成為先知的撒母耳〈撒母耳記上〉2章22節-3章20節 ⋯⋯⋯⋯⋯ 170
◆和非利士人的交戰與敗北〈撒母耳記上〉4章1節-5章12節 ⋯⋯⋯ 172
◆約櫃歸來〈撒母耳記上〉6章1節-7章2節 ⋯⋯⋯⋯⋯⋯⋯⋯⋯⋯ 174
◆撒母耳和敗德的兒子〈撒母耳記上〉7章3節-8章3節 ⋯⋯⋯⋯⋯ 176

◆渴望王制的以色列人〈撒母耳記上〉8章4-20節 ⋯⋯⋯⋯⋯⋯⋯⋯⋯⋯⋯⋯ 178
◆以色列的第一任王掃羅〈撒母耳記上〉9章1節-10章24節 ⋯⋯⋯⋯⋯⋯ 180
◆掃羅王的活躍〈撒母耳記上〉10章25節-13章1節 ⋯⋯⋯⋯⋯⋯⋯⋯⋯⋯ 183
◆不順從神意的掃羅〈撒母耳記上〉13章2-22節 ⋯⋯⋯⋯⋯⋯⋯⋯⋯⋯⋯ 186
◆約拿單英勇作戰〈撒母耳記上〉14章1-23節 ⋯⋯⋯⋯⋯⋯⋯⋯⋯⋯⋯⋯ 188
◆掃羅失去國王資格〈撒母耳記上〉15章1-35節 ⋯⋯⋯⋯⋯⋯⋯⋯⋯⋯⋯ 191

大衛的故事

◆聖靈降到大衛身上〈撒母耳記上〉16章1-23節 ⋯⋯⋯⋯⋯⋯⋯⋯⋯⋯⋯ 194
◆勇氣十足的少年大衛〈撒母耳記上〉17章1-37節 ⋯⋯⋯⋯⋯⋯⋯⋯⋯⋯ 196
◆大衛打倒巨漢〈撒母耳記上〉17章38-54節 ⋯⋯⋯⋯⋯⋯⋯⋯⋯⋯⋯⋯⋯ 198
◆掃羅欲殺大衛〈撒母耳記上〉18章1節-19章11節 ⋯⋯⋯⋯⋯⋯⋯⋯⋯⋯ 200
◆撿回一命的大衛〈撒母耳記上〉19章11節-23章29節 ⋯⋯⋯⋯⋯⋯⋯⋯⋯ 202
◆大衛救了掃羅一命〈撒母耳記上〉24章1-22節・26章1-25節 ⋯⋯⋯⋯⋯ 205
◆四處籌措張羅的大衛〈撒母耳記上〉25章1-43節 ⋯⋯⋯⋯⋯⋯⋯⋯⋯⋯ 208
◆大衛在敵方領土工作〈撒母耳記上〉27章1-12節・29章1節-30章31節 ⋯⋯⋯ 210
◆掃羅與約拿單之死
〈撒母耳記上〉28章1-20節・31章1-10節・〈撒母耳記下〉1章1-27節 ⋯⋯⋯ 212
◆大衛就任王位〈撒母耳記下〉2章1-11節・3章1節-5章5節 ⋯⋯⋯⋯⋯⋯ 214
◆首都耶路撒冷的確立〈撒母耳記下〉5章6節-7章29節 ⋯⋯⋯⋯⋯⋯⋯⋯ 216
◆大衛犯了大罪〈撒母耳記下〉11章1節-12章19節 ⋯⋯⋯⋯⋯⋯⋯⋯⋯⋯ 218
◆大衛受到神的審判
〈撒母耳記下〉13章1節-18章33節・〈列王紀上〉1章28-35節 ⋯⋯⋯⋯⋯ 221

所羅門的故事

◆獲得智慧的所羅門
〈列王紀上〉2章1-12節・3章4-15節・10章14節-11章3節 ⋯⋯⋯⋯⋯⋯⋯ 224
◆所羅門變成愚者〈列王紀上〉11章3-40節 ⋯⋯⋯⋯⋯⋯⋯⋯⋯⋯⋯⋯⋯ 226
◆所羅門的深刻思索〈傳道書〉 ⋯⋯⋯⋯⋯⋯⋯⋯⋯⋯⋯⋯⋯⋯⋯⋯⋯⋯ 228

第5章 以色列的分裂和對立

統一王國結束

◆分裂成兩個國家〈列王紀上〉11章42節-12章24節 ················ 232
◆北方的第一任王耶羅波安
　〈列王紀上〉12章26節-14章20節・〈歷代志下〉13章1-20節 ·········· 235
◆南方的第一任王羅波安
　〈列王紀上〉14章21-31節・〈歷代志下〉11章5節-12章16節 ·········· 238
◆以色列王國的歷代國王〈列王紀上〉15章25節-16章33節 ········ 240
◆猶大王國的歷代國王
　〈列王紀上〉15章1-32節・〈歷代志下〉13章1節-22章9節 ·········· 242

先知的活躍

◆以利亞的預言活動〈列王紀上〉16章29節-17章7節 ············ 244
◆以利亞讓死人復活〈列王紀上〉17章8-24節 ················ 246
◆亞哈王和以利亞的對決〈列王紀上〉18章1-19節 ············ 248
◆真神讓天降下了雨〈列王紀上〉18章20-46節 ··············· 250
◆聖靈被奪走的以利亞
　〈列王紀上〉19章1-21節・〈列王紀下〉8章7-15節・9章1-6節 ·········· 253
◆被惡妻操弄的亞哈
　〈列王紀上〉21章1節-22章53節・〈列王紀下〉9章1-37節 ·········· 256
◆以利亞的最終〈列王紀下〉2章1-15節 ···················· 259
◆南北兩國相互聯合〈列王紀上〉22章1-38節 ··············· 262
◆讚美歌聲傳揚的戰場〈歷代志下〉20章1-31節 ············· 265

第6章 逃過滅亡危機的猶太人

約拿的故事

◆逃離神的約拿〈約拿書〉1章1-16節 …………………………………………… 268

◆約拿回心轉意開始傳教活動〈約拿書〉1章17節-3章6節 …………………… 270

◆約拿明白了神深切的愛〈約拿書〉3章10節-4章11節 ……………………… 272

巴比倫俘虜

◆具有才能的俘虜但以理〈但以理書〉1章1-20節 ……………………………… 274

◆尼布甲尼撒的夢〈但以理書〉2章1-49節 ……………………………………… 277

◆免於災難的猶太人〈但以理書〉3章1-29節 …………………………………… 284

◆尼布甲尼撒的功過〈但以理書〉4章4-37節 …………………………………… 286

◆巴比倫王國的滅亡〈但以理書〉5章1-31節 …………………………………… 289

猶太民族的解放

◆但以理成為首相〈但以理書〉6章1-9節 ……………………………………… 292

◆從獅子坑裡生還〈但以理書〉6章10-27節 …………………………………… 294

◆以斯帖成為王后〈以斯帖記〉1章1節-2章23節 ……………………………… 296

◆視猶太民族為敵的哈曼〈以斯帖記〉3章1節-5章14節 …………………… 300

◆末底改成為波斯首相〈以斯帖記〉6章1節-8章12節 ……………………… 303

專欄 探索夢境的意義 ………………………………………………………………… 280

專欄 等待彌賽亞到來的猶太教徒 ………………………………………………… 305

索引 ……………………………………………………………………………………… 308

「舊約聖經」是什麼？

超越希臘、羅馬文明成為歷史骨幹的「神的教誨」到底是什麼樣的內容？為什麼又會因宗教而產生對立和鬥爭？

「舊約聖經」是三大宗教的根本經典

世界三大宗教猶太教、基督教和伊斯蘭教都只信仰唯一的神，「舊約聖經」則是這三大宗教共通的根本經典。

以這三大宗教的信仰人數來看，猶太教的教徒約有一千七百萬人，基督教約有十五億人，伊斯蘭教則約有十億人，其總人數已經占了世界人口的四成。由此可以看出，《舊約聖經》的內容幾乎已成為全球的共通常識了。

猶太教是猶太人所信仰的民族宗教，信徒大多集中在以色列和美國。依據希伯來大學在二〇〇一年的調查，全世界一千七百萬的猶太教徒中，約有六百四十萬人居住在以色列，六百萬人居住在美國，剩下的四百六十萬人則散居在世界各地。

另一方面，基督教和伊斯蘭教由於為跨越民族和國界的世界性宗教，因此信仰人數比猶太教多了將近兩位數左右。

而具有所謂「舊契約」和「新契約」的觀念、以及將相關內容的書籍區分為《舊約聖經》和《新約聖經》等，都是基督教獨有的教義。

依基督教的解釋來看，「舊約」是神和人類締結的古老契約（約定），記載與其相關內容的即是《舊約聖經》；之後古老的契約被破壞，神和人類之間又締結了新的契約（新約），而記載了新契約相關內容的則是《新約聖經》。

但是，猶太教完全沒有新、舊約的思考，也不認同《新約聖經》是聖經的一部分，猶太教的「聖經」就只有《希伯來文聖經》而已。《舊約聖經》和《希伯來文聖經》在內容的分類和順序排列上雖然不同（見20～21頁），但兩者的內容幾乎相同。因此，本書統一以「舊約聖經」的用語來表示。

《舊約聖經》當中集結了與猶太教的基本律法（法律）相關的各種內容，全書起始於神創造天地、植物、動物和人類，然後描寫至猶太人反覆違背神旨的相關人類歷史，最後終結於神將派遣彌賽亞（救世主）來到地上拯救猶太人（全人類）的預言。

　　《舊約聖經》預言了「彌賽亞降世」，為此，猶太人從《舊約聖經》最後一章《瑪拉基書》所完成的西元前四百年左右開始，便一直等待著彌賽亞的到來，至今已經過了兩千四百年。

　　三大宗教之中歷史最為古老的猶太教，視《舊約聖經》和《他勒目》為聖典。《他勒目》是為了讓猶太人在日常生活中能具體實行《舊約聖經》裡簡要記載的規範所制定的細則，可區分為依主題分類並整理的〈米示拿〉、和詳細論述米示拿的〈革馬拉〉兩個部分。

《舊約聖經》為三大一神教的根本經典

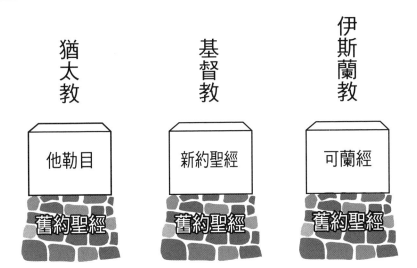

猶太人的獨創性根源

猶太教是一個以猶太人（以色列人）為主的民族宗教。猶太人居住於世界各國，在經濟、文化、學術、電影、音樂等各娛樂產業中，扮演著重要的角色。不僅如此，甚至如果說世界是由猶太人所推動的也不為過。

例如，世界金融界執牛耳的洛克斐勒財團、摩根財團、杜邦財團、羅斯柴爾德財團等，都是猶太裔的財閥。

在政治界，有移民到美國後升任美國國務卿的季辛吉，以及巧妙控制美國經濟的美國聯準會主席葛林斯潘。

文化、學術領域裡，則有發明小兒麻痺疫苗的沙克、血型的發現者蘭德斯泰納、發現抗生素鏈黴素的瓦克斯曼、發現細菌的有性生殖的萊德伯格、精神分析學的創始者佛洛伊德、還有二十世紀最偉大的物理學家愛因斯坦。

電影、音樂等的娛樂工業裡，環球電影公司的創立者雷梅爾、派拉蒙電影公司的創始者朱克、福斯電影公司的成立者福斯、華納電影的創始者華納、電影導演史蒂芬史匹伯、歌手芭芭拉史翠珊、作曲家孟德爾頌等等，也都是猶太裔。

他們白手起家，在商場、娛樂產業、政治、學術等領域裡表現優異，累積了巨額的財富並獲得地位與名聲。猶太人可說是體現「美國夢」的典型例子。

猶太人能夠在這麼多的領域裡有如此成功的表現，或許是因為他們奇蹟似地克服了至今所面臨的種種危機，如種族歧視、打壓、民族滅絕等，就像患了一種求生症候群。換言之，他們致力於從自己的人生裡找出特別的意義，成為了他們之所以能夠成功的關鍵。

此外，猶太人在藝術方面別具創意，也是因為他們的創造力裡帶著一股神性特質的緣故。不論在哪一個領域，具有獨創性的天才總是相信創造主與自己同在，並為了讓世界更好而努力不懈。在學術領域，猶太人的研究者有著傑出的成果，則是因為他們在根本上具有虔誠信仰的態度，願意誠摯地相信不論是物質或生命的存在，必然具有其不可抹滅的意義。

猶太人對於慈善事業也十分積極地參與。除了巨大財團外，在商場上成功創造巨富的喬治索羅斯、貝克曼、高登舒米夫婦、普立茲克兄弟等，不僅捐助了巨額的款項給教育機構、治療難治疾病的研究機關，也為了提升社會福祉而投注了大量的金錢。這些都是因為他們忠誠地篤信《舊約聖經》的基本教義：「學習行善，尋求公平，指責

殘暴的人，替孤兒伸冤，為寡婦辨屈。」（賽1：17）。

猶太教、基督教與伊斯蘭教的神

　　猶太教、基督教、伊斯蘭教都是只信仰唯一絕對神的一神教，他們有以下的共通認知：

　　第一點，神和人類之間是以契約聯結的。第二點，宇宙、太陽系、地球、生物（植物和動物）、人類都是由唯一真神所創造出的被創造物。第三點，世界的創始是起於神的計畫，且世界不斷朝著這計畫的終點（末日）前進。

　　這三個宗教都信仰創造宇宙的唯一絕對神。猶太教的唯一真神為「耶和華」。耶和華透過摩西將信仰的基本律法傳授給了猶太人，猶太人並和神約定要遵守這些律法，遵守了律法的猶太人就能夠得到救贖。一般所說的「猶太人」，事實

三個宗教的概略

	猶太教	基督教	伊斯蘭教
神 救贖的對象	耶和華 ↑ 遵守契約 ↓ 人類	上帝 ↑ 相信神子耶穌是救世主 ↓ 人類	阿拉 ↑ 遵守並實踐可蘭經 ↓ 人類
信仰的對象	耶和華	上帝 耶穌 聖靈	阿拉
聖典	《他勒目》 《舊約聖經》	《新約聖經》 《舊約聖經》	《可蘭經》 《舊約聖經》

15

上並非是一個種族的名稱，而是用以稱呼信仰猶太教的人們（猶太教信徒）。

伊斯蘭教信仰的唯一真神是「阿拉」。他們認為阿拉既然是宇宙和世界的創造者，當然也就是人類的救贖者，因此只要信仰阿拉的人都能夠得到救贖。

基督教的唯一真神是「上帝」，或稱為「耶和華」（譯注：神的名字依發音的不同有「耶和華」和「雅威」兩種譯法，本書依據「聖經新譯本」均採用「耶和華」的稱呼）。基督教中，上帝不是人類直接的救贖者，而是以耶穌做為媒介，這一點便和猶太教有所不同。基督教的說法是：「人類原本是罪人，身為罪人的人類和神聖的神之間存在著很深的鴻溝。這個鴻溝唯有藉著相信神子耶穌是救世主才能夠消除。」

但是，耶穌不是兩千年前出生在以色列真實存在過的人物嗎？如此一來，相信耶穌的人真的能夠得到救贖嗎？然而，在基督教裡耶穌被視為神，而非由神所創造的被創造者。此外，基督教裡除了耶穌之外，神的靈——「聖靈」也被視為神。

如此一來，基督教的神就有上帝、耶穌、聖靈這三者，那麼神就不是唯一的了。即使如此，基督教依然主張神是唯一的。或許有人會覺得這樣不合理，但這卻是基督教對於神的定義。

人如果能夠完全地理解神，人類就可以居於神的上位。不過，身為被創造者的人類不可能憑藉著個體器官——腦，來完全理解造物主的祕密，這在原理上是說不通的。所以基督教認為，人要理解神的全部是不可能的事。

《舊約聖經》的教誨

《舊約聖經》中彙整了猶太教信仰的基本律法，同時也記載著神將救世主送到人世以前如何地使人類運作，並將政治、經濟、社會、思想、教育、交通等人類社會的基本面整備完善。

接下來就來探究《舊約聖經》的整體面貌。

創造主神和違背神的人

《舊約聖經》的開頭寫道「起初，神創造天地」。神依序創造了宇宙、太陽系、地球、植物、動物，最後創造了和神相似的人類。為了創造這些萬物，神工作了六天，到了第七天才休息。每週的星期日為假日，其來由便是源自於《舊約聖經》。

神將創造出的人類放置在底格里斯河和幼發拉底河附近一處環境豐饒的伊甸園，並打算將人當做神

的孩子來養育。但是，人類卻違背了神。人類受到惡魔的化身——蛇的誘惑，吃了神曾經告誡並命令絕對不能食用的「知善惡樹」所結成的果實。人類違背了神，而違背神的這件事就成為人的罪（原罪），人類因此被神趕出了伊甸園，這就是所謂的「逐出樂園」。

神和亞伯拉罕的約定

從逐出樂園之後經過了一段很長的時間，神命令原本在迦勒底的吾珥過著富裕生活的亞伯拉罕拋棄所有的一切，前往位於遠方的迦南之地（今巴勒斯坦地方）。

神應許要將迦南永遠賜與亞伯拉罕，並讓他的子孫在此繁衍。亞伯拉罕相信這個約定，並忠實地遵守神的命令，帶著親人移居到迦南。

信仰神的亞伯拉罕不久生下了男孩，他的正妻撒拉生下了以撒，侍女夏甲生下以實瑪利。以撒繼承了亞伯拉罕而成為以色列人的祖先，以實瑪利則成為阿拉伯人的祖先。伊斯蘭教的預言者穆罕默德就是以實瑪利的子孫。

亞伯拉罕、他的兒子以撒、以撒的兒子雅各（後改名為「以色列」）的家族故事持續發展下去。雅各的兒子約瑟雖然才華洋溢卻十分地驕傲，因此受到兄弟們的嫌

惡，而被當做奴隸賣到了埃及。但是，約瑟到了異鄉之地後，才能反而受到磨練，並度過種種難關，成為一個頂天立地的人，不久後還當上埃及的宰相。成為宰相的約瑟拯救了中東一帶的人民免於乾旱所造成的饑荒，而成為了埃及的英雄。因為這樣的契機，約瑟居住於迦南的親人和兄弟們大受埃及人民的歡迎而移居到埃及。於是，雅各在埃及的子孫愈來愈繁多。

然而數百年後，以色列人在埃及淪為了奴隸，他們被強迫勞役，過著很艱苦的生活，於是向神泣訴、請求神的救助。神聽到了這些哀嘆的聲音，於是選擇摩西做為領袖將以色列人救出埃及，並要他們前往應許之地迦南。在前往迦南的途中，神把「十誡」教給摩西，要他教導人們務必遵守「十誡」的內容。「十誡」也被稱為「摩西律法」，此外又因為是在西奈山上所締結的，因此也被稱為「西奈之約」。

被授予了十誡的人民，後來由摩西的接班人約書亞率領進入迦南，並占領、征服了這塊土地。這個地方當時以抽籤方式平均分配給以色列的十二部族，他們的子孫也在迦南這塊土地不斷增生繁衍。神應許給亞伯拉罕的土地和使其子孫繁盛的約定終於實現了。

不斷違反律法的以色列人

居住於迦南的以色列人為了守護國土不被其他民族入侵，於是立掃羅為國王，這就是公元前一〇四四年以色列國家成立的契機。

但是，第一代的國王掃羅因為信仰不夠堅定而喪失了國王的資格，神於是將國王的位子授予身為牧羊人但信仰堅定的大衛。在戰略和武力上都十分優秀的大衛，將耶路撒冷（也被稱為「大衛之城」）定為以色列統一王國的首都，建立了安定和平的國家，是一位偉大的王。

大衛的兒子所羅門由於十分優秀又擅於經商，將以色列統一王國帶領到空前絕後的繁榮盛景。但是，所羅門的信仰也很薄弱，甚至違反神的旨意而崇拜偶像（崇信真神以外的偽神），因此所羅門死後（公元前九三一年），王國便分裂為二。代表十誡的摩西律法是神所選出並受神恩惠的以色列人不得不遵守的律法，但他們卻背叛了神，並染上了違反律法的習性。由於他們打破了和神的契約，且不斷加重惡行，王國的分裂也日趨嚴重。

如果是人和人訂定的契約，在對方毀約時，就以違反契約的原則科以罰金，並且不再和對方交涉。這是人類社會所制定的規則。但是，造物主神並不是人類。於是，

終於無法再忍耐和忍受的神，便階段性地教育並訓練人類。首先，神連續選出了好幾位先知，將自己的話傳達給以色列人。先知嚴格地指摘以色列人不履行契約的行為，極力地勸告以色列人要悔改並遵守和神的契約。另一方面，神也預告了他將派遣救世主到人間並做成新的契約。

救世主的到來

那麼，以色列人是如何看待神派遣的先知所說的話呢？先知彈劾社會的不公和腐敗的言論，對於權力者和周遭相關的人們來說，實在忠言逆耳。因此，以色列人不但不聽從先知的話，還迫害、放逐、甚至殺害這些先知。就這樣，以色列人持續不斷地背叛神的旨意。對於如此勸說仍不知悔改的行為，神於是對以色列人降下了國家分裂和滅亡的嚴苛試煉。

分裂的南北兩個王國，分別被當時的強國亞述帝國和巴比倫王國給滅亡。公元前五八六年，以色列人被強制帶往巴比倫城，成為俘擄。

被俘擄到巴比倫城的以色列人，終於自覺到他們之前是多麼地不順從神而深切地懺悔。神因為憐憫這些悔改的以色列人，於公元前五三八年藉波斯帝國古列二世的力

量，讓他們回到了首都耶路撒冷。回到耶路撒冷看到整個城成為廢墟的以色列人，明白國家之所以滅亡是因為沒有遵守神的律法，因此痛下決心以後要嚴格地遵守律法。猶太教就是在此時成立的。他們牢記著神將派遣救世主以過去偉大的大衛王子孫的身分來到世上的預言、以及先知不斷重覆講述的道理，一邊等待著救世主降臨到以色列。《舊約聖經》的內容便到此終結。縱貫《舊約聖經》整體的，即是「救世主即將到來」的預言。

《舊約聖經》的區分和排列方式

　　《舊約聖經》全部有三十九卷，其區分和排列的方式主要有兩種：

◆區分成三個部分的《希伯來文聖經》

　　以色列人將《舊約聖經》（希伯來文聖經）分成「律法書」、「先知書」、「聖卷」三個部分。

　　「律法書」稱為「Torah」，有〈創世記〉、〈出埃及記〉、〈利未記〉、〈民數記〉、〈申命記〉五卷。這五卷也被稱為「摩西五經」。「先知書」稱為「Nebiim」，共有八卷，為〈約書亞記〉、〈士師記〉、〈撒母耳記〉、〈列王紀〉、〈以賽亞書〉、〈耶利米書〉、〈以西結書〉、〈十二小先知書〉（合為一卷）。

　　「聖卷」則稱為「Kethubim」，有〈詩篇〉、〈約伯記〉、〈箴言〉、〈路得記〉、〈雅歌〉、〈傳道書〉、〈耶利米哀歌〉、〈以斯帖記〉、〈但以理書〉、〈以斯拉記〉和〈尼希米記〉、〈歷代志〉共十一卷。

　　《希伯來文聖經》把三十九卷合為二十四卷，並將這三個分類的第一個字母所合起來的「TNK」，用以簡稱《希伯來文聖經》。

◆區分成四個部分的《舊約聖經》

　　《舊約聖經》原本是以希伯來文寫成的，公元前二八五年左右到公元前一五〇年之間，由「摩西五經」開始依序被譯成了希臘文。

　　這項翻譯作業，傳說是由埃及亞歷山卓城的七十二位學者花了七十二天所完成的，但可以推測實際所花費的時間應該更長才是。由於是由七十二位學者參與翻譯工作，因此這個希臘文版本的《舊約聖經》又被稱為「七十士譯本」。這個聖經版本在初期教會和住在國外不會說希伯來文的以色列人（稱為「Hellenist」）之間相當受歡迎。「七十士譯本」裡的文章是依主題分類。公元四〇〇年左右，聖熱羅尼莫依據「七十士譯本」將《舊約聖經》的內容全部翻譯成拉丁文，這就是「拉丁文通俗本」。基督教會後來依「七十士譯本」和「拉丁文通俗本」的分類和排列方式，將《舊約聖經》區分成了四個部分。

中文的《舊約聖經》和《希伯來文聖經》的比較

中文的《舊約聖經》（共三十九卷）

1. 律法書（五卷）

創世記
出埃及記
利未記
民數記
申命記

2. 歷史書（十二卷）

約書亞記
士師記
路得記
撒母耳記上
撒母耳記下
列王紀上
列王紀下
歷代志上
歷代志下
以斯拉記
尼希米記
以斯帖記

3. 詩歌書（五卷）

約伯記
詩篇
箴言
傳道書
雅歌

4. 先知書（十七卷）

（a）大先知書（五卷）
以賽亞書
耶利米書
耶利米亞哀歌
以西結書
但以理書
（b）小先知書（十二卷）

何西阿	約珥書
阿摩司書	俄巴底亞書
約拿書	彌迦書
那鴻書	哈巴谷書
西番雅書	哈該書
撒迦利亞	瑪拉基書

《希伯來文聖經》（共二十四卷）

1. 律法（Torah，即摩西五經，五卷）

創世記
出埃及記
利未記
民數記
申命記

2. 先知書（Nebiim，八卷）

（a）前先知書（四卷）
約書亞記
士師記
撒母耳記（兩卷合為一卷）
列王紀（兩卷合為一卷）
（b）後先知書（四卷）
以賽亞書
耶利米記
以西結記
十二小先知書（合為一卷）

3. 聖卷（Kethubim，十一卷）

詩篇
約伯記
箴言
路得記
雅歌
傳道書
耶利米哀歌
以斯帖記
但以理書
以斯拉記、尼希米記
（兩卷合為一卷）
歷代志（兩卷合為一卷）

眺望《舊約聖經》的整體風景

　　《希伯來文聖經》以外的《舊約聖經》版本分成了「律法書」、「歷史書」、「詩歌書」、「先知書」四個部分。猶太教信仰基本的「律法書」共有五卷，從最初〈創世記〉所記載宇宙、地球、植物、動物、人類的創造過程開始，一直描述到亞伯拉罕、以撒、雅各的家族故事，以及約瑟的家族移居到埃及的經過。

　　〈出埃及記〉中描寫神因為憐憫在異國埃及成為奴隸、過著艱苦生活的以色列人，而任命摩西領導他們脫離困境來到約定之地迦南的故事。當以色列人在西奈沙漠徬徨之際，神又透過摩西傳授代表了十誡的律法給以色列人。

　　〈利未記〉記載著神在西奈山麓教授以色列人禮拜的方法。〈民數記〉和〈申命記〉中則詳細地記錄了之後以色列人在迦南定居後，用來解決生活中各種狀況的社會規則、飲食細則、給社會領導者的規範等法律。

　　描寫了猶太人違背神始末的「歷史書」由十二卷所構成。內容描述得到神的恩惠和幫助的以色列人打敗了敵人，終於奪得了迦南之地，並選出統治全以色列的王。他們有時能夠謹記神的律法，並過著正確信仰的生活，但很多時候他們卻完全放縱自己的欲望，甚至還膜拜其他的神。

　　不久，以色列人因為違背了神而遭受懲罰，王國因而分裂成兩個國家。這兩個國家都分別被當時的強國亞述帝國和巴比倫王國打敗，以色列人因而成為俘虜被帶到巴比倫城。但神也藉著先知說了：「他們將會回到自己的國家，偉大的王彌賽亞（救世主）將會來到以色列。」

　　歌頌對神的信仰的「詩歌書」共有五卷，其中〈約伯記〉、〈箴言〉和〈傳道書〉三卷被稱為「智慧文學」，是聖經裡的哲學之書。「智慧文學」裡闡述了關於人應該如何活著的問題，為各個時代的人們提供解決煩惱的方針。

　　〈箴言〉尤其著重教導人們正確的生活態度、信仰方式、追求事業成功的方法、以及正確的家庭生活和朋友關係等等。〈詩篇〉和〈雅歌〉則是集結了讚美神與表達感謝心情的詩歌。

　　強調要違背神的民眾悔改並重新篤信神的「先知書」，則分為大（五卷）和小（十二卷）兩部分，加起來共有十七卷。大先知書並不意味著比小先知書重要，而是以卷帙多寡來區分，多的為大先知書，少的為小先知書。在先知書裡，神透過先知不斷地傳遞訊息給以色列

人，訊息的內容十分簡單明瞭——「反叛的以色列人民啊，應悔改且遵守神的律法。如果不遵守的話，就會受到懲罰」。

但是，以色列人卻依然完全無視於神的命令。不久後，神降下懲罰，使以色列遭外國侵略而滅亡。在國外過著艱苦俘虜生活的人民終於悔改，憐憫民眾的神於是藉著先知傳達救世主即將來到人間的訊息，並宣告將訂立新的契約。《舊

約聖經》的內容就到此結束。

擁有三種名稱的民族

以色列的歷史始於公元前二一〇〇年左右亞伯拉罕在迦勒底的吾珥誕生開始。亞伯拉罕篤信創造天地的唯一真神。

亞伯拉罕一族是以畜牧羊隻維生的游牧民族，他們生活在農村的周邊，依雨季和乾旱期逐水草而居。雨季時他們生活在有牧草的曠

擁有三種名稱的民族

名稱	意義	背景	年代
希伯來人	「到處遷移的人們」「流浪的人們」	飼養綿羊或山羊的游牧民族亞伯拉罕一族	公元前2100年左右
以色列人	「和神摔角的人」	定居在迦南的亞伯拉罕子孫	公元前1800年左右
猶太人	「猶大的子民」	被俘擄後流散在世界各國的猶大子民	公元前586年以後

23

野，乾季時則居住於收割完農作物後的農村裡，以收割後的作物殘株或草來餵食家畜。在農村裡要讓家畜吃作物殘株和草都必須先取得放牧權，也必須有水利權才能讓家畜飲水。要取得放牧權和水利權，就必須與農村訂立交易契約。

居住在農村的游牧民族並非單方面從農村獲取利益，他們在乾旱季讓家畜在食用殘株或草時踏踩在田地上，使得土地能夠適度地緊實以防止水分蒸發，而家畜的排泄物則能夠做為肥料滋養土地。此外，游牧民族和農村的居民還會互相交換自己的農畜產品。

一邊牧羊一邊過著流浪生活的亞伯拉罕一家人被稱為「希伯來人」，意味著「到處遷徙的人們」、「流浪的人們」的意思。因此希伯來人是他們過著游牧民族生活時的稱呼。

離開了吾珥來到迦南的亞伯拉罕生了兒子以撒，以撒又生了兒子雅各。接著，雅各被稱為「以色列」，他的子孫也因此被稱為以色列人。換句話說，以色列人就是指定居在迦南的亞伯拉罕的子孫。

公元前九三一年，以色列統一王國分裂成南邊的猶大王國和北邊的以色列王國。公元前五八六年，猶大王國被巴比倫王國打敗，猶大王國的人民（耶路撒冷的居民）成為俘虜被帶往巴比倫城。之後，原本的猶大王國領土成為波斯帝國所管轄的屬地，正式的名稱為「Judah（猶大）」，但到了希臘化時期便採用希臘文的唸法，而變成了「Judea（猶太）」。猶太人即是指公元前五八六年的俘擄事件以後，離散到世界各地的猶大王國子民。

簡要地說，希伯來人、以色列人、猶太人是依時代的不同，對同一個民族所使用的不同稱呼。

第 1 章
神創造天地與人類

樂園裡與樂園外
創造萬物

起初世界被黑暗所包圍，神花了六天把世界創造成一個美麗的環境，就這樣誕生出了天地、生物和人類，完成了森羅萬象的世界。

要有光！

一百萬年前、一千萬年前、甚至比一億年前更久遠，在超越我們想像的遠古時代，世界是一片漆黑的荒涼景象。換句話說，世界是一個被黑暗所包圍的混沌狀態。神於是現身，把世界好好地整頓改造成一個美麗的環境。

第一天 起初，神說「要有光！」，就有了光。神祝福光，並將光從黑暗裡分了出來。神稱光為「晝」，稱暗為「夜」。

第二天 神說「眾水之間要有穹蒼，把水和水分開！」（創1：6），於是就變成了神所說的樣子。就這樣神造了穹蒼，把穹蒼以上的水和穹蒼以下的水分開。神稱穹蒼為「天」。

第三天 神說「天下的水要聚集在一處，使乾燥的地面露出來！」，於是就變成神所說的樣子。神稱呼乾燥的地面為「陸」，稱水聚集之處為「海」。此時，陸地上尚無任何東西，因此神命令「地上要長出綠色的植物、結種子的草和結核果的樹木」，於是就變成了神所說的樣子。

第四天 神在天上的穹蒼中創造了光體。這些光體是造來區分晝夜、以及做為刻劃季節和年歲用的記號。於是，神造了兩個光體，大的光體為掌管白晝的太陽，小的光體為掌管黑夜的月亮。此外也造了星星。神把這些光體安放在天上的穹蒼中，照耀著陸地。

人是依照神的形象所創造的

第五天 神在水中創造了各種魚類等生物，在陸地上創造了各種飛鳥。神賜福給牠們，命令道：「要繁殖增多，充滿海洋；雀鳥也要在地上增多！」（創1：22）。

聖經筆記 雖然聖經中在表現神的自稱時所使用的是第一人稱複數形的「我們」，但這並不意味著有多位以上的神存在。一般認為這是為了表現神的威嚴和尊崇，所以才採用複數形的方式來表現。

第六天 神創造了陸地上的生物、家畜、爬蟲、野獸。然後神說：「我們（見26頁筆記）要照著我們的形象，按著我們的樣式造人，使他們管理海裡的魚、空中的鳥、地上的牲畜，以及全地，和地上所有爬行的生物！」（創1：26）。神於是照著自己的形象創造人，並將人分成了男女兩種。

神賜福給他們，對他們說：「要繁殖增多，充滿這地，征服它；也要管理海裡的魚、空中的鳥和地上爬行的所有生物。看哪！我把全地上結種子的各樣蔬菜，和一切果樹上有種子的果子，都賜給你們作食物。至於地上的各種野獸，空中的各種飛鳥，和地上爬行有生命的各種活物，我把一切青草蔬菜賜給牠們作食物。」（創1：28～30）

神看著他自己所造的一切，滿意地說：「看哪！這一切都非常好。」

就這樣，天地萬物都完成了。第七天，神宣告自己完成了所有的工作後，這一天便休息了。神賜福給這第七天，並且把它定為神聖之日（安息日）。

神創造了天地

神說：「要有光！」就有了光。（創1：3）

樂園裡與樂園外

男性亞當和女性夏娃

神照著自己的形象創造了人，首先誕生的是男人亞當，然後神用亞當的肋骨創造了女人夏娃。

神創造世界的最高峰即是「創造了人」

天神創造世界的最高潮處即是創造人類，這是天地創造第六天的事。神用地上的塵土造成人形，把生氣吹進他的鼻孔裡創造出了人。由於這個人是用土（希伯來文的「土」為「Adama」）做成的，所以命名為「亞當（Adam）」。

人類以外的被創造物都只及神的腳邊，只有人類是由神將氣息吹進鼻子裡，因此人被賦予了理性和自由意志等靈性，因為神寓居於在人之中。「神以自身的形象創造了人」，所指的就是這個意思。

神在東方一個名為伊甸的地方設置了一個園子，並且把亞當安置在這裡。

伊甸園裡長著各種賞心悅目以及可供給食物的樹木。園中央有兩棵很大的樹，分別是生命樹和知善惡樹。

此時，世界完全是處於神創造天地之初的狀態。換句話說，這時候的世界還沒有罪惡出現，人也不會死亡。

神讓亞當在伊甸園耕地生活，亞當為所有的動物和植物都命了名，這些名字的正確性全部都經過神的確認。由於要起一個恰如其分的名字，就得正確且深入地了解對象的特質，由此可知亞當在伊甸園裡負責管理動物的工作。

替每項事物命名本身即具有重大意義，這也可以從化學這一門學科中得知。化學是生命化學、分子生物學、奈米科技等學科的發展基礎，因此是相當重要的一門學問，而在入門學習化學時，最先要學會的就是替物質取名稱的方法，也就是所謂的「命名法」。

神創造了女性做為亞當的伴侶

住在樹木豐美的伊甸園裡，亞

聖經筆記　一般來說，「一天」是始於早上太陽升起時，結束於太陽西下的傍晚時刻。另一方面，依〈創世記〉第一章的「有晚上，有早晨」的記述來看，在以色列的「一天」則是指從傍晚開始到隔天黃昏的時間。

當雖然被自己所管理的眾多鳥獸們所包圍，過著自由自在的生活，但所有的動物都有雄性或雌性的伴侶，亞當發現只有自己沒有伴侶，而且伊甸園裡沒有任何和自己長得相似的動物，因此開始希望能有與自己心靈相通、可以互相幫助、互相安慰、並且和自己長得相似的伴侶。

亞當感到很寂寞，並向造物主神訴說，神於是趁著亞當睡著時，取出他的一根肋骨創造了一位可以協助他的女性。由於這是人類最早的女性，因此被命名為「夏娃」，意為「眾生之母」。

神把這位女性帶到亞當的面前。她看起來十分美麗又聰明，是一位才貌兼備的女性，亞當因而對她一見鐘情，並說：「她正是我骨中之骨，肉中之肉。我稱她為女人，因為她是從男人身上取出來的。」表達出他的喜悅之意。亞當和夏娃是「同心一體」。因此，做為亞當和夏娃後代的男女成為了夫妻後，雖然從血緣的觀點來看，彼此的關係較親子或兄弟關係來得疏遠，但若從人格的觀點來看，夫妻關係其實才是最親密的。

就這樣，亞當和夏娃締結了人類最早的婚姻關係。神祝福他們倆：「要繁殖增多，充滿這地，征服它；也要管理海裡的魚、空中的鳥和地上爬行的所有生物。」（創1：28）

擁有自由和完美工作的亞當

亞當得到妻子夏娃後，兩人一起住在食物豐饒的伊甸園裡，還擁有一份管理動物和植物的好工作，過得非常幸福。

神對亞當只有一個限制，他如此告訴人類：「亞當啊。園中各種樹上的果子你都可以吃，只有知善惡樹的果子不可以吃。因為如果你吃了，就一定會死。」換句話說，神禁止亞當摘取知善惡樹的果實來吃。

樂園裡與樂園外
蛇的誘惑

受到蛇的唆使，亞當和夏娃違背神的命令，吃了神所禁食的果實。犯了罪的兩人因而開始墮落。

撒但想要讓人類背叛神

神創造了一個完全的世界，並且要人類正確地管理這個世界。亞當和夏娃負責管理伊甸園，過著幸福的日子。但是，卻有人企圖破壞神所創造的完美世界，那就是神的敵人撒但（惡魔）。

伊甸園裡充滿著神所創造的各種動物，其中最為狡猾的就是蛇。在異教的世界裡，蛇是掌管豐收、不死與健康的神，或是被視為神的使者而受到崇拜。但是，聖經裡記載的蛇則是神所創造的生物之一，是一種狡猾的動物。

此時，世界還是神剛創造出來的樣子，仍然維持在秩序且協調的狀態，可謂是完美的世界。撒但卻對此感到不滿，於是誘惑人類，讓他們違背神的旨意。人類只要遵守神的教誨就不會有罪，然而人一旦違背了神，就會有罪，並且從此與神分離，如此一來，秩序協調的完美世界便會開始陷入混亂。

神命令人類管理自然，但人類若不遵照神的旨意，放縱自己的欲望只追求利益的話，自然就會遭到破壞，環境也會被污染，弱小的生命將面臨死亡，位於食物鏈裡最上層的人類也會因而毀滅。

蛇欺騙了女人

撒但化身為蛇，為了誘惑人類而接近女人。亞當和夏娃雖然是同心一體，但夏娃卻沒有直接接受神的命令，她只是亞當的助手。

有一天，蛇低聲對夏娃說道：「神真的說過，你們不可以吃園中任何一棵樹上的果子嗎？」夏娃回答蛇：「我們可以吃園中樹上的果子，但只有園中央那棵樹，神曾經說『你們不可以吃那棵樹的果子，也不可以摸，否則你們便會因此而死』。」夏娃甚至把神沒有說過的「也不可以摸」的話自己添加了上

聖經筆記　希伯來文的「撒但（Satan）」有「分離」和「反對」的意思。翻成希臘文的話，就是「Diabolos（敵人、惡魔）」，音譯成拉丁文就變成「Diabolus」，英文則為「Devil」。

受到蛇的唆使，吃了禁果的亞當和夏娃

去，如此向蛇轉述。

蛇便緊接著對女人說：「即使吃了你們也絕對不會死。神知道你們若吃了那個果子眼睛就會開，會變得像神一樣聰明且能知善惡，所以才命令你們不能吃。」

這一番話成功地引起女人的虛榮心和好奇心。蛇先讓女人對神的話產生懷疑，再用神害怕人類如果擁有了知善惡的知識就會凌駕於神的說法說服她。夏娃因此完全被蛇的話給煽動了。

夏娃看著那棵樹，上面結了很多的果實，色澤美麗，令人垂涎。如果真的如蛇所說，吃了果實就能變得和神一樣聰明的話，那該有多棒啊，一定會變得非常幸福。這麼想著的夏娃，於是摘下果實咬了一口，並隨即遞給一旁的亞當，對他說「吃吧」。

亞當雖然明白這個果實是不能吃的，但卻不想讓心愛的妻子難過，於是就吃了果實。兩人就這樣掉入蛇所設下的陷阱，吃了神所禁止的果實。

吃了禁止的樹果，兩人的眼睛立即開了，也因為背叛了神而遭受良心的苛責。他們因為在精神上違背了神，使得原本遵從精神的肉體也起了變化。肉體開始背叛精神，他們因此開始感受到肉欲（性欲），知道自己全身赤裸，因此就用無花果樹葉覆蓋住腰間。

兩人期待能夠變得聰明而吃了禁果，卻因此感受到羞恥而狼狽不已，實在相當諷刺。但這也是他們自作自受，因為他們背叛了愛他們的神。

樂園裡與樂園外
背叛神和定罪

犯了違背神的重大罪行的兩人被逐出樂園，神要他們去人間受苦以做為懲罰。

躲著神的亞當和夏娃

　　一天傍晚，神來到園裡散步。兩人一聽到神的腳步聲，就刻意避開神的視線，躲在園裡的樹木下不敢現身。以前每當黃昏時，兩人都會喜悅地期待著神的叫喚，現在卻變得不想和神見面。但是，即使他們再怎麼躲藏，也迴避不了神的目光。

　　神叫喚著：「亞當，你在哪裡？」兩人覺悟到無法再躲下去，於是低著頭來到神的面前。神悲傷地看著犯了罪的兩人，開口詢問他們為什麼要躲起來。亞當回答：「我在園中聽見你的聲音，但因為我赤身裸露，所以就躲了起來。」神於是質問亞當：「是誰告訴你，你是赤身裸露的呢？難道你吃了我吩咐過你不可以吃的那個樹果嗎？」。

　　亞當如此回答：「你所賜予和我在一起的女人把樹上的果子給了我，我就吃了。」主張這不是自己的錯。亞當如果這樣說：「我吃了您吩咐不可以吃的果實，請您原諒我。」坦誠地對神道歉的話就好了，但他並沒有這麼做。他認為錯的是妻子，而賜給他妻子的正是神，這種說法如同是把罪轉嫁到神的身上，由此可以感受到亞當已經失去了以前的理性。原本聰明的亞當，吃了神所禁止的知善惡樹果後，理性便開始受到了蒙蔽。

　　神於是詢問女人：「你為什麼這麼做呢？」女人回答：「因為蛇欺騙我，所以我就吃了。」把罪推給了蛇。這兩人都失去了坦然承認自己罪行的赤子之心。

　　神於是降下處罰給亞當、夏娃和蛇。撒但化身的蛇是罪惡最深重的，神因此嚴厲地對蛇告誡道：「你竟然做了這樣的壞事。你將比所有的牲畜和田野的野獸更受到詛咒。我要奪走你的腳，讓你一生都

聖經筆記　在沒有吃禁果以前，亞當和夏娃過著互相扶持的生活。但是，他們知道了自己的罪後，卻不打算自己負起責任，並且互相推諉。人類最早的罪就是夫妻吵架。

用肚子行走，一生都必須吃泥土。我要讓你和女人彼此為仇，你的後裔和女人的後裔也將彼此仇視，他要打碎你的頭，你要咬他的腳跟。」

神宣告對男人和女人的懲罰

神對女人說：「我要大大增加你懷胎的痛苦，你必在痛苦中生產兒女；你要戀慕你的丈夫，他卻要管轄你。」（創3：16）

夏娃受到蛇的誘惑自己犯了罪，還引誘丈夫一起犯罪，可說犯了雙重的罪行，因此，女人一生不但要承受懷孕、生產的肉體痛苦，還必須忍受丈夫精神上的支配。

那麼，男人亞當的罪又是如何呢？亞當成為女人的丈夫，並且站在必須指導女人的立場，但卻為了討女人的歡欣而聽從女人的話犯下了罪行，因此，亞當的罪比女人還要重。

神對亞當說：「因為你聽從了你妻子的話，吃了我吩咐你不可吃的那樹上的果子；地就必因你的緣故受咒詛；你必終生勞苦，才能從地裡得吃的。地要給你長出荊棘和蒺藜來；你也要吃田間的蔬菜；你必汗流滿面，才有飯吃，直到你歸回地土，因為你是從地土取出來

的；你既然是塵土，就要歸回塵土。」（創3：17～19）

男人自此必須為了自己和妻子流著汗水拚命地工作，而且因為男人是塵土所做的，所以必須回歸塵土。換句話說，神在這句話裡宣告了人類會死亡一事。

亞當和夏娃被逐出樂園

不與神商量就照著自己想做的去做，可說是選擇遠離神的道路。「看啊。人變得就像是我們當中的一個，能知善惡。現在他若也伸手摘取生命樹上的果子來吃的話，恐怕就能永遠活著了吧。不能讓他們這麼做。」神說完後，就把亞當和夏娃趕出了伊甸園，並且命令亞當去耕種土地。

神由於擔心被趕出去的兩人只用脆弱的葉子圍住腰間，於是為亞當和他的妻子做了堅固的皮衣給他們穿上。此外，又在伊甸園的東邊放置旋轉著的火燄之劍，把守通往生命樹的路，不讓人進入。

人類的祖先亞當和夏娃違背神的意志，獲得了知善惡的能力，變得和神一樣聰明，卻因此被趕出了樂園。兩人在樂園之外辛苦地勞動，有時還會生病，並且對死亡感

聖經筆記

安息日在猶太教、基督教、伊斯蘭教都很重要，但日子卻是不同天。猶太教的安息日是星期六，基督教是星期日，伊斯蘭教則是星期五。

到不安和恐懼。

　　但是，他們並沒有自暴自棄，依然信賴著與神的約定，並嚐遍人生的苦來贖罪，同時樂觀地向前看。他們愈受苦難就愈愛神，並終生信仰神，過了令人敬佩的一生。

被神逐出樂園的亞當和夏娃

〈創世記〉4章1～22節

樂園裡與樂園外
該隱和亞伯

哥哥該隱因為神選中弟弟亞伯的獻禮而產生嫉妒之心，便殺死了弟弟，因此受到神嚴厲地斥責。

哥哥因為嫉妒而殺死了弟弟

被逐出伊甸園的亞當和夏娃生了兩個男孩。男孩長大後，哥哥該隱成為農夫，弟弟亞伯成為牧羊人。

有一天，兩兄弟獻上了供物給神。哥哥該隱獻上的是田裡的作物，弟弟亞伯則把自己羊群中的頭胎、而且是最肥美的羊拿來獻給神，以表達對神最高的敬意。神因此十分高興地收下亞伯的獻祭，但卻沒有收下該隱的供物。

該隱自尊心受到很大的傷害而垂頭喪氣，並開始嫉妒起弟弟。嫉妒之意後來轉為了忿怒，終於釀成對弟弟的殺意。

神為了打消該隱的殺意而警告他：「你為什麼忿怒呢？你為什麼垂頭喪氣呢？你若行得正，就應該可以抬起頭來。你若行得不正，罪就伏在門口等你，它要纏住你，但你卻必須去制伏它。」

但是，頑固的該隱卻無法壓抑對亞伯的忿怒和殺意，便對亞伯說「我們到田間去吧」，強行將他約到外面，然後從背後偷襲他，將他殺害，並且迅速地離開現場。人類祖先亞當被逐出伊甸園後所繁衍的人類後代當中，最早發生的爭端就是哥哥因嫉妒而殺死了弟弟。從殺人現場逃逸後，在該隱的背後響起了神的呼喊之聲：「該隱，你的弟弟亞伯在哪裡？」該隱無禮地回答：「我不知道，我又不是負責看守我弟弟的。」

該隱離開了神

神可以看透人心裡的想法。神知道該隱所做的一切，於是嚴厲地斥責道：「你做了什麼呢？聽聽，你弟弟的血從地裡發出聲音向我呼叫。地開了口從你手裡接受了你弟弟的血，現在你要被這地所詛咒。你耕種土地，但土地卻不再為你而

 以《舊約聖經》的故事所改編的電影很多。詹姆士迪恩主演的《天倫夢覺》（East of Eden），即是取材自該隱和亞伯的故事。

36

結果實。你將在地上流離失所，成為一個流浪的人。」

該隱被神如此嚴厲地斥責，不但沒有打從內心反省自己所犯下的罪，也沒有請求神的原諒。「我的刑罰太重，是我所無法承擔的。今日你趕我離開這塊土地，使得我為了躲避你，只能在地上流離失所。而那些遇見我的人都會殺我吧。」該隱對神這樣說，突然開始害怕起自己會被別人殺害。

犯了殺人罪的該隱必須以死來贖罪，這才是正義。那麼，神是否會拿出劍把罪人該隱處死呢？但如慈父般的神反而和該隱約定：「不，絕不會這樣。只要殺該隱的都必遭七倍的報復。」神在離開伊甸的該隱身上立了一個特別的記號，以做為這個約定的證據。

該隱從神的面前離去，住在伊甸東邊的挪得之地。該隱在此建立家庭，並生下了許多的子孫。這些子孫們成了以帳篷為住所的游牧民族「貝都因人」的始祖，以及擅長彈琴吹簫等樂器演奏者和打造各種青銅器及鐵器的工匠祖先。該隱的家族發明了可實用於生活上的各種器物，並建造了都市。

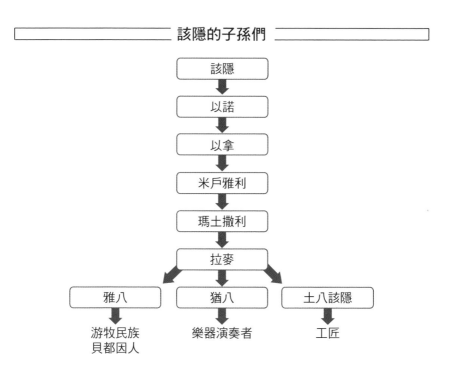

該隱的子孫們

該隱 → 以諾 → 以拿 → 米戶雅利 → 瑪土撒利 → 拉麥

雅八 → 游牧民族 貝都因人

猶八 → 樂器演奏者

土八該隱 → 工匠

樂園裡與樂園外
挪亞與洪水

神引來洪水決心把所有的一切都毀滅，只有相信神的話乘坐了方舟的挪亞一家得以活了下來。

污穢的人世中只有挪亞仰賴信仰而生

亞當和夏娃因為吃了禁果而被逐出伊甸園，丈夫亞當必須辛勤工作以換取糧食，妻子夏娃則必須忍受生育的痛苦並扶養兩個小孩長大。但是，好不容易養大的長男該隱卻殺死弟弟亞伯，逃到了挪得。這對亞當夫婦來說實在是個再糟也不過的悲劇，於是他們又生了三男塞特，希望能傳承家族，在這之後也生了許多的小孩。亞當的子孫都相當長壽，因此人數也急劇地增加。

在他們眾多的子孫當中，尤以塞特一系信仰特別虔誠，而被稱呼為「神的兒女」。另一方面，該隱家族則被稱為「人的兒女」，他們追逐物質文明並耽溺於享樂，強權者甚至娶好幾個妻子。然而後來，「神的兒女」的後代對於信仰也變得愈來愈薄弱，墮落者不斷地增加。因為他們愛上了流著該隱家族血統的美麗女性而拋棄信仰，甚至為了出人頭地而彼此策略聯姻並繁衍子孫。

就這樣，地上的人類雖然身體健壯，但卻只顧著自己的利益，輕率地置弱者於不顧等心靈被污染的人愈來愈多。神感到十分痛心，並後悔在陸地上創造了人類。在這樣污穢的人世中，只有亞當第三個兒子塞特的第九代子孫挪亞，仍忠實地遵照神的約定，對家人和周遭的人都付予關懷和愛心，過著正義的人生。

生物因洪水而滅絕

有一天神對挪亞說：「我要引發洪水，把人、牲畜、爬蟲、甚至於天空的鳥等所有活在地表上的生物都毀滅掉。你要建造一艘堅固得足以抵擋住洪水的方舟。」

神指導挪亞如何建造能抵擋

聖經筆記　電影《天倫夢覺》是一部描寫父親對兒子的愛、雙胞胎兄弟間的嫉妒和憎恨、父子關係的斷絕與和解的不朽名作。

洪水的方舟。要使用堅固的樹木，方舟的內外都要塗上瀝青以防水。神並且命令：「挪亞，你和你的妻子、三個兒子及兒媳婦共八個人要一同進入方舟。所有的生物要各挑選一公一母帶進方舟內。鳥類不但要保存種族，還要做為獻祭品，所以要帶七隻。你還要積存十二個月份的糧食，讓方舟裡所有的生物能夠生存下來。」

　　挪亞家族遵照神的指示，花費了很長的時間建造一艘大方舟。方舟長一百三十三公尺，寬二十二公尺，高十三公尺。這在當時來說是個無法想像的巨船。在建造方舟的過程中，挪亞熱心地勸說大家停止惡行，向神纖悔並過正當的生活，

但他們不聽信挪亞的話，依然不斷地做壞事。

　　方舟終於完成了，挪亞帶著家人和動物進入了船內。神一把方舟的蓋子蓋上，就立刻下起了大雨，一刻也沒有停歇。眼看著河川裡的水不斷地漲高，把堤防都沖壞了，房子也都被沖走。

　　剛才還忙於工作和宴客的人們慌張地逃到小山丘和山上，但是，豪雨一連下了四十天四十夜，山丘和高山完全都被洪水給淹沒，所有的人類、家畜、爬蟲、空中的飛鳥也全被濁流給吞噬，人和野獸的屍體都沈入了水底。在這場洪水中生存下來的，就只有方舟裡的挪亞一家和動物們。

停靠在亞拉臘山的挪亞方舟

樂園裡與樂園外
洪水結束

洪水終於結束，挪亞很感謝神的守護，使他們在洪水中生存了下來。如此虔誠的挪亞和他的家人都受到了神的祝福。

只有挪亞一族生存了下來

連下了很久的雨停止後，立刻又吹起了狂暴的風。聽到風的聲音，挪亞感到很欣喜，因為風可以把地面吹乾。不久後，水退了不少，毫無目標四處漂流的方舟停靠到了亞美尼亞的亞拉臘山。從底格里斯河和幼發拉底河的岸邊出發的方舟，航行了約八百公里。

方舟漂到岸上後過了四十天，挪亞為了調查是否有地方可居住，便打開方舟的窗戶將烏鴉放出去。烏鴉為了尋找可以停靠的樹木在天空中飛來飛去，但最後沒有飛回來。之後挪亞又放了一隻鴿子出去，但鴿子似乎找不到歇腳的地方，就又飛了回來。

一個星期後，挪亞再把鴿子從方舟裡放了出去。黃昏的時候鴿子回到了方舟，嘴裡叼著一片剛摘下來的橄欖樹葉，這表示水退了以後，樹木又長出綠葉了。挪亞再等

了七天，又把鴿子放出去，這次鴿子再也沒有回來。水完全退了，地面的水也都乾了，地上再度變得適合生物居住。

神告訴挪亞「可以從方舟出來了」，挪亞於是帶著家人出了方舟，動物們也跟在後面踱步而出，小鳥也都往天空飛去。

挪亞很感謝神

一從方舟出來，挪亞立即向神表達感謝之意，感謝神在恐怖的洪水期間，守護他與家人的平安。挪亞首先為神建造了祭壇，並從潔淨的動物和鳥類中選了幾隻在祭壇上燒烤後獻給神做為祭品。聞到祭品香味的神，如此決心道：「我不會再因為人的緣故而咒詛這大地，因為人從小時候開始心中所想的就是傾向於邪惡的。我也不會再次毀滅所有的生物。只要這個世界還存在著，就一定有寒暑、有冬夏、有白晝和黑夜，我也將贈予你

聖經筆記 底格里斯河是一條全長達一八五○公里的巨大河川。「底格里斯」為希臘名稱，在《舊約聖經》中則被稱為「希底結」。

們適合播種及收割的季節。」

神接著賜福給挪亞一家，對他們說：「你們要好好地活著，繁衍子孫，充滿大地。地上各樣的走獸、空中各樣的飛鳥、地上各樣爬行的動物、甚至海裡各樣的魚類，都由你們來支配，所有活著的動物都可以做你們的食物。無論是誰只要害得人流血，必定也會因人而流血，因為人是按著神的形象所創造出來的。我不會再起洪水來除滅任何生物。我在天空的雲彩中掛上彩虹，做為這個契約的印記。」

神在天空中掛上的七色彩虹，是神會拯救因罪而煩惱的人們的堅固證據。之後如同神的祝福般，挪亞的三個兒子（閃、雅弗、含）的子孫們不斷增加繁衍。然後，就如「所有活著的動物都可以做你們的食物」一樣，我們能夠食用肉類，是在洪水之後由神所允諾的權利。

此外，如果殺害依神的形象所創造的人類，不論是誰都應該被處以死刑。如果殺人犯沒有被處死刑的話，表示他受到神的特赦。

挪亞方舟漂流的路線

航行了一年以上，方舟最後漂流到距離800公里以上的亞拉臘山。

第1章 神創造天地和人類

樂園裡與樂園外
挪亞和他的三個兒子

對酒醉熟睡的父親挪亞做了無禮的舉動、害父親失了顏面的兒子含，後代因此遭受永世的詛咒。

義人挪亞也並非全無缺點

挪亞重拾農耕，以栽種葡萄維生。然而義人挪亞也並非全無缺點。有一天挪亞心情愉悅，喝了過多的葡萄酒醉得不省人事，由於全身發熱而把衣服脫光，赤裸地睡在帳棚裡。

挪亞有三個兒子，長男閃、次男雅弗和三男含。閃和雅弗是孝順父母的好兒子，但含卻個性彆扭又好色。然而，時機就是這麼不巧，乖僻又好色的含最早發現睡在帳篷裡的挪亞。起了惡念的含，冒犯了爛醉如泥熟睡中的父親，之後還對在外農耕的閃和雅弗說：「你們看，父親那爛醉邋遢的樣子」。

從帳篷外瞄了一眼的閃和雅弗感到相當驚訝。他們不忍看到父親赤身裸體，於是拿起衣服搭在兩人的肩上，倒退著走到裸體的父親身邊，將衣服蓋在父親身上。不久挪亞酒醒後，知道了含的行徑十分地忿怒。

挪亞於是怒言：「含的子孫迦南人應當受咒詛，他們要成為自己兄弟的奴僕的奴僕。」後來迦南人被閃的子孫以色列人給征服。挪亞接著祝福閃道：「閃的神耶和華是應當稱頌的。願迦南做閃的奴僕。」挪亞的腦裡浮現出畫面，在遙遠的未來耶和華將會為閃帶來許多恩惠，而說出了這段預言。

挪亞也祝福雅弗：「願神使雅弗擴展，並讓雅弗住在閃的帳篷裡」。換句話說，挪亞預言了神將賜予雅弗的子孫廣大的土地，以及雅弗的子孫不久後也將會禮拜閃的神。

三人的子孫分散到世界各地

挪亞三個兒子的子孫廣佈到了全世界。長男閃的子孫為以攔、亞述、亞法撒和亞蘭，他們居住在美索不達米亞和阿拉伯。之後亞法撒

聖經筆記 幼發拉底河全長二八〇〇公里，為西亞最長的河川。《舊約聖經》中提到應許之地時，經常以幼發拉底河做為區域範圍的邊界線之一。

又生沙拉，沙拉生希伯。

　　希伯一家人後來被稱為希伯來人。從希伯經過了數個世代以後，便出現了和神締結契約的亞伯拉罕。閃的子孫後來成為猶太人、亞美尼亞人、腓尼基人、阿拉伯人和亞述人。

　　次男雅弗的子孫名為歌篾、瑪各、瑪代、雅完、土巴、米設、提拉，分布在愛琴海到裏海之間，為印歐語系的祖先。

　　三男含的子孫為古實、麥西、弗和迦南。含的子孫成為迦南人，居住在非洲東北及迦南地區，雖然物質生活豐裕，但因為好色而道德敗壞，且崇拜偶像，國家於是衰亡。迦南的勢力曾延伸到迦薩和死海附近的所多瑪及蛾摩拉地方。

〈創世記〉裡記載的世界各國

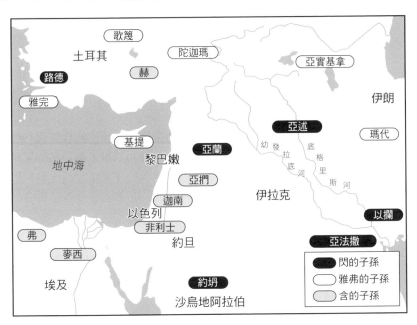

樂園裡與樂園外

巴別塔

對於不尋求神的幫助而自行建造巨大高塔的傲慢人類，神讓他們語言不通，產生混亂。

自負的人類開始建造高塔

洪水之後，挪亞的子孫以極快的速度在亞美尼亞地方繁衍。因為土地不足，他們於是以群體方式四處遷移生活，尋求新的天地。但其中有一些人開始出現了不一樣的想法，想要在同一個地方安定下來，期望能夠成就大事業以功成名就。

挪亞的兒子閃從亞美尼亞往東南方出發，定居在示拿（現今伊拉克幼發拉底河流域的巴比倫城）平原。他們使用同一種語言，農業和商業的發展也很順利，建立了繁榮的都市文明。

過著繁榮生活的他們，有一天這麼說道：「我們要居住在這個平原上並建造一座大城，還要築起一座前所未見的高塔，直通到天上。這樣我們的名字就能夠傳遍全世界。我們絕不可以分散各地、不團結一致。」

大洪水的苦難經歷深植於挪亞子孫的腦海裡，他們認為生活的危險就近在身邊，因此決定要團結一致，集結眾人的知識建造出堅固的城牆，以預防大洪水再度來襲。建造高塔是因為考量到自身的安全，也是為了防止眾人再度分散到世界各地。就這樣，人類沒有請求神的協助，想要以自己的能力來守護財產和生命。他們認為集結眾人的智慧，同心協力就能夠完成這個計畫。

「來，我們來做磚，把磚燒透吧！」他們呼朋引伴，並籌劃了綿密的計畫，開始著手建造高塔。

在巴勒斯坦可以用石頭和粘土做為建材，但在不產石頭的美索不達米亞平原，只能把粘土在烈日下曬乾做成磚瓦，然後用火燒過後代替石頭來使用。挪亞的子孫便如此將燒好的磚堆疊起來，磚和磚之間用瀝青黏接來建築高塔。

因為想法不一致讓人類無法團結

聖經筆記　所謂的「贖罪」，是指人類因做了壞事而遠離了神，必須要償罪才能再度與神合而為一。「贖罪」是《舊約聖經》和《新約聖經》的記述者最關注的焦點。

從天上降下來的神看到人類所建造的城和塔，這麼說道：「他們和洪水之前的人們一樣。他們是同一個民族，使用一樣的語言而開始進行這樣的計畫，已經無法攔阻他們了。我要來混亂他們的語言，使他們的意志不能相通。」

在這裡，語言指的不是哪個國家的人們使用什麼特定的語言，而是指他們所思考的事是相同的。他們的思想就是不信賴神，而想藉由人類互相團結合作來協力建造偉大的社會，以獲得安全和幸福。

換言之，人類的思想以為就算不藉由神的力量，只憑自己也能夠完成任何事。從神的角度來看，這是危險的思想，是絕不能原諒的。神於是決定打破人類之間的團結合作。神是靈。神雖然沒有吹起大風將高塔破壞掉，但因為神剝奪了原本賜予人類的靈，人和人之間於是無法再團結。

神讓人類的語言變得混亂，他們因此變得只主張自己的利益，並且互不相讓，而開始發生爭端。就這樣，他們在城裡建造高塔的計畫因而中止，並分散到了各個地方。建造中的塔沒有完成，最後只留下了堆成小山的磚瓦。由於神在這個城市使人的語言產生「混亂」，因此這裡被稱為「巴別塔」，亦即「混亂」之意。

古代的摩天樓「巴別塔」

信仰先祖亞伯拉罕的後代
從吾珥出發的亞伯蘭

信念堅定、虔誠地信仰唯一真神的亞伯蘭，聽到神給予無限祝福和愛護的聲音，而前往約定之地迦南。

信仰祖先亞伯蘭誕生

距今約四千年前的公元前二一六六年左右，信仰先祖亞伯蘭（見54頁）於迦勒底（巴比倫王國的南部）的吾珥出生。吾珥是位於底格里斯河和幼發拉底河之間美索不達米亞流域的城市。公元前三〇〇〇年前後，蘇美人在兩河流域築起了吾珥、魯克、拉加什等城邦國家，並成就了著名的青銅器文明（美索不達米亞文明）。而吾珥便是美索不達米亞文明的中心地。

蘇美人發明了楔形文字，而衍生出以文字記錄事物的文化，並建構了高度的交通網絡和官僚機構。他們信仰月亮、太陽等眾多神祇，並支持世界上所有的事物都具有神靈的「泛神論」（見49頁聖經筆記）。

吾珥的富人他拉一家前往迦南

挪亞的兒子閃的子孫他拉，在大城市吾珥養育了三個兒子，這三個兒子名為亞伯蘭、拿鶴和哈蘭。他們在吾珥長大，並都結了婚擁有各自的家庭。亞伯蘭和同父異母的妹妹撒萊（見55頁）結婚，但沒有生下子嗣。拿鶴和哈蘭的女兒密迦結婚。哈蘭則相當早逝，留下了年幼的兒子羅得。

他拉一家人在吾珥過著經濟富足的生活。然而，有一天他拉在一股不可思議的衝動驅使下，就帶著兒子亞伯蘭及他的妻子撒萊、哈蘭的兒子羅得一同起程前往迦南。或許是因為他拉對於生活在經濟繁榮但道德卻日益腐敗的吾珥，已漸漸感到無法忍受了吧。

神要亞伯蘭前往迦南

迦南之地位於阿拉伯沙漠的西邊，要橫跨沒有水源的大沙漠幾乎是不可能的。因此，他拉一行人選擇繞遠路，沿著幼發拉底河往西北前進，經由哈蘭進入迦南。「吾珥

 聖經筆記 在《舊約聖經》中為了贖自己的罪，人類必須獻上祭品（以祭品動物的血來贖罪）。在《新約聖經》裡，則是倡導藉由耶穌在十字架上死去時所流的血來為人類贖罪。

亞伯蘭的旅程

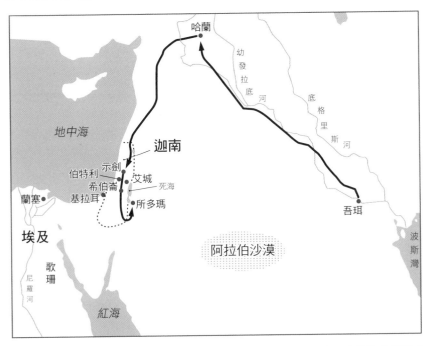

亞伯蘭一行人從吾珥出發來到哈蘭。父親他拉死後，亞伯蘭遵從神的指示離開哈
蘭，移居到迦南。之後，亞伯蘭和羅得分道揚鑣，亞伯蘭定居於希伯崙，羅得則
定居在所多瑪。

－哈蘭－迦南」的路徑因為比較容易行走，因而發展成為交通要道，這個區域後來也被稱為「肥沃月彎」。

但是，他拉在旅途中所經過的大都市哈蘭便去世了，家人於是將他埋葬在這裡，並在此地短暫地停留。

有一天，亞伯蘭聽到神的召喚：「亞伯蘭啊。你要離開你的國家、離開你的親戚、離開你父親的家，前往我所指示你的地方去。」

在迦勒底的吾珥時，那裡的居民們都相信泛神論，亞伯蘭的父親和家人也因此受到影響，只有亞伯蘭依然信仰創造世界的唯一真神並篤信不疑。亞伯蘭不相信由人所想像出來的神，他信仰的是永生且獨立全能的唯一真神。

確信這是唯一真神對他的召喚，亞伯蘭因而決定要遵從這個聲音。神接著又對他說：「我要從你成就一個偉大的民族。我要賜福給你，使你名傳不朽。我也祝福那些祝福你的人、咒詛那些咒詛你的人。所有的人都將因你而獲得祝福。」

就這樣，亞伯蘭在七十五歲時做好行前的準備，便帶著妻子撒萊、姪子羅得、僕人（奴隸）和家畜一起從哈蘭南下。數日後，亞伯蘭一行人到達位於迦南中央的城鎮示劍，他們來到一棵橡樹旁看了看四周，突然，神顯現在亞伯蘭面前和他約定：「我要把這塊地賜給你的後裔。」

從此以後，迦南就又被稱為「應許之地」。亞伯蘭聽到神的約定，便立即築了一座祭壇向神祈禱並表達感謝之意。

信仰先祖亞伯拉罕的後代

亞伯蘭的信仰

為了杜絕紛爭的根源，亞伯蘭把優先選擇土地的權利讓給姪子羅得，神於是和亞伯蘭約定要加惠他的子孫，讓他們有美好的將來。

亞伯蘭把選擇土地的優先權讓給羅得

　　亞伯蘭、撒萊、羅得等人來到以色列南邊的乾燥土地內蓋夫的周邊，過著放牧的生活。漸漸地，亞伯蘭和羅得的金、銀等財物以及羊、牛、駱駝等牲畜不斷增加。為了牧養增加的牲畜，就必須確保牧草和水等資源的充足。於是，兩個家族的牧羊人為了爭奪牲畜所需的牧草和水，便不時發生摩擦和言語上的爭論。亞伯蘭和羅得兩個家族所居住的草原，已經不足以提供他們所需的資源了。

　　一直在遠處注意著這些爭論發生的迦南原住民們，正等待著他們分裂，如此一來，要把他們趕出迦南就不是一件困難的事。

　　亞伯蘭於是把羅得找來，提出兩個家族必須分開生活的想法。

　　「我們是血親，不應該互相爭吵。在這裡有如此廣大的土地，我們還是各自分開生活吧。請你先選擇，你若向右前進，我就向左。你若向左前進，我就向右。」

　　年長的亞伯蘭，把優先選擇土地的權利讓給了羅得。羅得同意了這個提案，並登上高台四處眺望。他往東邊看，眼前的約旦河谷土壤滋潤，山谷間滿是綠地；循著河谷望去則是死海，可以看見位於一旁以富裕、逸樂和頹廢著名的所多瑪和蛾摩拉城；他又望向西方，盡是一片乾癟貧瘠的土地。

　　羅得完全沒有要禮讓長輩的意思，他毫不猶豫地選擇了東邊豐饒的土地，只留下西邊貧瘠的土地給亞伯蘭。羅得意氣風發地帶著牲畜、僕人和妻子往青草繁盛的盆地出發，並在不久後定居於所多瑪。

聖經筆記

所謂的「泛神論」，即認為世界上所有的東西都是神靈，神和世界是一體的。這一點，和《舊約聖經》認為神和世界是完全不同的根本思想正好相反。

亞伯蘭祈願能生下兒子

亞伯蘭和羅得就這麼分道揚鑣了。羅得走了之後，亞伯蘭一個人站上高台，眺望著自己這片貧瘠的荒地。神對亞伯蘭如此說道：「你要抬頭看，從你所在的地方向東南西北觀望。你看見的地方，我都要賜給你和你的後裔，直到永遠。我要使你的後裔就像地上的沙子那麼多。他們將住在這片土地上。亞伯蘭啊，你起來走遍這塊土地吧。」

亞伯蘭相信神的話。於是，他帶著家族來到了希伯崙的幔利附近，在那裡搭起帳篷居住，也在那裡築了一座祭壇以禮拜神。

神允諾亞伯蘭將使他子孫滿堂，但事實上亞伯蘭連一個孩子也沒有。他眺望著這片應許之地，感到有點焦急。什麼時候他才能夠有可以繼承這片土地的兒子呢？亞伯蘭在七十五歲的時候因為相信神的話，而從哈蘭把一家老小帶到了遙遠未知的陌生土地。現在亞伯蘭已經將近八十歲，而七十歲的妻子撒萊也已經年齡大到無法生小孩了。

焦急的亞伯蘭對神強烈地祈求道：「主啊，我一直都沒有孩子，你賜給我這麼多財產，但卻不賜給我孩子嗎？如此一來，就只有與我沒有血緣關係、大馬士革出身的僕人以利以謝能夠繼承我的家業了嗎？」

神宣告亞伯蘭的子孫將有如天上的繁星一樣多

神如此回答：「你的僕人不會繼承你的家業，你的繼承人是你親生的兒子。亞伯蘭啊，你到外面抬頭看看天空，能夠數出星星的數目嗎？無法數盡對吧。你的子孫也將會如天上數不盡的繁星一般地眾多。」

亞伯蘭連一個小孩也沒有，神卻答應要讓亞伯蘭的子孫如天上的繁星般多到數不盡。這個約定以常理來說相當令人費解，然而，亞伯蘭並不是一般泛泛之輩，他是信仰之祖。既然這個令人難以理解的約定是出自神之口，他便依然深信不疑。於是，神完全認可亞伯蘭是打從心裡相信並仰賴神。

神接著命令亞伯蘭交換契約如下。他要亞伯蘭在祭壇擺上從中剖成兩半的牛羊等，並讓切開的兩半相對排列著，如此以做為契約的證明。接著在切分兩半的屍體中間點上火。天空中的大鳥看到後，飛下來想啄食屍體，但亞伯蘭奮力地將鳥趕走。

不久後，亞伯蘭筋疲力盡沈入夢鄉。神在夢裡如此告訴亞伯蘭：「你的子孫將會寄居外地，成為奴隸，在那裡被虐待、辛苦地度過四百年。但是，我會親自懲罰苦待他們的那國國民，他們會帶著很多財物逃出那個國家。而你則得享長壽，並幸福平安地回到你列祖那裡。」

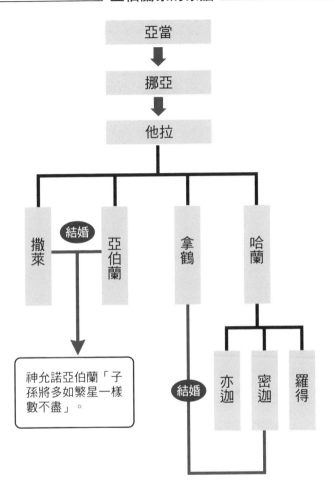

亞伯蘭家的家譜

亞當

挪亞

他拉

撒萊 — 結婚 — 亞伯蘭

拿鶴

哈蘭

神允諾亞伯蘭「子孫將多如繁星一樣數不盡」。

拿鶴 — 結婚 — 密迦

亦迦

密迦

羅得

信仰先祖亞伯拉罕的後代
以實瑪利的誕生

無法懷孕的撒萊讓侍女夏甲成為妾生下小孩。就這樣，亞伯蘭在八十六歲時喜獲麟兒以實瑪利，成為人父。

亞伯蘭夾在兩位妻子之間苦惱不已

在迦南居住的第十年，神雖然允諾亞伯蘭賜予他子息，但他和撒萊之間依然沒有小孩。不論怎麼想，要已經邁入七十五歲高齡的撒萊懷孕生產都是很困難的事。撒萊於是想，即使自己無法生育，也希望亞伯蘭能夠有孩子繼承血脈。撒萊不但因為不能生育小孩而感到屈辱，也因為身為正妻，想法中更有著一股必須繁衍後代的責任感。但這樣下去的話，神的約定或許真的無法實現，撒萊因此感到十分不安。

於是她有了這樣的想法：莫非神打算讓他們像當時許多不能懷孕的夫妻一樣，讓丈夫迎娶侍女，藉此生下子嗣嗎？剛好撒萊當時雇用了一位埃及出身的年輕侍女夏甲，於是便提議要亞伯蘭娶夏甲為妾以生育後代。丈夫於是接受了妻子的勸說迎娶夏甲，不久夏甲也懷孕了。

夏甲知道自己懷孕後，開始認為自己一定會受到主人亞伯蘭的寵愛，這種想法讓她變得驕矜傲慢，對撒萊的態度也相當跋扈，並且看輕自己的女主人撒萊，宛如自己才是正妻。看到自己的丈夫被侍女搶走的撒萊，十分後悔地哭泣，並開始如同奴隸般地虐待夏甲。

撒萊的行為並非毫無道理，因為在《漢摩拉比法典》的第一四六條中記載著，不孕的妻子讓丈夫娶自己的奴隸為側室，而生下孩子的側室對女主人態度無禮時，可以將側室再當成奴隸來使喚。吾珥出身的亞伯蘭和撒萊應該相當熟知這些法律的內容。換句話說，身為正妻的撒萊有權利處罰傲慢的側室，亞伯蘭也沒有因此而責怪撒萊。

無法忍受撒萊懲處的痛苦，身懷六甲的夏甲從亞伯蘭的家逃了出

聖經筆記　〈創世記〉16章12節裡記載著以下關於以實瑪利的預言：「他將來為人，必像野驢。他的手要攻打人，人的手也要攻打他。他必與所有的兄弟敵對而居住。」

來，決定回到自己的故鄉埃及。

亞伯蘭的兒子以實瑪利誕生

　　當她在荒野中徘徊的時候，泉水旁突然出現了一位天使，並問夏甲：「撒萊的侍女夏甲啊，你從哪裡來，又要到哪裡去呢？」夏甲便回答：「我是從女主人撒萊的面前逃出來的。」

　　於是天使如此對她說道：「回到你女主人那裡去，謙虛地服侍她！我必使你的後裔人丁興旺，多到不可勝數。神已經聽到了你的苦情。懷有身孕的你將會生下一個男孩，你要替他取名為以實瑪利。他的性情會像野

驢一般強悍，他要跟人作對，別人也要跟他作對。他的一生必定會和所有的兄弟完全不同。」

　　夏甲便遵從天使的話，回到撒萊身邊，言行變得謙虛，並且生下一個男孩。

　　亞伯蘭把側室夏甲生下的骨肉取名為以實瑪利。以實瑪利是亞伯蘭的兒子，因此他的子孫也受到了神的祝福，人數增生繁多至不可勝數的程度，而變成一個大國。

　　就這樣，亞伯蘭在公元前二〇八〇年時成為人父，時年八十六歲。此時，撒萊也已經七十六歲了。

亞伯蘭之子以實瑪利

撒萊（正妻）— 結婚 — 亞伯蘭 — 夏甲（側室）

兒子 以實瑪利

以實瑪利為「神聽到（她的痛苦）」之意

信仰先祖亞伯拉罕的後代

割禮的制定

神和亞伯蘭約定以行割禮做為確認契約的方式，並且約定要賜給撒萊孩子。

神宣告要遵照他的話生活

　　亞伯蘭的兩位妻子內心都希望自己能受到丈夫多一點的寵愛，但表面上則若無其事地過著游牧的生活。長久以來期盼的兒子終於出生了，雖然這是件可喜可賀之事，但亞伯蘭卻無法證明以實瑪利就是神約定要賜給他的孩子。以實瑪利已經十三歲了，夏甲後來也沒有再生孩子，八十九歲的撒萊依然沒有懷孕，而亞伯蘭也已經九十九歲了。

　　此時，神出現在亞伯蘭的面前宣告：「我是全能的神。亞伯蘭，你要遵從我的話，我要與你立約，要使你的後裔人丁興旺。」然後，神把契約的詳細內容告知亞伯蘭。

　　首先，神要讓亞伯蘭成為無數的國家人民之父，所以要他將名字由亞伯蘭（意為「多人之父」）改為亞伯拉罕（意為「眾多國民之父」）。神和亞伯拉罕訂立的第二個契約，即是亞伯拉罕的子孫將綿延不絕。第三，神把迦南之地永遠賜給亞伯拉罕和他的子孫。

　　為了讓神和亞伯拉罕之間所訂定的契約成立，神命令所有的男子身上都要刻有記號，以做為此人信仰神的證據。這個記號，即是要割去男性生殖器上的包皮，舉行被稱為「割禮」的儀式。換句話說，亞伯拉罕的子孫中，只要是男性和男僕人都必須要接受割禮才行。當新生兒出生的第八天，就要在祭壇前舉行割禮。

　　如果不接受割禮，這個人就是不遵守與神訂立的契約，會從神的契約中被刪除。換句話說，沒有行割禮的人，就不算是亞伯拉罕子孫中的一員。

　　由巴比倫王國和亞述帝國沒有關於行割禮的習俗記載、以及亞伯拉罕出身於美索不達米亞等方面看來，亞伯拉罕一家應該是首次面對割禮這樣的經驗。

聖經筆記：以實瑪利的子孫阿拉伯人與猶太教、基督教這兩個宗教上的兄弟之間不斷發生激烈的紛爭。〈創世記〉16章12節裡所記載關於以實瑪利的預言確實成真了。

神宣告撒萊即將生產

就這樣，神和亞伯拉罕的約定被確立了。神又對亞伯拉罕說：「你的妻子撒萊（意為「我的王女」）也要改名，從此以後要叫她撒拉（意為「多國王女」）。我賜福給她，因此她會為你生下兒子。她的子孫中必會出現君王。」

亞伯拉罕俯伏在地向神跪拜，但卻在心裡笑著：「我已經是一百歲的人了，還能生孩子嗎？撒拉已經九十歲了，還能生育嗎？神啊，願您讓以實瑪利長壽。」

但很意外地，神竟然這樣說了：「你的妻子撒拉明年將會為你生一個兒子，你要替他取名為以撒（意為「他笑」）。」

接著神又應允了亞伯拉罕的祈求，給予以實瑪利祝福，並約定讓他的子孫也能夠人丁興旺，且子孫裡將出現十二位族長。然後神宣告道：「我所締結的契約是要賜給撒拉生下的孩子以撒的子孫。」神再度向亞伯拉罕表明，以實瑪利不是繼承亞伯拉罕的人。

這一天，亞伯拉罕把以實瑪利和家裡所有的男子都集合起來，實行了切除包皮的割禮儀式，當時亞伯拉罕九十九歲，以實瑪利十三歲。之後，猶太人的男性在出生後第八天就會行割禮，而以實瑪利的子孫阿拉伯人則在十三歲時有行割禮的習俗。

神的宣告裡還包含了改名一事

「你的名不要再叫亞伯蘭，要叫亞伯拉罕，因為我已經立了你作萬國的父。」（創17:5）

改名為亞伯拉罕（意為「眾多國民之父」）

信仰先祖亞伯拉罕的後代
神和天使的來訪

神要毀滅日益頹廢的所多瑪和蛾摩拉,亞伯拉罕拚命地向神請求,希望能讓所多瑪和蛾摩拉免於滅亡。

三位旅人原來是神和天使

亞伯拉罕所居住希伯崙的幔利地方位於內蓋夫沙漠的正北方,在夏季的午後十分炎熱。

某個夏天,亞伯拉罕出了帳篷在橡樹下乘涼。當他抬起頭時,便看到三位陌生的旅人站在眼前。後來亞伯拉罕才知道,原來他們是神和兩位天使。

直覺眼前的三人不是一般普通人,亞伯拉罕便俯伏在地說:「我主啊,請在僕人的地方歇歇腳吧。讓我拿點水和餅來,你們可以喝個水並洗洗腳。請在這樹下歇一歇。」

三位旅人很感謝地坐下來,亞伯拉罕便趕快進帳篷,和撒拉、僕人一起張羅,用上等的小麥粉做了些餅,擠了牛奶,又做了牛肉料理。亞伯拉罕親手把水、牛奶和料理端到三位旅人面前,慎重地款待他們。

用完餐後,旅人問亞伯拉罕「你的妻子撒拉在哪裡?」,他便回答在帳篷裡。旅人說:「明年春天我一定會回到你這裡來。那時,你的妻子撒拉必會生下一個兒子。」

月事早已停止的撒拉在帳篷的入口聽見了這些話,忍不住笑著說:「我和我的丈夫都老了,我們不可能生小孩的。」撒拉心想,旅人只是因為接受了款待想答謝他們,才會說這些話討他們歡心。

旅人對亞伯拉罕說:「撒拉為什麼笑,沒有什麼事是神辦不到的。」撒拉立即害怕地否認:「我沒有笑。」但旅人卻說:「不,你是真的笑了。」

亞伯拉罕請求神赦免所多瑪和蛾摩拉的罪

三位旅人用完餐,並感謝亞伯拉罕的熱心招待後就繼續出發了,亞伯拉罕也送了他們一程。此時為黃昏時分,化成旅人模樣的神讓同行的兩人先前往目的地,只剩下神和亞伯拉罕

聖經筆記 所多瑪和蛾摩拉的居民因罪惡觸怒了神,所以受到神的審判而沈到死海裡。他們的罪惡包括同性間的性交、人和野獸的淫合等。異常的性交被稱為「sodomy」,就是由所多瑪城(Sodom)的典故而來的。

兩人站在希伯崙的山丘上幔利的橡樹旁，眼前望去就是死海，在那附近則是燈火輝煌的所多瑪和蛾摩拉等城鎮。

然後，神不知是要告訴亞伯拉罕、抑或只是自言自語而喃喃地說著，明天太陽升起之前，就會把這些城鎮毀滅殆盡。神似乎已下定了決心。但是，正因為亞伯拉罕是神拯救人類的大計畫裡的關鍵人物，所以必須告知亞伯拉罕要滅亡城鎮一事。

神說：「所多瑪和蛾摩拉的墮落舉目即見，他們的罪惡極重。正直的人批判所多瑪和蛾摩拉的聲音愈來愈大，因此我要確認這些聲音所說的是不是真的；如果是，他們將遭受滅亡處罰。」聽到神這番話的亞伯拉罕亟欲挽救這些城鎮，他拚命地請求神，和神之間進行了以下的問答。

「你要把義人和惡人一同毀滅嗎？那城裡一定也有好人。即使如此，你還是要毀滅那座城嗎？假

位於死海旁的所多瑪和蛾摩拉

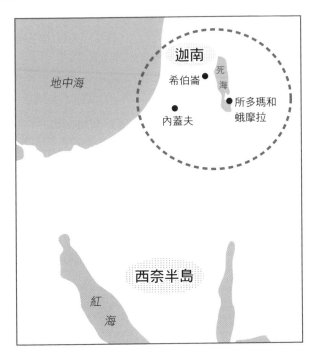

如城中有五十個義人，你不為這五十個人而赦免那地方嗎？你絕不會把義人與惡人一同殺死。審判天下的主啊，你是審判者的模範不是嗎？」

神說：「好，我知道了。如果能在所多瑪城中找到五十個義人，我就為了他們赦免那地方。」

亞伯拉罕又說：「我雖然如灰塵般渺小，但還請容我大膽地對你申訴。假如這五十個義人中少了五人，你會因為少了這五人就毀滅全城嗎？」

「我若在那裡找到四十五個義人，就不會毀滅那個城鎮。」亞伯拉罕又再執拗地追問下去：「假如在那裡找到四十個人呢？」

「我就因這四十個人不毀滅城鎮。」

「神啊，假如在那裡找到三十個人呢？」

神回答：「我也不毀滅。」

伯拉罕繼續問道如果只有二十個人呢。神的回答是「我就不毀滅」。

「神啊，請不要動怒，容我問這最後一次。假如找到了十個義人呢？」

「為了這十個人，我不會毀滅那座城鎮。」談到這裡，亞伯拉罕就再也沒話說了。說完話後神就離去，亞伯拉罕也回到了自己的帳篷裡。

對神毫不在意的所多瑪和蛾摩拉人民

神和亞伯拉罕正進行迫切的問答時，所多瑪和蛾摩拉的人在意的所們又在做些什麼呢？他們一樣忙於生意、接待、飲酒、耕種。他們為了勞動後的閒暇享樂而忙得團團轉，根本沒有多餘的時間去思考神或神的審判一事。

如果有人跟他們談論神和正義之事，他們就會把那個人當做笨蛋並嘲弄對方。生存在當時埃及文明和巴比倫文明富庶的物質生活之下，如何達到極致的享樂，才是他們人生的最大目的。

信仰先祖亞伯拉罕的後代
羅得和女兒逃脫

居民的罪惡觸怒了神，所多瑪和蛾摩拉於是滅亡。被神救出的羅得和他的女兒們因亂倫而繁衍子孫。

墮落的所多瑪居民

羅得和亞伯拉罕分開後來到了所多瑪，和妻子、兩個女兒過著富裕的生活。他的帳篷就在所多瑪城門的旁邊。這天的黃昏十分炎熱，他來到帳篷外，坐在城門前納涼。

從亞伯拉罕的帳篷出發的兩位旅人（天使），在黃昏時來到了城門前。羅得看到旅人，便站起來和他們打招呼，並俯伏在地說道：「請你們到我的家裡洗洗腳歇息一宿吧，清早起來再繼續趕路。」兩位天使委婉地拒絕：「謝謝。不過，我們在城裡的廣場過夜就好了。」

但由於羅得再三邀請，他們最後還是進了羅得的帳篷。羅得為他們烤了許多餅招待他們。

用餐完畢後天色已經變暗了，所多瑪城內的男性無論老少，都聚集起來團團圍住羅得的帳篷，喊道：「今晚到你這裡來的旅人在哪裡？把這兩個人帶出來。」他們竟是想侮辱狎玩這兩位旅人。

羅得立刻走出帳篷把門關上，抱定決心說道：「我的弟兄們，請不要做這種惡事。我有兩個女兒還沒有和男人同房過，讓我把她們帶出來，隨你們怎麼樣待她們吧！但請不要對這兩位來到舍下的人做什麼。」

但眾人卻說：「滾開！」又有人說：「你這個寄居者竟然當起我們的審判官來。現在我們要先讓你嘗嘗苦頭，用比對付那兩人還要更狠毒的手段來對付你！」眾人於是衝向羅得，並上前要踢開房門。就在此時，帳篷裡的兩位旅人伸出手來把羅得拉進屋裡去，並把門關上。此時，在帳篷外的人，眼前突然閃著炫目的亮光，讓他們的眼睛什麼都看不見，連入口在哪裡都找不到。

聖經筆記 聖經裡禁止同性愛。其中一例為：「如果有人與男人同睡，像與女人同睡一樣，他們二人行了可憎的事，必要把他們處死，他們必須承擔流血的罪責。」（利20：13）

羅得的妻子變成鹽柱死去

天使化身成的兩位旅人對羅得說：「你這裡還有什麼親人沒有？無論是你的妻子、兒子、女婿、女兒，或是城中所有你的親戚，都要把他們從這地方帶走。我們是奉神之命要來毀滅這個地方的，這裡的人罪惡實在太深重，已經到達極限了。」

於是羅得急忙出去，到城裡告訴即將要娶他兩個女兒的女婿這座城就要被神毀滅了。但是，他們只是瞪大了眼睛看著羅得，以為他是在開玩笑。

天快亮的時候，兩位天使催促羅得說：「快起來，帶著你的妻子和兩個女兒逃出去。不快點的話，你就會和這座城一起被毀滅了。」

羅得因為掛念帳篷裡的家產而猶豫不決，兩位天使便拉著他們四個人的手，強行把他們帶出去。「快點逃走吧，千萬不要回頭看，也不要停留在平原上，要往山上逃，不然你們也會遭殃的。」

信仰沒有亞伯拉罕來得虔誠的羅得哭著說：「我主啊，山上太遠了我逃不到啊！山麓的那座小城很近，請讓我逃到那裡去。」天使寬大地回答道：「好，我答應你。

你快逃到那座小城去。我不會毀滅那座小城。」從這一天起，那座山麓的小城就被稱為「瑣珥」（小城鎮）。

羅得一家人拚命地趕路，來到瑣珥城時，太陽已經升起。神在所多瑪和蛾摩拉的天空降下火和硫黃之雨，不到一會兒，整個所多瑪和蛾摩拉城以及低地一帶就被硫黃所燃起的火燄給包圍住，地面上冒著煙，鹽分高的死海也開始沸騰起來，並從天空降下大粒的鹽。所有的帳篷都燒了起來，住在城裡的所有人、植物和動物全部都被滅絕了。

在逃往瑣珥的途中，跟在羅得後面的妻子卻發生了悲劇。她沒有聽從天使們的命令，回過頭看了。於是，她立即被暴露在燃燒的硫黃和灼熱的鹽中斷氣身亡。

羅得的子孫摩押人和亞捫人誕生

亞伯拉罕清早一醒來，就來到昨天和神對話的地方，望向所多瑪和蛾摩拉以及整個平原，只看見黑煙不斷冉冉升起。他嘆息地說：「那裡果然連十個正直的人都沒有嗎。」

聖經筆記　死海位於以色列和約旦的國境交界處，是一座海拔負三九四公尺、含鹽量已達飽和的鹹水湖。因含有比海水高出十倍的氯化物，使得生物幾乎無法生存。「死海」的名稱即是由生物無法生存的「死亡之海」而來。

逃過這場災難的生還者，只有逃到瑣珥的羅得和他兩個女兒共三個人。神在毀滅位於死海旁的所多瑪和蛾摩拉等城鎮時，念在亞伯拉罕的信仰虔誠，於是把羅得和他的家人從城裡救出來。羅得和兩個女兒剛開始住在瑣珥，但城鎮被滅亡的恐懼依然在腦海裡揮之不去，於是他們便出了城鎮，前往一開始天使所指示的山上住在洞穴裡。

不久後，姊姊對妹妹說：「我們的父親已經老了，不可能再結婚。在這麼偏僻的地方，也不會有男人可以做我們的夫婿。不如我們把父親灌醉後與他同睡，這樣我們就可以藉著父親傳宗接代。」

於是她們讓父親喝酒，姊姊就先與父親同睡。第二天，換妹妹與父親同睡。羅得完全沒有發現他和自己的女兒同床一事。兩個女兒就如此懷了身孕生下兩個男孩。姊姊生的兒子名叫摩押，為摩押人的始祖。小女兒所生的兒子名叫便亞米，為亞捫人的始祖。就這樣，羅得的家族因為亂倫而產下後代，子孫也就如此繁衍下去。

從被毀滅的所多瑪逃出來的羅得和兩個女兒

信仰先祖亞伯拉罕的後代
繼承家業的以撒誕生

神賜給正妻撒拉兒子，側室夏甲和兒子以實瑪利便被趕出了家門。兩人流落街頭時得到了神的幫助。

提議把夏甲和以實瑪利放逐

撒拉懷孕了。在幔利的橡樹下遇見三位旅人並接待他們之後過了一年，她生下了一個健康的男孩。亞伯拉罕在兒子出生的第八天就為他舉行割禮。

此時為公元前二〇六六年，一百歲的亞伯拉罕和九十歲的撒拉竟然生下了第一個孩子，而且是盼望已久能繼承家業的男孩。夫婦兩人都感到無比的喜悅，為了表達這份喜悅的心情，亞伯拉罕把兒子命名為「以撒」，即是「他笑」的意思。

亞伯拉罕在二十五年前聽從神的命令，和撒拉離開哈蘭來到異鄉之地迦南，並且在此定居。神對亞伯拉罕再三傳達撒拉將會生子的約定終於實現了。

以撒集夫婦兩人的寵愛於一身，一天一天地長大。在以撒四歲斷奶時，他們舉行了一場盛大的宴

會，哥哥以實瑪利也出席了，他在宴會上一邊逗弄剛學會走路的以撒一邊跟他玩耍。這不過是哥哥和弟弟在玩鬧的畫面，但是看在撒拉的眼裡，卻認為是侍女夏甲的兒子在欺負自己可愛的兒子以撒，因此心中燃起了一股忿怒之意。

於是她開始認為，將夏甲的兒子和自己將來要繼承亞伯拉罕家的兒子一起扶養長大是錯誤的。如果這兩人的父親亞伯拉罕死後，年長的以實瑪利說不定會加害以撒，或者也有可能以長子的權利來強迫以撒退位，自己繼承家業。

有了這種想法後，撒拉開始坐立不安，於是對亞伯拉罕說：「你把從埃及來的侍女夏甲和她的兒子以實瑪利趕出去吧，神已經賜給我們繼承家業的兒子了。」並強逼丈夫亞伯拉罕要這麼做。

為了讓亞伯拉罕擁有兒子，當初決定讓他娶進夏甲的人就是撒

聖經筆記　在古代的以色列，父親死去時，只有兒子能繼承財產。分配父親的財產時，長男則有權獲得比其他弟弟的配額多上兩倍的財產。

拉自己，夏甲也如願生下了以實瑪利。在以撒出生之前的十三年間，他們把以實瑪利當做繼承人扶養關愛，也教導他正確的禮儀行為，這些撒拉似乎完全忘了。

以實瑪利受到神的幫助

亞伯拉罕因擔心兒子的未來而相當煩惱。他認真地向神祈禱，結果聽到一個沉靜的聲音說道：「照撒拉所說的去做吧。因為要繼承你家業的是以撒。不過我也不會忘了以實瑪利，因為他也是你的兒子。我會使他的子孫成為一個大國。」

亞伯拉罕決定聽從神的指示。翌日早晨，他為夏甲準備了餅和一個皮袋，裡面裝滿了橫渡沙漠時不可或缺的水。他把餅和水放在夏甲的肩膀上，並祝福以實瑪利之後，就送他們前往別是巴的沙漠。

兩人走在沙漠上朝著夏甲的故鄉埃及前進。當他們徘徊在滿是岩石的乾裂道路上時，皮袋裡的水也都喝光了。不斷地在炎熱的艷陽下行走又無水可喝，以實瑪利的體溫開始上升，暈眩和痙攣向他襲來，他一步也走不動了。這正是中暑的症狀。

夏甲和以實瑪利朝著埃及前去

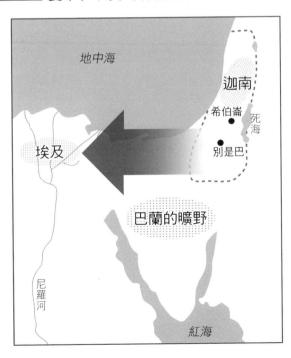

地中海

迦南

希伯崙　●

死海

● 別是巴

埃及

巴蘭的曠野

尼羅河

紅海

再這樣下去，兒子肯定會沒命。夏甲就把孩子移動到樹底下讓他休息，然後離開了那裡。夏甲之所以離開了痛苦的兒子身邊，是因為要親眼看著自己的兒子死去，實在是太殘忍了。此時，由於口渴和對死亡的恐懼，兒子以實瑪利放聲大哭。

夏甲聽見了以實瑪利哭聲的同時，神也聽見了他的痛苦，於是派遣使者對夏甲說：「夏甲啊，你怎麼了呢？不要害怕。去扶起孩子鼓勵他吧。因為他的子孫將成為大國之民。」

說話的聲音停止後，夏甲看了看四周，在她的身旁竟然出現了一口泉水！

然而這口泉剛剛根本就不存在。這難道是因為在沙漠中瀕臨死亡，使得夏甲看見了根本不存在的東西嗎？但是，這泉水並不是幻覺，是源源不斷地流出、清冽足以保命的真正泉水。

夏甲實在太高興了，如此一來他們就得救了。突然又湧現出勇氣的夏甲於是靠近泉水，把皮袋盛滿了水拿給孩子喝，因而獲救的以實瑪利便漸漸地長大，住在巴蘭的曠野中，成為一位弓箭手。後來，他娶了母親的故鄉埃及的女孩，他的子孫就成為了阿拉伯人。

就這樣，亞伯拉罕被伊斯蘭教、猶太教、基督教三個宗教的教徒視為「先祖」，而為人所尊敬。

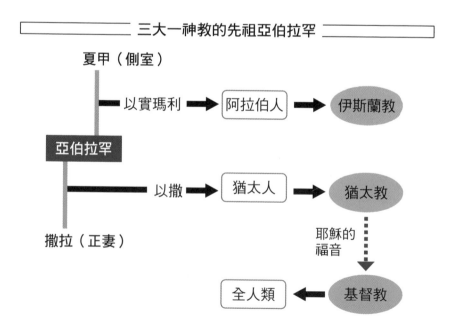

三大一神教的先祖亞伯拉罕

信仰先祖亞伯拉罕的後代
亞伯拉罕的試煉

神為了試探亞伯拉罕的信仰，命令他把唯一能繼承家業的兒子以撒燒死做為祭品獻給神。

神測試亞伯拉罕的信仰

夏甲和以實瑪利離開亞伯拉罕家約過了十年，亞伯拉罕的財產不斷地增加，也和鄰近的強權者締結了友好協定，不用擔心被侵略的問題。以撒也已經十五歲了，信仰十分虔誠，是一個聽從父母親的好青年。

亞伯拉罕不但擁有財富、和平，也有一個身心健全的兒子以撒可以繼承自己的家業，他唯一的希望即是，在自己離開人世後，以撒可以繼承這個家並使子孫人丁旺盛。他的幸福就建築在這個基台上。然而，亞伯拉罕的願望雖然因神的約定而實現了，但神卻要測試他對信仰的虔誠到什麼樣的程度。

有一天，神把亞伯拉罕叫來，把至今為止自己賜給他的眾多恩惠數給他聽。

託神所賜，他才能比敵人更強；受到神的嘉惠，他才會變得如此富足；也因為神的奇蹟，他們這對年老的夫妻才能生下兒子等等。之後，神對亞伯拉罕說：「亞伯拉罕啊，帶著你的兒子以撒到摩利亞山去，將他獻為燔祭。」後來亞伯拉罕才明白，原來神如此要求，是要測試自己對兒子的愛是否優先於對神的信賴。

神要求犧牲以撒

侍女夏甲所生的兒子以實瑪利已經離開自己，而以撒才是神所約定要賜予的兒子，是實現神和亞伯拉罕在交換契約時承諾的唯一繼承者。然而，神竟然命令要犧牲這個兒子。如此一來，「子孫像繁星一樣眾多」的約定又要如何實現呢？如果以撒一死，神的約定和自己的幸福都會化為烏有了吧。亞伯拉罕的心裡不由得這樣想。

但是，亞伯拉罕卻很明白，自己至今為止被賜予的所有恩惠已經超

聖經筆記　《可蘭經》第37章第102～112節也有關於把兒子當成祭品獻給神的描述，但裡面沒有詳細記載這個孩子的名字和事情發生的地點。伊斯蘭教徒相信，被要求做為犧牲品的不是以撒，而是以實瑪利。

乎了自己的想像，這一切都是出於神的旨意才可能擁有的。於是，他認為應該要遵從神這次犧牲以撒的命令，而且連對妻子也沒有透露自己的決心。因為他認為，要為神而做的事不應該被任何人阻止。

在當時的美索不達米亞或迦南地方，把活人獻為祭品並不是一件罕見的事。當要建造建築物的地基時，就經常會將嬰兒獻上做為祭品。此外，若祭拜異鄉之神，也經常會有殺害自己的兒子供在祭壇上的情況發生。因此，殺害自己的兒子獻給神明，在亞伯拉罕的觀念中並不是一件很殘酷的事。只是，他最在意的還是以撒是自己唯一的兒子。

以撒撿回一條命

隔天早上，亞伯拉罕一早就起來，把柴捆到驢的背上後，就帶著兩個童僕和自己的兒子以撒，起程到神所指示的摩利亞山去。在第三天他們便到達了摩利亞山。亞伯拉罕把兩個童僕和驢子留在山麓，要以撒背著柴、自己帶著火種和刀，兩個人獨自登上山。

到了山裡，以撒問父親亞伯拉罕：「火種與木柴我們都有了，可是獻燔祭用的羊羔在哪裡呢？」

亞伯拉罕忍住悲傷回答：「以撒，神自己會親自預備好獻燔祭用的羊羔。」

兩人來到神指定的山頂，亞伯拉罕就在那裡築了一座祭壇，並在上面擺好木柴。然後，亞伯拉罕走到兒子以撒的身邊，用繩子把他捆綁起來。以撒感到十分地驚恐。他已是一個十五歲的健壯青年，如果真的想逃跑應該是逃得掉的。但是，他遵從了決定跟隨神的意志的父親，也覺悟到自己一定要犧牲了。就這樣，以撒安靜地躺臥在柴上不動。

終於，亞伯拉罕高舉著刀，準備朝向以撒揮砍下去。就在這一瞬間，天使呼叫道：「等等，不可以殺這個孩子。現在我知道你是忠實遵照神的話語了。已經足夠了。因為你連自己的獨生子都不吝獻上給我。」

亞伯拉罕全身無力，手扶著祭壇跌坐了下來。突然他聽到背後傳來窸窸窣窣的聲音，回頭一望，就看見一頭公羊的兩隻角被卡在灌木叢中。亞伯拉罕於是迅速地靠近那隻公羊，將牠捕獲並宰殺，代替以撒燒烤了做為祭品獻給神。

神對亞伯拉罕說：「我不是想

聖經筆記　伊斯蘭教最偉大的先知穆罕默德為以實瑪利的子孫。因為以實瑪利是亞伯拉罕的兒子，因此伊斯蘭教和猶太教、基督教相同，都尊亞伯拉罕為信仰之祖。

要人類的性命才命令你殺了自己的兒子。我只是想要確認你心中的想法，所以才以這樣的命令測試你是否會遵從而已。」

神不是想要亞伯拉罕獻出他最愛的兒子的命，而只是想確認亞伯拉罕是否打從心底把神放在最優先的位置、對神百分之百地信賴。從這時開始，神禁止亞伯拉罕家族和人類犧牲自己的兒子或任何人的性命做為獻祭品。

父子倆下山後，在三天後回到了撒拉等住的別是巴的帳篷裡，過著幸福的日子。

在這之後，撒拉離開了人世，享年一百二十七歲。亞伯拉罕從迦南人的手中買下了位於死海東方四十公里處的希伯崙、稱為麥比拉的城鎮土地，在那裡埋葬了愛妻。為了埋葬撒拉而買下的這塊墓地，便是牧羊人亞伯拉罕在迦南所取得的第一塊土地。

把以撒獻給神的亞伯拉罕

信仰先祖亞伯拉罕的後代

以撒迎娶利百加

長大後的以撒娶了利百加為妻。亞伯拉罕相當長壽，活到了一百七十五歲，死後和撒拉葬在一起。

最年長的僕人出發前往哈蘭

四十歲的以撒已是個健壯的青年，亞伯拉罕有感於年邁的身體漸漸衰弱，將不久於人世了，必須先替兒子以撒娶妻才行。亞伯拉罕想讓以撒迎娶他的兄弟拿鶴的孫女利百加，於是把最信賴也最年長的僕人以利以謝叫到面前。

以利以謝在亞伯拉罕一族離開哈蘭時就一直跟隨著這個家族，是一位忠實勤勞的僕人。亞伯拉罕和以利以謝互相把手放在對方的大腿下，祈求神做為接下來要進行這件事的證人。立了這個嚴肅的誓言後，僕人便出發前往拜訪拿鶴一族所居住的哈蘭之地求親。

亞伯拉罕讓僕人帶著十匹駱駝和哈蘭買不到的各種貴重寶物當成禮物。雖然只要沿著約旦河北上就能到達哈蘭，但這是一段相當漫長的旅程。冬天的道路滿是泥濘，夏天則因為十分酷熱，連步行都很困難。而且，路途上時常會有盜賊出沒，如果一個大意的話東西就會被搶走，是個很危險的地區。

但是，僕人十分小心戒慎地前進，終於平安來到了哈蘭的入口處。他看見一大群女孩出城來打水，於是就向神禱告說：「我主人亞伯拉罕的神啊。請你賜恩給亞伯拉罕。如果你贊成這段婚姻的話，請讓我從這些少女中找到亞伯拉罕兒子的結婚對象利百加。當我拜託她們給我水喝時，即使其他的少女拒絕，也只有她會接受我的請求，這樣我就知道她是利百加了。」於是僕人走到井邊，拜託肩上扛著水的少女們給他一點水喝。但是，所有的少女都拒絕給他水喝，並且回答，這水是自己家裡要使用的，不能隨便給陌生人。汲水是件相當辛苦的工作，拒絕把水分給陌生人，似乎也是可以想見的。

但是，其中有一位少女很有禮

聖經筆記　把人的食物獻給神當做食物時，就被稱為「供品」。供品如果又伴隨著血的儀式，就被稱為「祭品」。猶太人會把牲畜、穀物、油、酒、麵包等做為供品或祭品獻給神。

貌地對他說：「請喝吧。也分一些給你的駱駝喝吧。」並且慎重地把水遞給他。這位少女身材修長、動作俐落，不但氣質高雅而且相貌相當美麗。

利百加相貌美麗且心地善良

僕人心想這趟旅程的目的就要達成了，不禁暗自竊喜，但還是很慎重地再度確認。首先，他稱讚少女不惜把自己辛苦汲取的水給他喝，心地非常善良，並祝福養育這位善良少女的雙親，然後取出純金的鼻環和金戒指，要給少女當做謝禮。

他接著又問：「請你告訴我，你是誰家的女兒？你家裡有地方給我們住宿嗎？我們會付錢的。」於是少女回答：「我叫利百加，家父彼土利已經去世了，現在是由哥哥拉班繼承家業照顧全家。我們家有足夠的牧草和飼料，也有住宿的地方。」她又說，只要取得哥哥的同意就可以讓他們住宿，而且也不會跟他們收錢。

聽到這番話的僕人，再次對於亞伯拉罕的親戚利百加竟是這麼一位善良美麗的少女感到驚訝，也確信這位少女就是神為主人亞伯拉罕的兒子以撒特別挑選的新娘，於是當場跪拜在地感謝神。

以撒和利百加結婚

得到哥哥拉班的同意後，利百加帶著旅人回到了家裡，並由拉班的僕人們照顧他的駱駝。拉班十分歡迎親戚亞伯拉罕的僕人，並招待他用晚餐。晚餐結束後，亞伯拉罕的僕人對拉班和利百加的母親說：「亞伯拉罕是他拉之子，和你們是親戚。他為了讓自己的兒子以撒和你們家的女兒結婚，才特地派遣我來拜訪你們。以撒是他正妻的兒子，也是繼承亞伯拉罕家全部財產的獨生子。

雖然亞伯拉罕在迦南之地集財富和眾人的尊敬於一身，以撒也可以娶當地最富裕的人家的女兒，但為了家族的名譽著想，因此提議結成這樁婚姻。

黃昏我到達這個城鎮時，看到很多少女聚集在井水旁。我向神祈求，希望能讓我從少女中找到利百加，我的願望果然馬上就實現，完全如我所想。神也相當祝福這樁婚姻，請你們答應這件婚事吧。」

拉班和利百加的母親也感受到神的旨意，因此答應了這樁婚事。利百加也強烈感受神的引導，同意成為以撒的妻子。僕人於是帶著利百加回到了迦南，以撒和利百加接著便順利地結婚。

在這之後，亞伯拉罕長壽地活

到一百七十五歲。他一生忠誠地信仰神並正確地過完人生之路，讓他和族人受到異教人們的尊敬，也獲得了財富、名譽和地位。信仰虔誠的亞伯拉罕，沒有去追求眾人想要的財富、名譽和地位，卻自然地獲得了所有的一切。以撒和以實瑪利把死後的亞伯拉罕葬在位於希伯崙的麥比拉洞穴裡，和他深愛的妻子撒拉葬在一起。

亞伯拉罕家的家譜圖

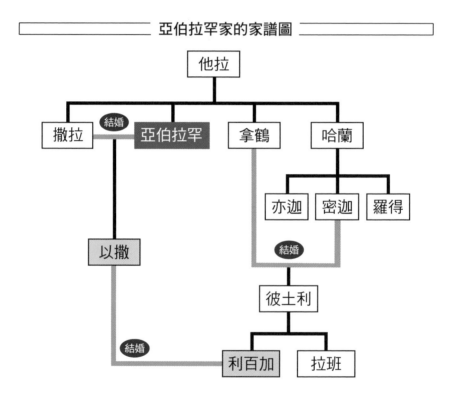

信仰先祖亞伯拉罕的後代

換得長子名分的雅各

克服不孕的利百加生下了兩個男孩。聰明狡猾的弟弟以豆子和哥哥換得了長子的權利。

利百加為不孕所苦

美麗聰明的利百加感知到神的引導，從哈蘭遠赴迦南，以撒也十分深愛這位妻子。相親相愛的兩人繼承了亞伯拉罕的龐大遺產，過著幸福的日子，但他們卻有一個煩惱，結婚已經二十年的兩人一直沒有生下可以傳宗接代的小孩。

雖然如此，以撒卻沒有想過要另娶側室，因為他深深記著父親亞伯拉罕為了小孩娶了側室夏甲，結果卻夾在兩位妻子之間左右為難的痛苦經驗。夫妻在一起的二十年間，以撒一直很認真地向神祈求，希望神能賜給他們小孩。

他們的熱忱祈求終於讓神聽到，利百加也因而懷孕。但是，她的肚子卻脹得很大，而且胎動十分激烈，利百加十分擔心，說著：「這到底是怎麼一回事？」於是神回答：「兩國的國民在你肚子裡，有兩國的國民要從你的腹中分出來；將來哥哥要服事弟弟。」懷孕滿十個月時，利百加生下了兩個男孩。

最先生出來的小孩全身紅通通而且長滿了毛，因此就替他取名叫做以掃，即「紅人」的意思。第二個孩子在出生時手抓住以掃的腳跟，因此就取名叫雅各，為「腳跟」之意。弟弟雅各抓著哥哥以掃的腳跟出生，即表現出弟弟想要把哥哥推開的野心。就這樣，以撒在年值六十歲時，喜獲以掃和雅各兩個兒子。

雅各聰明卻狡猾

兄弟倆漸漸長大，隨著他們年齡愈來愈增長，兩人在個性上的差異就愈明顯。

以掃的個性粗野豪邁，十分喜愛狩獵，整天在山野裡追著獵物。相反地，雅各總是待在家裡幫忙母親或是照顧羊群，是個相當文靜的青年。

父親以撒因為喜愛肉類料理，尤其是鹿肉，所以很寵愛時常獵取

聖經筆記

生下兒子對女性來説是相當重要的事，通常生下第一胎男孩後，女性自此就會被稱為「某某人的母親」。

71

野味、做成料理供他享用的哥哥以掃。另一方面，母親利百加則比較鐘愛個性安靜的弟弟雅各。

想當然爾，兩個個性完全相反的兄弟，關係也不怎麼好。兄弟兩人知道亞伯拉罕家族只有長男才擁有能夠繼承家業的「長子權利」。這個權利是神和祖父亞伯拉罕約定好所給予的祝福，那就是長子可以獲得比弟弟多兩倍以上的財產。因此「長子的權利」當然是長男以掃所擁有。但是，弟弟雅各一邊餵食羊群一邊想著，如果神賜給亞伯拉罕和以撒的約定和祝福可以由自己來繼承的話，那該多好。另一方面，以掃卻從來沒有想過關於神的約定和祝福的事，他整天都忙於在野外狩獵。

以掃為了豆子而出賣長子權利

有一天，雅各在燉煮扁豆湯時，又餓又累的哥哥以掃剛好從山裡狩獵回來。雅各正在煮的扁豆是一種紅色的豆子，現在已知這種豆子的蛋白質含量高達百分之二十五，營養價值相當高。以掃聞到了這道豆子湯的味道，就對雅各說：「求你把這紅豆湯給我喝吧。」精於算計的雅各於是說：「我把豆子湯給你，不過你也要把你長子的權利讓給我做為交換。」以掃完全不加思索，立即回答：「我肚子快要餓死了，這長子的權利要怎麼樣都隨你。」

雅各說「你先向我起誓吧」，以掃就高興地起了誓，然後喝飽豆子湯後心滿意足地回去。他完全沒有意會到重要的長子權利，就被自己用這麼一碗豆子湯給交換掉了。以掃就是如此看輕了自己長子的權利。

由這個事件，便最早展現出雅各所具有聰明狡猾又善用謀略的一面。

聖經筆記 抓著哥哥以掃的腳踝出生的雅各，因而被取了意指「腳踝」的名字。後來，他運用計謀騙取了以掃身為長子的權利，因此他的名字雅各也含有「欺騙」的意味。

以掃和雅各的關係

父親
以撒

母親
利百加

父親較為疼愛的孩子

母親較為疼愛的孩子

哥哥
以掃

弟弟
雅各

個性活潑

- 高明的獵人
- 喜愛露營
- 臂力很強

個性穩重

- 相當文靜
- 住在帳篷裡
- 賢明狡猾、擅於謀略

長子的權利

「你要先把你的長子名分賣給我。」（〈創世記〉25:31）

雅各以紅豆湯（扁豆）為交換，從以掃那裡獲取了長子的權利

↑
狡猾

信仰先祖亞伯拉罕的後代

雅各欺騙了父親以撒

雅各和母親利百加共謀奪取了以撒要給予長子的祝福，之後便藏身在母親的故鄉，但不久後還是得到了報應。

以掃和外族結婚

時間飛逝而過。

以撒喜愛的以掃，在四十歲時娶了語言和血統相異的赫人（迦南原住民之一，也被稱為西台人）以倫的女兒巴實抹、以及赫人比利的女兒猶滴為妻。

這兩件婚事，都是以掃在沒有與以撒和利百加商量的情況下自己決定的。以掃十分明白，以撒完全不想要和迦南人締結婚姻關係，因此即使他和以撒商量婚事，以撒也絕不可能會答應。崇拜偶像的迦南女人來到了以撒的家族裡，讓以撒和利百加十分傷心難過。

即使如此，一家之長以撒卻也無法命令以掃和妻子分開，年屆八十高齡的以撒怕自己這麼做會讓以掃不開心。由於他實在太悲傷了，因而漸漸變得沈默，但也不斷為了以掃向神祈求。

雅各欺騙了以撒

以撒的年歲已相當高，眼睛漸漸看不清楚，只能過著臥病在床的日子。為了以掃，以撒決定在自己將死之前把長子的權利傳承給他。身為父親的以撒期待著以掃接受了長子的權利和祝福後，就一定會回歸正確的信仰。以撒完全不知道兩兄弟在少年時以豆子湯交換了長子權利的事情。

於是，以撒把長子以掃叫到面前，說：「以掃啊！我已經老了，不知道什麼時候就會死去。你現在到田野去為我獵幾頭鹿來，用鹿肉幫我料理美味的食物給我吃，好讓我在未死以前給你祝福。」以撒於是急忙地出門去狩獵。

這段對話被隔壁房間的利百加偷聽到了。她希望自己喜愛的小兒子雅各能夠繼承財產，因為她認為，這麼一來她在懷孕時所聽見「哥哥將會服事弟弟」的神的話

聖經筆記 迦南為含的兒子，也就是挪亞的孫子。含因為侮辱了挪亞而被詛咒，〈申命記〉7章1節裡便有以色列人來到約定之地迦南時，神把迦南人驅逐出這塊土地的相關記載。

語，也算是實現了。

於是利百加趁著以掃出門到山上獵鹿肉時，把以撒對以掃說的話告訴了雅各，然後這麼命令他：「雅各啊，你快到羊群那裡牽兩隻最好的山羊過來，我要為你父親準備他喜愛的料理，你再把那些料理端去給你父親吃，好讓他在未死以前給你祝福。」雅各猶豫地對母親說：「但是哥哥以掃渾身是毛，而我的皮膚卻很平滑，要是父親摸到了我，就會知道我不是以掃，而且會認為我在愚弄他，到時候不要說是祝福了，我一定會被咒詛的吧。」

於是利百加斬釘截鐵地回答：「你所招的咒詛都由我來承受吧。」

迦南人的範圍

 迦南人　＝ 居住在迦南的人們的總稱

- 迦南人
- 赫人
- 耶布斯人
- 亞摩利人
- 比利洗人
- 希未人

以往的迦南人（含的子孫）已經滅亡了。現在的巴勒斯坦人是屬於阿拉伯裔（閃的子孫）。

雅各便遵照母親所說的去做。雖然欺騙父親是不好的，但長子的權利早在哥哥以掃起誓要用以交換豆子湯後，就轉移到自己身上了。雅各於是去牽了兩匹小山羊過來。

利百加為以撒準備了他最喜歡的美味食物，又把大兒子以掃的衣服拿來給弟弟雅各穿上，讓他身上散發出以掃的體味，手部和頸部則用小山羊的皮包覆住，然後就把自己做好的美味料理交給雅各端去給以撒。

「父親！」眼睛看不見的父親以撒起身詢問：「我在這裡，兒啊。你是哪一個呢？」雅各對父親說：「我是你的長子以掃。我已經照著你的吩咐將鹿肉料理做好拿來了，請起來享用，好給予我長子的權利和祝福。」老人驚訝地問：「以掃，你怎麼這麼快就獵到鹿了呢？」雅各竟大膽地搬出神來撒謊：「是你的神為我備好了獵物。」雅各雖然模仿以掃的聲音說話，但聽來還是有一點奇怪。

以撒於是說：「你靠近一點，讓我摸摸看你是否真是以掃。聲音聽起來像是雅各，但摸起來卻像是以掃的手。」

以撒確認之後說「你真是我的兒子以掃啊」，裝成以掃的雅各便說謊答道：「我是。」以撒雖然有點猶疑，但還是相信了。在他用完餐喝過葡萄酒後，祝福了假扮成以掃的雅各。

「願神賜給你豐富的穀物和葡萄酒。願萬民服事你，萬族都要向你伏拜。你要管理你的兄弟。咒詛你的人，願他受咒詛；祝福你的人，願他蒙福。」雅各接受完父親的祝福就離開了。

緊接著，哥哥以掃打獵回來並做好鹿肉料理後，就端到父親面前。「父親，讓你久等了。請起來享用你兒子捕捉到的鹿肉，然後給予我祝福吧。」

以撒驚訝地問：「你是誰？」「我是你的長子以掃。」以撒十分震驚：「那麼，剛才那個人究竟是誰。就在剛才有人端來了料理，我已經吃了又給予他祝福。我讓他成為你的主人。既然開口說出的祝福就無法再收回了。」

以掃聽了父親的話後放聲大哭，拉著父親對他說：「雅各（除了「腳踝」外，還有「取代」的意思）那傢伙已經用計取代了我兩次！他奪走了我長子的名分，現在又奪去我的祝福，實在是個可恨

聖經筆記　「巴旦‧亞蘭」意味著「亞蘭的平原」。巴旦‧亞蘭位於美索不達米亞北部，為哈蘭的一部分。〈創世記〉裡也有些記述沒有使用巴旦‧亞蘭的說法，而僅以「亞蘭」來稱呼。

的傢伙！我父啊，請你也給我祝福吧！」

父親以撒雖然覺得以掃很可憐，但也只能對他說出神所顯示與他和他的子孫相關的預言：「你居住的地方會遠離沃土、遠離天上的甘露。你必倚靠刀劍生活，並且要服事你的弟弟。」

雅各逃亡到哈蘭

以掃無法壓抑內心的忿怒，心想總有一天要殺了雅各。有人把以掃的想法告訴了利百加，她便偷偷將雅各找來，要他在以掃消下怒氣之前，先前往她的故鄉哈蘭，到她哥哥拉班的住處暫避風頭。

善於計謀的利百加對丈夫以撒說：「我為了以掃娶的迦南女子，已經感到連活著都很厭煩了。我無法忍受再有異族的女子來到我們家。把雅各送到他祖父的故鄉哈蘭去吧。讓他到那裡找一個好妻子。」

以撒高興地贊成了這個提議，於是把雅各叫來吩咐他：「你不可娶迦南的女子，到巴旦‧亞蘭去娶你舅舅拉班的女兒為妻吧。願全能的神賜福給你，使你的子孫繁多，成為大族。願神把賜給亞伯拉罕的福氣也同樣賜給你和你的後代，並把應許給亞伯拉罕的土地，也賜給你和你的後裔來承繼。」就這樣，雅各做好行前的準備後，就從位於以色列南端的別是巴家裡出發前往哈蘭。雅各和利百加巧妙地利用不正當的手段達到了目的，但最終還是受到了報應。利百加以為只是和雅各暫時一別，沒想到卻成了永遠的分離；而雅各則是在異鄉哈蘭被母親的哥哥拉班所騙，被當成僕人使喚而吃了許多苦頭。

信仰先祖亞伯拉罕的後代
雅各結婚

雅各被拉班所騙，新娘不是美麗大方的拉結，而是姊姊利亞。這些都是過往所為的報應。

雅各在夢中看見連接天和地的梯子

雅各不停地趕路，終於來到位於耶路撒冷北方二十公里處的路斯。

由於天色已暗，雅各便以路旁的石頭當做枕頭露宿野外，結果做了一個不可思議的夢。他夢見自己的眼前有一個梯子從天上降下來連接地面，天使們就利用這個梯子上下往來。突然間一道聲音傳來：「我是你祖父亞伯拉罕的神，也是以撒的神。雅各啊，我要把你所躺臥的這塊土地賜給你和你的後裔。你的後裔必像地面的灰塵那麼多，他們會遍佈四方，地上的所有人必因你的後裔而蒙福。無論你的子孫到世界的何處去，我都會保護你，有一天必定會領你回到這地方來。在我實現對你所應許的諾言以前，我絕對不會離棄你。」

雅各醒了過來，感到十分地驚懼。「神就在這個地方，我竟然沒有察覺到！這裡是神的家，是天的門啊！」隔天早上雅各一起來，就把他當做枕頭的那塊石頭立起來做為紀念碑，並且為了奉獻給神而在上面澆了油做為祭壇。從此以後，路斯這塊地方就被稱為伯特利。（譯注：「路斯（伯特利）」為迦南地的一個城市。）

雅各遇見拉班的女兒拉結

走了幾天，雅各到達滿是綠草的哈蘭草原。他看見郊外的一口井旁有許多牧羊的年輕男女聚集在那裡，於是就走過去向他們要水喝，他們便把井口上的大石頭搬開汲水給雅各。為了不讓任何一滴寶貴的水被猛烈的日照給蒸發，通常便會用石頭蓋住井口。

「真好喝，謝謝。請問，你們是從哪裡來的呢？」「我們是從哈蘭來的。」「你們認識拿鶴的孫子

聖經筆記 「美索不達米亞」（Mesopotamia）是希臘文mesos和potamos的合成語。「mesos」意為「正中間」，「potamos」意為「河川」，美索不達米亞指的即是「河川中間的土地」。

拉班嗎？」「我們認識他。」「他好嗎？」「他很好。你看，他的女兒拉結領著羊群過來了。」

領著羊來到井邊的拉結美得令人屏息。她正在放牧父親拉班的羊。雅各的胸口突然感到一陣暖流，心裡很感激能夠不費吹灰之力就遇到自己的親戚。他立刻走到井邊，自己一個人把井口上所覆蓋著的大石頭移開，汲水給拉結的羊喝。拉結很訝異這位陌生人對她的親切，雅各於是上前抱住拉結，高興地放聲大哭，並告訴拉結自己是利百加的兒子。

拉結聽了連忙回家告訴父親這件事情，拉班知道了立刻跑出去迎接雅各，擁抱他並說：「你真的是我的

至親啊。」然後帶著雅各回家招待他。

拉班迎接雅各回家住，轉眼已過了一個月。看到雅各辛勤工作的樣子，拉班於是問：「不能因為你是我的親戚，就讓你白白地替我工作。告訴我，你想要什麼報酬呢？」

拉班有兩個女兒，姊姊利亞長得不美，妹妹拉結則是個大美人。對拉結十分著迷的雅各於是回答：「我願意為了你的小女兒拉結，成為你的僕人替你工作七年。」拉班說：「好，我明白了。比起毫無關係的外人，把女兒嫁給身為親戚的你還比較令人放心。」雅各和拉班之間就這樣達成了協議。

別是巴和伯特利的位置關係

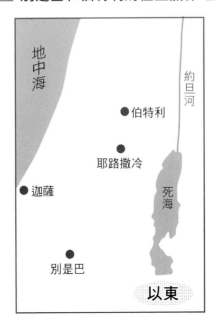

雅各被拉班欺騙

　　持續七年的單調畜牧生活想必很辛苦。但對雅各來說，如此不但能待在心愛的拉結身邊，而且只要熬過這七年就能和拉結結婚，因此時間轉眼就過了。等待已久結婚的日子終於到來。拉班擺設筵席邀請許多當地人，並準備了各式蔬菜和肉類等豪華的料理，舉辦了盛大的宴會。拉班以恭賀為由和雅各喝了許多葡萄酒，直到雅各喝醉為止。

　　到了晚上，拉班領著頭上蓋著長長紗罩的新娘來到雅各身邊，兩人就進到了為新人所準備的帳篷裡。

　　天亮了之後，雅各看到眼前的情景十分震驚，旁邊睡的竟不是妹妹拉結而是姐姐利亞！發覺被騙的雅各十分生氣地去找拉班理論，並且大聲地怒罵。

　　靜靜地聽著雅各罵完後，拉班才開口道：「雅各啊，你好像不明白，大女兒還沒有出嫁就先把小女兒嫁出去，不符合我們這地方的規矩。總之你先將這七天的宴會給辦完，之後我會把小女兒拉結也嫁給你，不過你還要再服事我七年。」

　　突然間，雅各想起了自己以前欺騙別人的行為。趁著哥哥肚子餓得受不了的時候，用豆子湯和他換得長子的權利，以及欺騙看不見的父親，從哥哥那裡奪取了長子的權利和祝福；而現在的自己，則是被拉班趁著夜晚看不清楚時給欺騙了。這無疑是相當地諷刺。於是，他決定要坦蕩地接受這個報應。

　　和利亞結婚後，雅各又開始了服事拉班的生活。其間，利亞讓雅各娶了她的侍女悉帕為妾，雅各和她們之間陸續生下了好幾個小孩（六個兒子和一個女兒）。好不容易七年過去，雅各終於得償所願和拉結結婚。但是，拉結卻遲遲未能懷孕，過了一段辛苦的歲月，後來才終於如願生下了兒子約瑟。雅各相信自己所承繼的祝福和約定，並不是要讓自己不愛的利亞和她的侍女所生下的孩子來繼承，而是要讓自己最愛的妻子拉結所生的約瑟繼承。

　　當雅各看著約瑟的時候，便想起了和神的約定。哈蘭並不是自己和約瑟的居住之地，而應該是神的應許之地迦南才是。雅各於是決定要回到迦南。

信仰先祖亞伯拉罕的後代

雅各回到迦南

逃離拉班的雅各朝向故鄉迦南出發，並改名為以色列。愛妻拉結為了換回兒子的性命而死去。

雅各離開拉班

　　為拉班工作了十四年的歲月終於結束，雅各請求拉班讓他和妻子一起回到故鄉迦南。這些年多虧了能幹的雅各，讓拉班原本只有一小群的牲畜愈來愈多。但貪得無厭的拉班卻想把雅各留在身邊繼續利用他的才能，於是對他說：「我會給你工資做為報酬的，請你繼續留在這裡。」

　　雅各於是要求拉班把羊群中的黑色綿羊和有斑點的山羊給他，拉班便爽快地答應了。但是，雅各的綿羊和山羊不斷生下健康的小羊，於是羊隻日益增多，眼紅而生氣的拉班因此更改了好幾次約定。然而，無論拉班怎麼更改約定，由於雅各受到了神的祝福，因此他的牲畜依然不斷地增加。

　　過了六年，雅各已經擁有眾多的牲畜，拉班的兒子們看到此番情景，就在暗地裡傳言：「雅各把我們父親的牲畜都奪去了，才累積了這樣巨萬的財富。」拉班家的人因而開始用冷淡懷疑的眼光看待雅各。

　　雅各知道自己必須要離開哈蘭了，便把利亞和拉結叫來向她們說明事情的原委，兩人也都贊同雅各的決定。於是，雅各就帶著十一個兒子、妻子、侍女、照顧牲畜的下人以及牲畜財產等，偷偷地躲過拉班家負責看守他的耳目，連夜逃走。

　　當他們快要到達故鄉迦南時，雅各就開始擔心了起來，他很害怕哥哥還懷恨著以前的事情而想殺死他。在旅途中，他也聽說了以掃強大的勢力。以掃現在成為了一位偉大的族長，統治著死海南邊的以東。

　　再三思考過後，雅各於是派遣使者到以掃那裡，通知自己即將回到故鄉的消息，希望以掃能夠原諒自己以前所做的事。

　　不久後，使者帶著消息回來報告，哥哥以掃已帶領著四百位下屬出發要親自來迎接雅各。雅各想像著勇猛的以掃帶著四百位下屬前來的情

聖經筆記　以掃所統治的以東位於以色列南方，那是個到處都充斥著掠奪或強盜事件的動亂國家，從歷史中即可見其之後必定亡國的危機。

景，不禁感到十分恐懼。

他祈禱著尋求神的幫助：「亞伯拉罕的神，以撒的神啊。曾經對我說過『回到你自己的故鄉』的神啊。我實在不配得到你所給予的一切恩惠，但請你垂憐我吧。從前我渡過這約旦河時手上只拿了一根手杖，現在我卻擁有這麼多的人馬和家畜了。求你救我脫離我哥哥以掃的忿怒。」

雅各和哥哥以掃徹底和解

然後，雅各帶著所有妻子和牲畜等渡過了雅博渡口，並殿後確認沒有任何人落後。

天色變暗後，突然出現了一名男子襲擊雅各，兩個人就這樣一直纏鬥到天亮。男子見自己無法打贏雅各，於是說：「放開我，我要走了。」雅各直覺這個男子不是普通人，於是趁機要求：「如果你不給我祝福，我就不讓你走。」「你叫什麼名字？」「雅各。」男子便說：「從此以後你的名字不要再叫雅各，要改為「以色列」（Israel）。」說完話之後男子就離去了。「Isra」意為「互相纏鬥」，「el」則為「神」的意思。原來那位男子是天使。（見本頁聖經筆記）

隔日，雅各一看見以掃，就立刻俯伏在地向他叩頭打招呼。以掃一直看著弟弟行完禮，才把弟弟拉近，並且和他擁抱。以掃真的原諒了弟弟雅各。雅各拿出了自己準備好要送給哥哥的東西，以掃卻說「我也在辛勤地工作，牲畜已經十分足夠了」，而沒有收下雅各的禮物。兩個人就這樣完全地和解，雅各的祈求終於獲得了神的回應。

雅各帶著一家到達伯特利時，愛妻拉結生下了第二個男孩，這個小兒子被取名為便雅憫，但拉結卻因為難產而去世了。雅各受到了很大的打擊，難過地埋葬了拉結後，就回到父親所居住的希伯崙。雅各總共娶了兩位妻子，再加上妻子的侍女總共有四位妻妾，並且生了十二個兒子和一個女兒。

 聖經筆記 雅各在雅博河邊和天使摔角。據說人若看到了神的臉就會死亡，但雅各並沒有因而死去，所以他將這個地方命名為「毗努伊勒」（Penuel）。「毗努」（penu）為臉，「伊勒」（el）為神。

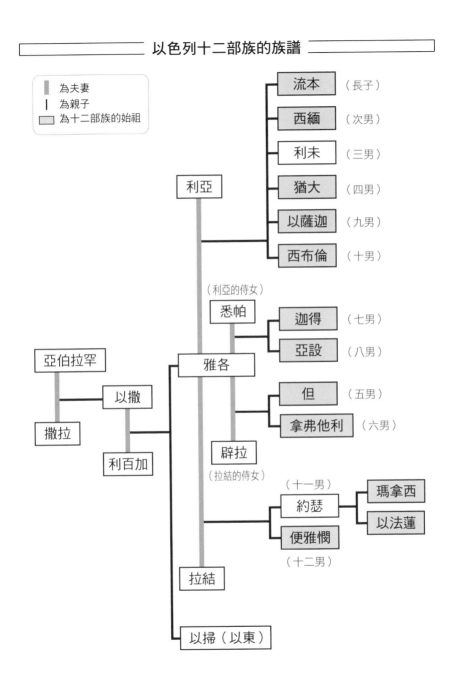

以色列十二部族的族譜

信仰先祖亞伯拉罕的後代

做夢的少年約瑟

約瑟是雅各最愛的妻子拉結所生的兒子，相當受到父親的寵愛，卻因此引發兄弟之間反目，而被當成奴隸賣給了以實瑪利人。

約瑟是個聰明卻傲慢的少年

回到迦南的以色列（雅各）依舊以牧羊為生，由於兒子們都已經長大了，所以也幾乎是半退休的狀態。比起其他的兒子，雅各更疼愛死去的妻子拉結所生下的約瑟和便雅憫。

以衣著來看，其他兄弟穿的是單色無袖的衣服，約瑟穿的卻是有袖且色彩美麗的衣服，勞動時間也比其他兄弟短，而多出許多的時間便能夠學習學問。雅各甚至把家裡的財產交給約瑟來管理。在兄弟們看來，少年約瑟簡直就像是他們的管理人。

約瑟也利用自己特別得到父親寵愛的優勢，經常把哥哥們的言行一五一十向父親報告，這種「假裝自己是好孩子」的表現，讓其他的兄弟們相當討厭約瑟。

有一天，約瑟做了一個夢，內容似乎和自己的未來有所關聯，於是他把夢境告訴了父親和哥哥們：「我們在田間捆麥子時，我的麥捆忽然站立了起來，然後哥哥們的麥捆都圍過來對著我的麥捆下拜。」由於約瑟的態度太過傲慢，因此連父親以色列都忍不住斥責了他。過了幾天，約瑟又做了另一個夢：

「我又做了一個夢，我夢見太陽、月亮和十一顆星星向我下拜。」聽了這番話的哥哥們，就更加地厭惡約瑟。

兄長們把約瑟當成奴隸賣掉

約瑟的十位兄長從希伯崙父親的家追趕著羊群來到了示劍，由於擔心兒子們的安危，以色列於是派遣約瑟去找哥哥們。看到約瑟一個人獨自前來，哥哥們心想這是個絕佳的復仇機會，於是就把約瑟抓了起來，脫下他身上的美麗衣裳，並

聖經筆記 「乳香」只生產於南阿拉伯，是由乳香屬的樹木樹脂所凝固而成。「沒藥」則是非洲東北部及阿拉伯南部所產沒藥屬樹木的樹脂所凝結成的。

且將他丟到沒有水的枯井裡。

他們原本打算殺害約瑟，然後跟父親說他被猛獸給殺死了，但因為長男流本主張不要殺約瑟，只要把他丟進井裡就好，眾人才因此作罷。長男流本原本在心裡打算之後再回來把約瑟從井裡救出來，但因為某些事情使得流本先行離開了眾人。

九位哥哥們把憎惡的約瑟丟下井後，就圍在井的周圍吃午餐。此時，剛好有一群以實瑪利人（阿拉伯人）的商隊經過，他們的駱駝載著香料、乳香和沒藥，要從基列前往埃及去。四男猶大看到商隊於是說：「我們就算殺了弟弟也得不到什麼好處，不如把他賣給以實瑪利人。怎麼說約瑟也是我們的弟弟。」眾兄弟都贊同猶大的意見，於是就以當時一個奴隸值二十塊銀子的價錢，把約瑟賣給了以實瑪利人。

他們當然無法跟父親說已經把約瑟當成奴隸賣掉了，於是就將公羊的血沾在約瑟的衣服上，然後跟父親說約瑟死了。以色列相信了這番話，為了最心愛的兒子約瑟的死去而哀傷哭泣了好幾天。

以實瑪利人的商隊後來把約瑟賣給在埃及法老（埃及的王）的宮殿裡位居高位的高官波提乏。生長在富裕的家庭裡，十分有才能並為父親所寵愛的約瑟，就這樣被賣到了異國埃及成為一個奴隸。

然而，約瑟並沒有自怨自艾或是怨恨神，也沒有因此而詛咒哥哥們，更沒有懷抱不滿和抱怨。雖然不幸淪落到這樣的地步，但他卻全力為主人工作，把所有給予他的工作都順利完成。神於是祝福樂觀不畏挫折的約瑟。當然，他所做的事也全都能夠達成目標，主人波提乏因此完全地信賴他，就把家裡所有的財產都交給他管理。

亞伯拉罕、以撒、雅各、約瑟的生歿年代

公元前2166　2100　2066　2006 1991　2000　1915 1886 1875 1859　1900　1805　1800

雅各一族移居埃及

亞伯拉罕
以撒
雅各
約瑟

信仰先祖亞伯拉罕的後代
約瑟在監獄裡渡過

約瑟因波提乏的妻子求愛不成而被陷害入獄,但即使成了囚犯,他依然不怨恨命運,積極地過日子。

約瑟被陷害入獄

約瑟的母親拉結是位美麗的女子,想當然爾能力卓越的約瑟也是相貌堂堂,因此相當受到女性的歡迎。

這當中,甚至連在埃及法老王宮殿裡的高官、也就是約瑟的主人波提乏的妻子也都對約瑟愛慕不已,不斷向約瑟求愛,不過約瑟都斷然地拒絕了。

神禁止姦淫的行為,姦淫對神來說是一種罪惡。十分敬畏神的約瑟,即使美色誘惑當前,也絕不敢犯。

波提乏的妻子不知恥的行徑簡直就如同撒但(惡魔)一般。她每天都誘惑約瑟與她同床,約瑟雖然秉持堅定的信念不斷拒絕,但最後卻因為這個壞女人的陷害而被捕入獄。

有一天,約瑟一個人在屋裡工作時,波堤乏的妻子來到他身邊,從後方抓住他的衣服執拗地強迫他,約瑟只好死命地掙脫逃到屋外。

然而,約瑟的衣服就這樣被抓在婦人的手裡。婦人害怕別人看見了她手裡拿著約瑟的衣服,就會知道她是個不忠實的妻子,因此先確認約瑟已經逃遠了之後,就把家裡的人都呼叫過來,對他們說:「你們看,那個奴隸約瑟趁沒有人在時想侵犯我。因為我大聲地喊叫,他就慌慌張張地把上衣留在這裡逃到外面去了。」

波提乏回到家裡後,婦人又向丈夫說了同樣的話。波提乏相信了妻子的說辭而對約瑟相當忿怒,完全不聽他的解釋就把他關到牢裡。可憐的約瑟就這樣因為莫虛有的罪名而入獄為囚。

但是,約瑟仍然不抱怨命運也不怨恨神。信仰堅定的約瑟即使面對如此不公平的遭遇,也依然抱持

聖經筆記 一般認為法老的高官波提乏的妻子不斷引誘並脅迫約瑟,是因為約瑟是個美男子且很有才能。另外有一個說法則認為波提乏是一個宦官,所以無法滿足妻子在性生活方面的需求。

希望，在服刑期間仍然維持著樂觀的態度，並且照顧其他的囚犯們。神當然會祝福這樣不氣餒的人，約瑟也因此得到監獄長的信任，替他管理監獄裡的囚犯。

約瑟解開了酒政的夢境

約瑟二十八歲時，埃及宮中的酒政（譯注：掌管埃及官廷飲酒的人）因為觸怒法老而被關入了約瑟所在的監牢裡。約瑟在巡視牢房時，得知酒政前一晚做了一個夢，因為無法理解夢的意思而十分苦惱。

當時的埃及很盛行夢的預言，但因為酒政身陷牢獄，沒有辦法去找術士替他解夢，因此感到相當困擾。

約瑟於是對他說：「請把夢境內容告訴我吧，神一定會幫忙解開這個夢的。」酒政就把自己的夢告訴了約瑟。

「在夢裡，我看見面前有一棵葡萄樹。葡萄樹上有三根樹枝，那三根樹枝都發了芽且開了花，上頭的葡萄也都成熟了。我摘下葡萄把汁搾進法老的杯中，然後把杯子遞給法老。」

約瑟立即了解了這個夢境的意義。「夢裡的三根樹枝是指三天的意思。三天之內，法老一定會釋放你，並且恢復你原來的官職。」酒政聽了的解析之後相當高興，約瑟便告訴酒政，自己是從以色列被人賣到埃及來的，而且在這裡也從來沒做過任何應該被關入監牢裡的壞事。他請求酒政，如果真的出獄了以後，可否在法老的面前替他申冤，幫助他脫離牢獄之災。心情愉快的酒政爽快地答應了約瑟的請求。

之後到了第三天，這天是法老的生日，臣僕為他擺設了筵席慶祝。法老在筵席中原諒了酒政允許他出獄，並讓酒政為他斟酒。酒政的夢境真的實現了。

然而，從牢獄被放出去的酒政，卻把恩人約瑟的事情完全忘記了。

信仰先祖亞伯拉罕的後代

在埃及出人頭地的約瑟

約瑟為埃及的法老王解開不可思議的夢境，因而得到法老的信任，在三十歲時就任大國埃及的宰相。

約瑟解開法老王的夢境

約瑟替酒政解了夢卻沒有獲得他的幫助。期待落空後，又在牢裡過了兩年被銬上枷鎖的悲慘牢獄生活。於是，神決定要幫他脫離牢獄，重獲自由。神所使用的方法就是夢境。一天夜裡，法老連續做了兩個不可思議的夢。

第一個夢：法老夢見自己站在尼羅河邊，有七頭肥壯的母牛從河裡上岸，在河邊吃著草。接著，又有另外七頭醜陋瘦弱的母牛上岸，把之前那些肥壯的母牛吃掉。

第二個夢：一根麥子長了出來，麥莖上結出七個豐碩的麥穗，接著又結了七個乾癟的麥穗。然後，這些乾癟的麥穗，竟把那七個豐碩的麥穗給吞了下去。

隔天早晨，法老心裡有一股不祥的預感，就派臣僕去把埃及全國所有的優秀術士和學者都召集來，但卻沒有人一個人能夠解開法老的夢境。

一旁的酒政，突然想起了牢獄裡的約瑟，心想他或許能夠解開法老的夢境。酒政很懊悔自己竟然把出獄前答應約瑟的事完全忘了，他心懷悔意地把自己那時在牢裡所做的夢和約瑟解夢的事情都告訴了法老。

法老於是馬上派人把約瑟從牢裡帶出來。約瑟剃了鬍鬚、脫掉囚犯服換上整齊的衣裳後，就來到了法老面前。法老對約瑟說：「沒有人能夠解讀我所做的夢境意義。我聽說你聽了別人的夢境內容後就能為人解夢，請幫我解開我的夢。」約瑟回答法老，說：「解夢並不在於我，能夠賜予法老平安而解答出夢境的是神。」

法老立即把自己的夢告訴了約瑟。約瑟聽完之後緩緩地開口說：「這是神將今後所要發生的事透過夢境來告訴法老王。這兩個夢

聖經筆記　約瑟在埃及喜獲二子。長男瑪拿西的名字意為「遺忘」，因為神希望約瑟能夠忘懷年輕時在父親老家被哥哥們欺負的回憶。

代表的都是相同的意思。夢中七頭肥碩的母牛和七個豐碩的麥穗代表著七年的豐收，七頭又消瘦又醜陋的母牛和七個乾癟的麥穗則表示七年的饑荒。這表示埃及全地將會有七年的大豐收，但緊接著就是七年的饑荒。法老會連續做兩次夢，是因為神就快要實行這些即將發生的事了。因此，法老要從埃及國內選出一位有智慧的人來管理埃及，把七年豐收時的穀物收集保管在倉庫裡，以應付將來埃及的七年饑荒，如此一來埃及才不會因饑荒而滅亡。」

約瑟成為埃及宰相

法老和那些聚集的眾臣們，都對約瑟的智慧和賢明深感敬佩。此時的法老王，是歷代法老中最具識人能力的偉大國王。他對約瑟說：「神既然把所有的事都指示給了你，就表示再也沒有人像你這樣有見識有智慧了。請你協助我掌管埃及，我的人民都要聽從你的命令；只有身居王位上的我比你大。」

法老脫下他手上的戒指戴在約瑟的手上，讓他穿上麻布的特製衣裳，並把金頸鍊掛在他的頸項上。法老還賜婚給約瑟替他安排婚事，由此可以看出法老對約瑟的信賴和期待有多高。就這樣，約瑟和妻子生下了兩個男孩，長子叫瑪拿西，次男叫以法蓮。

在經過了十三年的奴隸和囚犯生活後，約瑟在三十歲時就任埃及的宰相。當他被哥哥們當成奴隸賣掉時，還只是一個傲慢自大的十七歲少年，但因為約瑟憑藉著對神的信仰，不管在什麼環境下都對自己的工作全力以赴，在監獄裡學會忍耐，最後終於成為了一個頂天立地、了不起的人物，立足於大國埃及最高政治指導者的位置。

當時為公元前一八八四年，正處於埃及第十二王朝的時代。

信仰先祖亞伯拉罕的後代
俯伏跪拜的十位兄長

中東一帶發生了大饑荒。受饑荒所苦的以色列一家為了取得糧食，只好把兒子們送到埃及去。

約瑟把糧食分給陷於饑荒的人們

　　約瑟就任埃及宰相七年後，埃及和中東一帶開始出現饑荒。但是，只有埃及把七年豐收期間的穀物充分地貯存起來，所以沒有受糧食不足所苦。

　　約瑟於是打開穀倉，開始販賣這些大量積存的穀物。結果不只埃及全國的人民聞風湧至，連迦南、以東、腓尼基、大馬士革，甚至是更遠以肥沃之地聞名的美索不達米亞聽到消息後也都遠道而來購買糧食。

　　約瑟首宰相親自坐陣指揮販賣糧食給來到埃及的外國人。他不只是埃及一國的管理者，更把糧食提供給不同語言與民族、所有苦於饑荒的人們。

　　此時以色列一家也為饑饉所苦。父親以色列為了維生，只好讓十個兒子到埃及去購買糧食，只有將最小的兒子便雅憫留在身邊。

以往的夢境成真了

　　在為了購買糧食而俯伏在宰相面前的人群當中，約瑟看到了熟悉的面孔，他立刻認出了這是他的哥哥們，但卻故意假裝不認識他們。約瑟的兄長們當然完全沒有發現眼前穿著高貴、身邊圍繞著眾多士兵和官員、並且坐在階梯高處華麗椅子上的大國埃及首相，竟然就是自己的弟弟約瑟。約瑟透過翻譯員用粗暴的聲音嚴厲地詢問從迦南來的哥哥們。

　　「你們是哪裡來的？」從迦南來的十個兄弟把臉貼到地面俯伏在地，向宰相約瑟跪拜回答：「我們是從迦南地來買糧食的。」。這一幕使約瑟從前做過的夢成真了。

　　「說謊！你們是間諜，要來偵察本地虛實的吧！」哥哥們聽了都十分地害怕。「請相信我們。我

聖經筆記 古代以色列的小孩從小就在家裡向父母親學習實用的技能。女兒向母親學習麵包的做法、紡織羊毛和裁縫，兒子則向父親學習如何照顧牲畜和做工藝品。

們是迦南地一位老人十二個兒子當中的十人。最小的弟弟現在與我們的父親在一起，還有一個在很久以前就不在了。」「有一個辦法可以證明你們的話是真的還是假的。你們兄弟中有一個人要留在我這裡，其餘的九個人可以帶著糧食回去，然後把你們最小的弟弟帶到我這裡來。這樣我就相信你們所說的是真的了。」

十個兄弟於是對彼此說道：「啊，我們終於因為弟弟的事而受到懲罰了。以前我們把約瑟丟在井裡，他哭著向我們求救的時候，我們卻對他的哀聲請求充耳不聞，還把他賣給旅行的商隊。現在報應終於來了！」流本在一旁嘆道：「所以我不是說了不要傷害那孩子嗎？現在約瑟的血要向我們報復了。」

由於他們和宰相約瑟之間的對話都是透過翻譯進行，所以他們以為約瑟聽不懂他們的語言。然而這段兄弟之間的對話，約瑟其實全部都聽在耳裡。

害怕約瑟報復的兄長們

之後，約瑟又給了兄長們一些試煉，並確認了他們確實已經改過成為正人之士，不再是當初把他賣到國外時那樣地壞心。約瑟十分

地高興，已經無法再偽裝下去，終於告訴了兄長們自己正是當初被賣到埃及的弟弟約瑟。聽到這個真相後，約瑟的兄長們感到十分害怕。

約瑟會怎麼對付他們呢？他們的生死完全掌握在約瑟手裡，甚至也可以把他們一輩子關在牢裡，他們現在只能任憑處置。害怕約瑟報復的哥哥們知道真相後全都啞口無言，但是，約瑟卻完全沒有想要報復的心態。他對兄長們說：「我就是被你們賣到埃及的弟弟約瑟。但是，你們不用因此而感到自責。這是神為了拯救哥哥們的性命，而藉由你們先將我派遣到埃及來的。饑荒已經有兩年了，但還有五年的時間無法耕種作物，也不會有收成。於是為了拯救哥哥們，神派遣我來到這裡成為埃及王的顧問、統治埃及全地的宰相。」

約瑟完全原諒了兄長們

約瑟完全原諒了哥哥們。法老知道約瑟的兄弟來到了埃及，不但出錢讓約瑟的家族搬到埃及來，還把埃及最好的土地和食物賜給他們以表歡迎。

兄弟們於是立刻啟程回迦南以色列的老家，把約瑟還活著、而且成為統治埃及全地的宰相的事都告

訴父親。以色列聽了高興地說：「這就足夠了，我的兒子約瑟還活著！在我尚在人世的時候，一定要去看看他。」

就這樣，以色列家族總共七十人出發前往位於埃及三角洲的歌珊。當一行人快要到達歌珊時，遠方出現了一位乘坐著華麗馬車的高貴人士快速地往他們接近。以色列雖然視力不好，卻立刻就認出了這是他的兒子約瑟。分別了將近二十年的兩人感動得緊緊擁抱在一起。

此時已經一百三十歲的以色列，後來又在埃及生活了十七年，才在他一百四十七歲（公元前一八五九年）時結束了幸福的一生。去世以前，以色列把約瑟的兒子瑪拿西和以法蓮收為自己的養子。就這樣，之後成為以色列十二部族先祖的以色列的孩子們，在此時全部都備齊了。

約瑟不僅在七年的饑饉當中拯救了埃及的國民免於斷糧的危機，還讓國家變得富裕。首先，約瑟販賣穀物讓人民以銀子來交換，使法老的財政豐盈；接著，銀子用盡的民家就讓他們以牲畜來交換穀物，使法老的牲畜增加；最後，牲畜都已經換完的人民，就用他們的土地來交換穀物，很多的土地於是國有化，政府再將國有化的土地租給農人耕種，收穫的五分之一則做為土地稅交給國庫。

以色列人約瑟為古代埃及建立起土地和稅金制度的基礎。他在饑荒之後，繼續運用高明的政治手腕領導埃及，最後在一百一十歲時（公元前一八○五）結束他的一生。

第 2 章
逃出埃及與征服迦南

出埃及
在埃及的奴隸生活

時光飛逝，不知道以色列人過去曾有重大貢獻的人們開始迫害他們。在民族存滅的危機中，摩西誕生了。

以色列人的子孫在埃及繁衍

摩西是《舊約聖經》中最重要的偉人，他解救了在埃及成為奴隸的以色列人。摩西領頭帶著約兩百萬的以色列人從埃及出走，前往神所約定賜予他們的土地迦南。這個故事記載於《舊約聖經》第二卷的〈出埃及記〉裡。

首先來看看摩西故事的背景，這接續在第一章所介紹約瑟的故事之後。為法老解夢而由囚犯被拔擢為埃及宰相的約瑟，充分發揮他的政治才能，讓埃及熬過了中東的大饑荒。由於他的家人所居住的迦南地區也為饑荒所襲，因此公元前一八七五年，他的父親以色列（雅各）及所有兄弟帶著整個家族移居到了埃及。

所有埃及人都由衷地感謝拯救了他們的約瑟，法老並把埃及最好的土地歌珊給了以色列一家人。

公元前二一〇〇年左右，神曾與離開故鄉吾珥移居到哈蘭的亞伯拉罕約定：「你要離開你出生的故鄉和父家，前往我所指示的地方去。如此我將使你成為大國，賜福給你，使你名滿天下。」因此，亞伯拉罕的子孫以色列一家移居到埃及後的一百年間，由於子孫不斷地繁衍增加，而變成了一個強大的民族。

以色列一族從法老處獲得了埃及最肥沃的土地歌珊，他們在此創造了自己的新天地，不和異國人交流，在各個部族長老的指導之下，經營畜牧和農耕，維持亞伯拉罕以來堅信耶和華的信仰，過著和平的生活。

法老企圖消滅以色列民族

但歷經百年後，埃及已然改朝換代，因此法老對於以色列人的政策也產生了劇變。原本相當禮遇以色列人、隸屬於閃族的西克索王朝

聖經筆記　成為埃及王的西克索是外來的民族，他利用當時埃及人不曾使用過的馬匹和戰車入侵埃及。

（譯注：公元前18～16世紀統治埃及，亦稱「牧人王朝」）已滅亡，取而代之的是純埃及裔的底比斯家族所建立的王朝，並開始對於和西克索同屬於閃族的以色列人有所警戒。

當時，征服了小亞細亞和美索不達米亞的赫族，正與埃及之間在爭取霸權。

法老相當擔心居住在埃及東北的以色列人會背叛自己，幫助赫族攻擊埃及，但又怕把以色列人放逐出去的話，以色列人就會去投靠赫族。於是，法老決定把以色列人留在國內，讓他們成為奴隸，負責國家建設工程的勞動工作。

以色列人就這樣在埃及變成了奴隸。他們不分男女老少，都得混泥做磚，然後把磚放在烈日下曝曬，再把曬好的磚堆起來、或者切割石塊、或者被迫從事農耕和建造倉庫等的勞動。

手裡拿著鞭子的監工，完全不讓以色列奴隸有半點休息的空間，無情地揮動著鞭子。但是，以色列人在愈來愈苛刻的勞動環境下，人口卻依然不斷地增加，因此法老命令助產婦，如果以色列人生的是女孩就讓孩子活命，如果生下男孩就把嬰兒殺死。

然而，以色列人的助產婦雖然害怕法老，但卻更敬畏神，因而沒有遵從法老的命令，還是讓男孩活了下來。

被法老質問的助產婦這麼說：「以色列婦人與埃及婦人不同，她們很有活力，助產婦還沒有到，她們就已經自己把孩子生下來了。」被這個說辭激怒的法老於是命令：「凡是以色列人所生的男孩全都要丟入尼羅河裡。」法老便是歷史上最初企圖滅亡以色列民族的權力者。

就這樣，背負著重責大任，要將在埃及被當成奴隸的以色列人解救出來的摩西，於距今約三千五百年前的公元前一五二五年，在出生時即面臨生命危險的情況下誕生了。

出埃及
摩西成為王子

被丟進尼羅河裡的以色列男孩被法老的女兒救起,以公主之子摩西的身分活了下來。

嬰兒的性命被交到神的手中

在以色列部族之一的利未族(在神殿裡服務的人或祭司)中,一個名叫暗蘭的人和他的妻子約基別生下了一個男孩。這個男孩相貌長得很好,暗蘭夫妻躲避法老的監視把這個孩子養到三個月大,終於無法再隱瞞下去。

他們希望能夠盡自己的努力讓嬰兒活下去,但終究逃不過法老的眼線,只好把孩子的命運交託給神。於是,他們在蒲草做成的籃子上塗了瀝青做防水加工後,就讓嬰兒躺在裡面,將籃子放入尼羅河中葦草茂密的地方後回家,並祈求有人能發現這個籃子,把嬰兒帶回家扶養。男嬰的姊姊米利暗(馬利亞的古字)一路追著這個緩緩順著水流飄走的籃子而下,追了一會之後,岸邊傳來了一陣快樂爽朗的聲音,原來是法老的女兒帶著侍女來到尼羅河沐浴,米利暗便躲在葦草的後面偷偷地觀察。突然,公主停下了腳步,她從葦草的縫隙間看到了籃子,公主於是命令侍女把河裡葦草叢中的籃子拉上來,結果打開籃子的蓋子一看,裡面有一個可愛的以色列嬰孩正在哭泣著。

倖存的摩西成為公主的兒子

聰明的公主立刻明白了這是怎麼回事。看到王女對嬰兒顯露出憐惜的表情,米利暗立刻從葦草裡跑出來,跪在公主面前說:「我從希伯來婦人中幫你介紹一個奶媽來,為你哺乳這個孩子可以嗎?」米利暗捉住這個機會機敏地提出要求。公主立即贊成她的提議,回答:「你去把那個婦人帶來吧。」米利暗就趕緊跑回家去,把母親約基別帶到王女面前。

公主直直地看著約基別觀察了一會後,對她這麼說:「你把這孩子抱回去替我哺乳他,我會給你工錢。孩子長大後把他帶到宮殿裡,我會把

聖經筆記 以色列人相信這個世界的一切都是來自於創造天地的神,因此教育的前提即是「所有的知識都是來自於神」,教育的目的則是為了鍛練並發揮神所賜予人的才能。

他當成自己的兒子扶養。我為這個孩子取名叫摩西。」

埃及人稱「水」為「Mou」，「從水裡撈起來的東西」稱為「eses」，公主便是把這兩個字合起來，為嬰兒取名為「摩西」（Moses）。

如此一來約基別和米利暗終於可以安心了，至少這個孩子在之後的幾年能夠待在親人的身邊長大。這是

神在千鈞一髮之際救了摩西，使他免於喪命。

約基別把自己的小孩領了回去，替他哺乳，並好好地教育他長大。她每天都跟他說關於神創造天地的故事以及神在亞伯拉罕、以撒、雅各面前顯現的事蹟，並告訴他即使將來他到了法老的王宮，真神也會一直守護著他，還有總有一天神會解放以色列人遠離奴隸生活的種種信念。

被救上岸的摩西

法老的女兒命令侍女們把嬰兒從河裡救出來

出埃及
逃亡的摩西

為了守護同胞而殺人的摩西從王子淪落為逃亡者。沒落的他過著飼養羊群的平靜生活。

摩西在埃及的宮殿裡接受英才教育

　　母親約基別把長大懂事的摩西帶到法老的女兒那裡，摩西於是成為埃及公主的養子，在宮殿裡過著錦衣玉食以及被奴隸們服侍的生活。摩西在當時世界最先進的大國埃及的宮殿裡，接受政治、文學、宗教、自然科學等最高程度的教育，在無拘無束的環境下長大。

　　一般年輕人生長在如此優渥的環境，或許比較容易變得怠惰，把時間用在追求享樂上，過著毫無意義的一生。但是，摩西和一般人不同，他捨棄眼前的財富、權力、名譽、快樂，決心要拯救陷於苦難的同胞們。

　　摩西的人生觀受到母親約基別很大的影響。約基別從摩西很小的時候，就每天抱著他訴說真神耶和華的偉大，還有神和以色列人的約定等。摩西就是這樣被扶養長大

的。對於孩子人生觀的形成來說，家庭教育、尤其是母親的宗教觀、人生觀、對事物的思考方式等，都有很大的影響。

　　以公主的養子身分被扶養長大的青年摩西，具備了高等的知識和教養，對於自己的才華和能力也很有自信，並且充滿了對以色列的愛國心和對同胞的愛，成為一個有為的好青年。摩西有著優秀的能力、教養、自信、愛國心、憐憫心等種種所有人們心目中認為英雄必須具備的條件，但是，神卻沒有選擇這樣充滿自信的摩西做為以色列人的領導者。

殺了人的摩西成為亡命者

　　有一天，摩西乘著馬在街頭巡視時，看見了一個埃及監工猛揮著鞭子抽打以色列同胞。

　　在當時奴隸制度的社會裡，以色列人尤其被迫要從事辛苦的勞

聖經筆記　古代的以色列雖然沒有我們所稱的「學校」，但孩童從小就在家裡學習各種事物，透過說故事的問答方式，學習宗教和歷史的相關知識。

役，受凌虐的情形經常發生。手捏泥的速度和搬運磚塊的腳步只要慢一點，無情的鞭子就會立刻抽打在背上。

摩西認為自己能夠存活下來，並且成為公主的養子、接受高等教育，就是為了有一天要來解救自己的同胞。擁有強烈使命感的青年摩西，平常相當地謹慎冷靜，但當他看到埃及監工的殘酷行徑，便完全地被激怒了。摩西看看周圍，確定四下無人後，就將那個埃及監工痛毆之後把他勒死。為了隱瞞自己的罪行，摩西就把屍體埋入了沙中，裝做若無其事的樣子回到宮裡。

隔天，摩西出了宮殿就看到兩個以色列人正在打架，於是便介入調停，對欺負人的一方說：「你為什麼要打自己的族人呢？」沒想到男人卻反問摩西：「什麼時候你成了我們的審判官了？難道你想像昨天殺害那個埃及人一樣地殺了我嗎？」摩西聽了相當懼怕：「本來以為不會有人知道我殺人的事，沒想到已經被人看到了！」

看到摩西殺人的以色列人把這件事告訴了身邊的人，事情就這麼傳了開來。其中想巴結權力者的以色列人，就把這件事告訴了埃及人，聽到消息的法老於是派出搜索隊要逮捕摩西將他處死。心念著同胞因而殺了人的摩西，居然就是被同胞給出賣了。摩西在法老派人來逮捕他之前，早一步逃到了南方阿拉伯半島的米甸。此時，摩西正值四十歲。

以前曾是埃及王子的摩西，現在卻一轉眼成為殺人犯而被法老通緝。摩西就這樣失去了尊貴的身分地位，淪落到異國的米甸以飼養羊群為生，並娶了妻子組織一個平凡的家庭，過著平靜的生活。

他和當地的祭司葉忒羅的女兒西坡拉結婚，生了一個小孩，過著相當平和的日子。在這段期間，追殺摩西的法老已經死去，並由新的法老繼承了國家的權力王座。

出埃及
摩西聽到了神所賦予的使命

背負著解救在埃及受苦的以色列奴隸的重大責任,摩西和家族前往埃及。

全能的神在摩西的面前顯現

有一天,摩西和平時一樣趕著羊來到了「神的山」何烈山(西奈山),但他發現今天和以往有些不尋常之處,眼看一旁的荊棘正起火燃燒著,但是卻沒有燒毀。在好奇心的驅使下,摩西向前走近燃燒中的荊棘。

此時,神的聲音忽然從荊棘叢裡呼叫道:「摩西,摩西。」摩西回答:「是的,我在這裡。」神說:「摩西啊。不可以靠近這裡。把你腳上的鞋脫掉,因為你所站著的地方是聖地。」摩西聽了就立刻把鞋子脫掉。

神接著嚴肅地命令摩西:「我是你父親的神、亞伯拉罕的神、以撒的神、雅各的神。我看見了我的子民以色列人所受的痛苦,聽見了他們所發出的哀叫,所以我要派遣你將他們從埃及人的奴隸身分中解救出來,帶領他們回到流著奶與蜜

的寬廣之地迦南。你去告訴法老,要他讓以色列人離開埃及。」

摩西在四十歲前腦力和體力最為強盛的時候,就已經對無法解救以色列人的自己深感無力;如今逃亡的生活過了四十年,八十歲的摩西更是覺得自己無力勝任這個重責大任,於是他拒絕了神:「神啊。我是個無用之人,我無法勝任這個任務,請你找其他的人吧。」

但是,神卻回答:「我必與你同在。我會幫助你,你一定會成功的。你要把我的人民從埃及領出來,並在這個山上禮拜我。」

摩西終於接受了神的命令

即使如此,摩西依然再三拒絕神的命令。他提出了種種理由,諸如光靠他自己說是神派遣來的使者,人民是不會相信的,或是如果被問到神的名字是什麼,他也回答不出來,還有他並不擅於言辭等

聖經筆記 不論在什麼時代,孩子的教育都是很重要的。古代以色列人有一句格言:「不教導兒子有用的手工技能,就是要他成為小偷。」

等，以各種的藉口來推託。

因此，神回答了摩西「我是『自有永有者（耶和華）』」。神終於首次說出了甚至不曾告訴過亞伯拉罕、以撒和雅各關於自己名字的由來。

「自有永有」指的是以自己的力量而成為一個絕對自由的獨立者。神以前存在，現在存在，將來也一直存在。與此相比，身為被創造者的人類由於是依靠其他力量而存在的，因此存在的時間和空間都有其限制。

除了告訴摩西自己的名字之外，神還讓摩西的哥哥亞倫與他同行，讓亞倫替拙於言辭的摩西代為向人民開口。

接著神問摩西：「你手裡拿著什麼？」摩西回答：「是手杖。」神又說：「把手杖丟在地上。」摩西便照著神所說的去做，手杖立刻就變成了蛇。

摩西一看到蛇就害怕地想逃跑，但神對摩西說：「伸出你的手來，捉住蛇的尾巴。」正當摩西伸出手來握住蛇的尾巴時，牠在摩西的掌中就又變回了手杖。這個手杖變成了奇蹟的手杖、神的手杖，並再度回到被任命為神的牧羊者的摩西手裡。摩西終於理解到自己無法再拒絕神的命令，於是接受了帶領以色列人逃離埃及的重責大任。

摩西和妻子的父親葉忒羅告別後，就著妻子和兩個兒子，拿著手杖往埃及出發。

另一方面，神命令摩西的哥哥亞倫「到曠野去迎接摩西」，於是他來到何烈山與摩西見了面。摩西告訴了分開四十年的哥哥亞倫關於神的命令和神所顯現的神蹟等種種，兩人確認了這確實是神所賦予的重大使命，於是彼此發誓要全力以赴實現神所交託的任務。此時摩西八十歲，亞倫八十三歲，兩個人都垂垂老矣了。

兩人回到埃及歌珊之後，便召集以色列的長老把神的話傳達給他們，並在他們眼前實行了各種神蹟。人民於是相信了摩西，並俯伏敬拜神耶和華。

此時，摩西和法老之間的戰爭才正要開始。

出埃及
摩西和法老對決

摩西告知了法老關於神的命令,卻使得以色列人的生活變得更為艱苦。這是神所給予的試煉。

摩西等人和法老正面交會

摩西已經不是那位在何烈山上看到燃燒荊棘而十分恐懼的膽小者了。他順從並接受了神的使命,而脫胎換骨變成了一個勇者。

原本是殺人通緝犯的摩西帶著哥哥亞倫,大大方方地前往法老的宮殿,要求與法老會面。由於這個要求實在令人出乎意料,因而勾起了法老的好奇心,使得他們順利地見到了法老。

摩西和亞倫向法老說:「以色列的神耶和華命令我來帶領以色列人離開埃及,並在曠野獻上祭禮。」但是,法老相當冷漠地回答道:「以色列的神耶和華是誰,我從未聽說過。我沒有道理要聽他的話,讓以色列人離開。」

之後,法老把監工都集合起來,嚴格地命令他們:「這些以色列人只想偷懶,所以才會嚷著說要去曠野獻祭給神。從今天開始,不用再供應他們製磚時使用的稻草,讓以色列人自己去撿,但是每天做磚的數量要和以前一樣多,一點都不能減少。」

在埃及,以粘土揉製磚塊後放在太陽下曝曬時,會在裡面加入稻草,如此可防止磚塊產生裂縫,增加磚塊的硬度。

摩西與亞倫和法老的會面結果適得其反,不僅加重了以色列人的勞役,每天的糧食也被縮減。如果無法完成每天的工作量,就會被鞭子無情地抽打。以色列人因此相當地生氣,認為摩西和亞倫在法老面前說了多餘的話,才會讓他們的生活過得比以前還要辛苦。

為了解放奴隸而被選出的領導者,不但被敵方的國王看不起,還失去了自己同胞的支持。摩西對於這樣出乎意外的結果感到十分驚訝,因而對神訴說:「主啊!你為什麼派遣我來埃及呢?自從我奉你

聖經筆記 為了增強磚塊的強度而加入稻草的方法,不但在古代埃及就被使用,距今約五百年前,位於南美大陸繁盛的印加帝國也採用了相同的方法。

的名說話以來，這裡的人民就只過得更加地辛苦。」

法老相當頑固

神對摩西說：「你現在即將明白我要對法老做的事。法老必因我施展大能的手，而讓你們從埃及離去。我是你們的神。現在我聽見了在埃及成為奴隸的以色列人所發出的哀嘆聲，而想起了我所立的約。我要將你們從奴役之下拯救出來，用伸出的膀臂和嚴厲的刑罰來救贖你們。我要將你們帶到曾起誓要給予亞伯拉罕、以撒和雅各的迦南之地去，並將那塊土地賜給你們。

法老變得愈來愈頑固，堅持不肯讓你們離開埃及。但是，當法老看到我為我的子民所行的奇蹟，而不得不以自己的意志決定把以色列人趕出埃及時，無論是法老、埃及人或以色列的子民們，都必將知道我就是神。」

為什麼神不在以色列人面前顯現神蹟，直接將他們帶到應許之地去呢？這樣他們就不用如此受苦了。

然而，以色列人因為長久以來一直被埃及人當成奴隸使喚，奴隸的習性已經根深柢固。換句話說，身為奴隸的他們只要照著埃及主人的命令做事，就能獲得肉、蔬菜和水，生活也能得到保障。雖然他們嘴裡說著「好苦，好苦」，實際上卻很滿足於現狀。

以色列人的奴隸習性已經深植於內心，如果在埃及沒有遭受到十分殘酷的對待，他們絕不會冒著生命危險來換取自由，移居到應許之地。因此，神徹底地利用法老的頑固個性，為了要鍛鍊他們的意志而給予他們如此的考驗。

神命令摩西：「你要把我對你所說的一切都告訴法老，並且要他讓以色列人離開埃及。」

出埃及
逃離埃及

法老們因為害怕神所降下的天災，於是把以色列人趕出埃及。以色列人終於展開了前往迦南的旅程。

埃及全境為天災所襲

摩西和亞倫再度來到法老面前，表明自己是神所派遣而來的使者，並將手杖丟在地上變成蛇做為證據。沒想到法老一點也不吃驚，還把埃及的術士召來做了相同的事。不過，亞倫的蛇把術士的蛇給吞了下去。即使如此，法老的心裡依然相當頑強，不肯聽信兩人的話。

於是，神透過摩西和亞倫在埃及全國降下了十項災難：

1. 把尼羅河水變成血，河中的魚全都死亡，河水也無法飲用。
2. 青蛙數量異常地增多。
3. 虱子的數量異常地增多。
4. 蒼蠅數量異常地增多。
5. 引發瘟疫。
6. 使人和牲畜身上長出膿瘡。
7. 降下冰雹。
8. 爆發嚴重蝗害。
9. 埃及全地陷入黑暗長達三天之久。

第九項天災過後，法老把摩西召來命令道：「你們可以去曠野事奉神，但你們的羊群和牛群要留下來。」但是，摩西回答：「為了要有能夠奉獻給神的祭品，我們要帶走所有的牲畜，連一隻也不留下。」

摩西的回答激怒了法老，於是對摩西怒罵道：「離開我這裡，不要再讓我看到你第二次。下次若再讓我看到你，我一定會殺了你。」摩西也十分地忿怒，在離開前如此說道：

「我也不會再來見你了。神耶和華告訴我：『半夜的時候我會出去巡視埃及各地。在埃及境內，上從繼承王位的法老儲君、下至侍女的孩子以及牲畜，只要是長男及頭胎所生的全部都會死亡，一個也不留下。埃及全地將會響遍至今未曾有過的哭號聲。但是，所有的以色列人家裡都會平安無事，就是狗也

聖經筆記　把含有食物纖維的稻草混在磚塊裡，有強化磚塊的作用。因為從外部所施加的力量會被柔軟的纖維所吸收，如此一來，磚塊就不容易出現裂縫。

不敢向他們吠叫一聲。』這是為了要讓你們知道神是把埃及人和以色列人區分開來的。」

法老違逆了摩西所告知的神的命令，不肯解放以色列人，仍然繼續強迫他們辛苦地勞動，因此受到了神所降下的天災做為懲罰，只有以色列人居住的歌珊地區，因為受到神的守護而免於所有的天災。埃及人對於神的力量驚訝不已而抱持著敬畏之心，連性格頑強的法老也壓抑不住內心的不安。

另一方面，以色列人終於願意信任摩西和亞倫，決定要離開埃及，移居到應許之地迦南。

第十項天災「逾越」

從法老面前離去回到歌珊的摩西和亞倫，把以色列人集合起來，傳達神的指令。

「在這個月（亞筆月，相當於現代陽曆的三月到四月）的十日，你們每家都要選出一隻沒有殘疾的公羊，並在十四日的黃昏時把羊宰殺，然後取羊血塗在房屋兩邊的門柱和門楣上，再把羊肉用火烤熟後，配著無酵餅和苦菜一起食用。

肉不可以生吃或是用水煮，只能用火烤來吃。頭、腿和內臟全都要用火烤過之後一起吃下去。吃剩的食物不可以留到早上，要用火燒掉。吃的時候要束上腰帶、穿著鞋子、拿著手杖，並且快速地食用。這是獻給真神耶和華的逾越獻祭。

那一個晚上我要走遍埃及各地，把所有無論是人或是牲畜的長子和頭胎所生的都殺掉，並且也要嚴懲埃及的所有神祇。你們在房屋上所塗的血是表示以色列人在此的記號，我看到了這個血的記號，就會越過你們的家而去。」

以色列人於是照著摩西所說的實行。到了十四日的半夜，從法老的長男、奴隸的長男、到家畜的頭胎，埃及全國所有的頭生之子都死了。由於每戶家裡都有人死去，使得埃及全國充滿了哀嘆和悲傷的氣氛。

從那天開始到現在，以色列人世世代代都守著這個「逾越獻祭（逾越節）」的傳統，這是為了要紀念神將以色列人和埃及人區別開來而守護著他們的那個夜晚。

法老連夜把摩西和亞倫召來，懇求說：「你們趕快帶著以色列人離開埃及去事奉神耶和華吧，把羊群和牛群也都帶走，並且要為我祝福。」埃及人都十分恐懼地想著：「再這樣下去我們都性命不保了。」於是依著以色列人的要求，將金銀飾品和衣服都給了他們，並催促著他們趕快離開。

公元前一四四六年，摩西和亞倫率領以色列人，帶著他們的羊和

牛等牲畜從歌珊的蘭塞出發，離開埃及（稱為「出埃及」）。離開埃及的以色列人，光是成年男子就有約六十萬人，如果再加上女人、小孩、老人和俘虜，總共就超過了兩百萬人。就這樣，以色列人把居住長達四百三十年（公元前一八七六～一四四六年）之久的埃及拋在腦後，出發前往應許之地迦南。

你自身的「出埃及」

在埃及身為奴隸，負擔著苦重勞動工作的以色列人，終於願意捨棄自身的安全勇敢追求自由，即使面臨著未知的危險，仍然朝向應許之地迦南前進。把自己坐擁的東西（金錢、名譽、地位、快樂等）全部捨棄，覺悟到自己所負的使命，展開了這一趟出走的旅程，驅使他們這麼做的正是真神耶和華。

出埃及的時候，以色列人發覺自己是唯一能夠接收到神的預言的民族，因此自覺身負著其他民族所沒有的特殊使命，也就是將神的話語正確地記錄並保存下來。

「出埃及」的「埃及」，指的不僅是一個地名，也暗喻著走出「奴隸的心性」、「被囚禁的心」。「奴隸的心性」具體來說就是「安於現狀而保守的自己」、「只追求自身利益而自私的自己」、「只想維持現狀而軟弱的自己」。

約三五〇〇年前，身為奴隸的以色列人因為神的恩賜而走出埃及。相同地，當我們因神的惠賜而脫離「內心的埃及」時，也才能夠發現真正的自己，認知到上天賦予我們的使命，開始為自己而活，而成為真正的自由人。

聖經筆記　「亞筆月」為猶太曆第一個月的古老說法，也被稱為「尼散月」，相當於陽曆的三到四月左右。

神降下十大天災至埃及全國

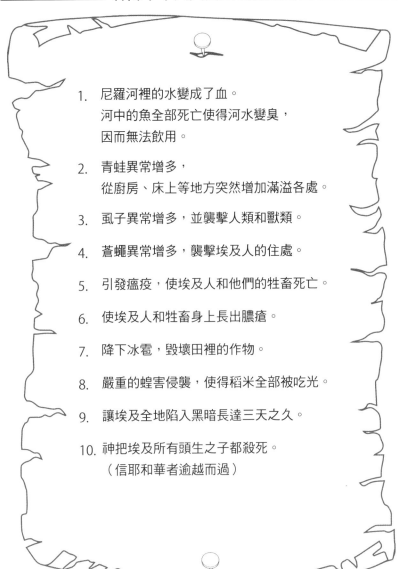

1. 尼羅河裡的水變成了血。
   河中的魚全部死亡使得河水變臭，
   因而無法飲用。

2. 青蛙異常增多，
   從廚房、床上等地方突然增加滿溢各處。

3. 虱子異常增多，並襲擊人類和獸類。

4. 蒼蠅異常增多，襲擊埃及人的住處。

5. 引發瘟疫，使埃及人和他們的牲畜死亡。

6. 使埃及人和牲畜身上長出膿瘡。

7. 降下冰雹，毀壞田裡的作物。

8. 嚴重的蝗害侵襲，使得稻米全部被吃光。

9. 讓埃及全地陷入黑暗長達三天之久。

10. 神把埃及所有頭生之子都殺死。
    （信耶和華者逾越而過）

出埃及
渡過紅海的以色列人

從埃及追上來的法老軍隊被摩西所行的奇蹟消滅，以色列人的奴隸時代至此完全結束。

以色列人被引導至曠野

在亞筆月十四日深夜，摩西帶領著以色列人從歌珊的蘭塞出發，迎向了漫長的旅途。這是長久以來終於回復自由的以色列人第一次所感受到的清新早晨。神白天用雲柱、夜晚用火柱做為路標，讓他們跟著雲柱和火柱前進，並帶領他們來到紅海（葦海）沿岸的曠野。

以色列民眾經過埃及的國境疏割，第一站在以倘搭帳篷休息。如果就這樣繼續延著海岸往北走的話，就能抵達位於迦南最南端的迦薩，而且海岸沿線的道路是許多進行交易的商隊會行走的路線，因此十分平坦易於行走。但是，神卻故意避開了這條道路，帶領著人民繞道走向西奈半島紅海沿岸的曠野。

迦薩住著好戰的非利士人，他們以強大的兵力駐守著迦薩和埃及的邊境，而且非利士人和埃及人締結為盟，因此是不會讓以色列人通過國境

的。而以色列人由於長期在埃及被迫從事農業、畜牧、土木工程等勞動，所以從未有過戰爭的經驗。

不僅如此，以色列人連為了守護自己而團結起來和敵人作戰的勇氣都沒有。奴隸的習性已經在他們心裡根深柢固，一旦他們遭受強敵的攻擊，一定會因為害怕而立刻逃回埃及去，寧願回到原本悲慘的奴隸生活。

因此，神特意領著人民繞道而行，來到摩西所熟悉的西奈半島，並在西奈山將十誡授予摩西，然後在曠野的四十年間鍛鍊以色列人的身心，和他們締結特別的契約，可謂深謀遠慮。神以慈父教導稚子的心態來引導民眾，讓他們了解到必須要有忍耐和刻苦的精神。

法老想把奴隸再帶回埃及

法老認為以色列人在曠野裡步行三天、獻上燔祭給神後，就會回到埃及，然而卻有人向法老報告以色

聖經筆記　紅海（葦海）為分隔非洲北部和阿拉伯之間的海。〈出埃及記〉裡的「紅海（葦海）」所指的是蘇伊士灣前緣和地中海之間的湖和沼澤，不過這個詞在實際上是用以指稱蘇伊士灣和亞喀巴灣附近一帶。

出埃及的路線

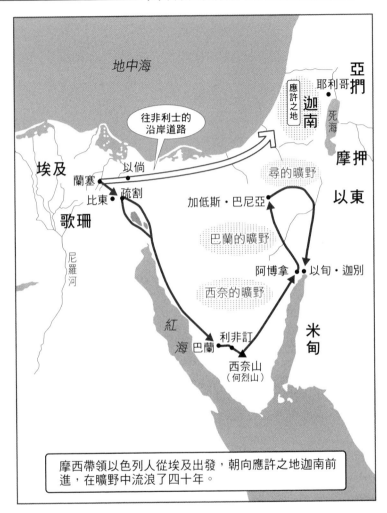

摩西帶領以色列人從埃及出發，朝向應許之地迦南前進，在曠野中流浪了四十年。

列人恐怕已經逃亡了。如果就這麼讓他們逃走，就沒有大量的免費勞工可以利用，因此法老決定要把以色列奴隸再帶回埃及來。他準備了強大的兵力，出動六百台戰車和步兵，並親自率領大軍前往追回以色列人。

在紅海旁休息的以色列人發現了在後緊追的埃及軍隊。此時前方是海，後有法老的軍隊。「因為埃及沒有墳墓，所以你把我們帶來曠野好讓我們死在這裡嗎？我們在埃及被當成奴隸使喚，用他們給我們的稻草和泥做磚瓦，還比死在這個曠野裡好。」認為已經無路可逃的民眾，對摩西說出了過分的話。

他們已經忘了逾越之夜是如此欣喜地出走埃及的事。雖然奴隸生活很苦，但他們卻寧願選擇回去過著已經習慣的奴隸生活。這樣的人類心理似乎從古至今都是一樣的。

摩西於是對人民說：「不要懼怕，好好地站著。神會和法老的軍隊作戰來拯救我們，因此你們都安靜不要作聲，只要張開眼睛好好看著。你們今天所看見的埃及人，將永遠都不會再看到了。」

紅海的奇蹟

法老的軍隊愈來愈逼近以色列人，眼看著就要追上了。神對摩西說：「你吩咐以色列人往前走。我現在要拯救我的子民，向埃及人顯現我就是神。把你的手杖舉起來，指向海，這樣他們就會明白了。」

緊接著，原本在以色列人前方領著他們前進的雲柱移動到了他們的後面，來到以色列人和埃及人之間。以色列人在亮光的照射下不斷地前進，相反地，埃及人的視線卻被黑雲所遮蔽，整個晚上連一步也無法移動。

摩西照著神的話把手杖指向海面，立刻就吹起了強力的東風，將水吹往兩側，宛如堤防一般。水退開到兩側後，海的中央就出現了陸地，成為一條乾燥的通道。以色列人於是就經由這條道路往對岸前進。

摩西的手開張的期間，海水在整個晚上都維持著這個模樣。法老的馬和戰車以及騎兵也緊跟在以色人的後面，追著進入了位於海中央的陸地，但他們的戰車被卡在海底的泥濘中，動彈不得，馬也因為腳深陷在泥淖裡而死亡，因此他們無法追上以色列人。

聖經筆記

「非利士人」指的是公元前一二〇〇年左右居住在愛琴海近郊和克里特島到迦南西南沿海的人。這一帶被稱為「巴勒斯坦」（Palestine），就是由非利士人（Philistine）而來的。

天快亮時，最後一位以色列人也通過了海。此時，神命令摩西：「再一次用你的手杖指向海面。」

摩西照著神的指示行動，剛才變成兩道牆面的海水立刻又洶湧地變回原狀，法老的軍隊看到回流的海水想要逃跑卻已經太遲了，海水回流吞沒了埃及人的馬、戰車和法老的軍隊，沒有一個人逃過。親眼見證這個紅海奇蹟的以色列人，從此更加地敬畏神，並打從心裡信服摩西。

亞倫的姊姊米利暗是一位女先知，她帶頭領著所有的婦女手拿鈴鼓，一起又唱又跳地唱頌感謝神的勝利之歌：

「你們要向神歌唱。

神將馬匹和騎士投入海中，獲得了光輝的勝利。」

就這樣，以色列人的奴隸時代至此完全結束。

摩西的奇蹟

出埃及
流浪的以色列人

以色列人因為水和食物的不足而對神抱怨連連，但在劫難之際依然獲得神的幫助，倖免於難。

以色列人口中盡是抱怨和不滿

從紅海起程的以色列人在書珥曠野走了三天，完全找不著水。

第四天他們來到瑪拉的一處泉水，但泉水又臭又苦，根本不能喝。「瑪拉」即是「苦」的意思，曠野的水常因為鹽分含量過高而帶有強烈的苦味，不適合飲用。

人民因此向摩西抱怨：「我們喝什麼好呢？」並開始滿口怨言。於是摩西向神祈求，神就向他指示了一棵樹。他摘下一根樹枝丟進水裡，臭味和苦味竟完全消除而變成甘甜的水，人民於是心滿意足地暢飲了泉水。

他們又花了一個月的時間南下西奈半島，並到達位於半島中央的汛的曠野。

從埃及出走時所帶的糧食差不多快吃完了，於是民眾又開始向摩西抱怨並口出惡言：「我們寧願留在埃及，坐在肉鍋旁邊吃個飽足後才死在神的手裡。摩西啊，你把我們帶出埃及來到這個曠野，是要讓我們餓死在這裡嗎？」

以色列人民拿以往埃及時代的快樂回憶和現在連肚子都填不飽的境遇相比較，不斷地抱怨。

於是這天摩西聽見了神這樣說：「以色列人民的怨言我已經聽見了。黃昏的時候我會讓你們有肉可吃，早晨的時候也會給你們足夠分量的餅可吃飽。這樣，你們就會知道我就是你們的神了。」

當天黃昏，有大群的鵪鶉飛到他們的營帳附近。

在非洲過冬的鵪鶉每年三、四月左右都會飛渡到西奈半島。由於飛越了很長的距離，鵪鶉已經相當疲憊，因此只要一伸手很容易就能捕捉到。這群鵪鶉的到來可說是奇蹟，因為現在不是遷移的季節，卻飛來了足夠讓兩百萬人民填飽肚子的大群數量。

聖經筆記 尼羅河全長六千六百五十公里，是全世界最長的河川。尼羅河因為定期氾濫而帶來肥沃的土壤，使得土地滋養富含養分。歷史學家希羅多德曾說：「埃及是尼羅河的贈禮」。

嗎哪從天降下

隔天早上，營帳四周的草和樹木降下了露，露水消失之後，就見野地上四處殘留著像小白霜一樣的東西。

摩西命令民眾：「這是神賜給你們做為食物的餅。你們要依照一天所需的食量，每天收集一俄梅珥（二‧二公升）。誰都不可以把餅留到隔天早上。」

這個從天上所降下的東西被稱為「嗎哪」。看到嗎哪的人民覺得很不可思議，嘴裡說著「這是什麼？（Man hu）」，就成為了「嗎哪（Manna）」這個字的語源。

摩西拿起一片嗎哪吃了一口，有著淡淡的甜味，就像是加了蜂蜜的薄餅。

有些貪心的人不聽從摩西的命令，偷偷採了兩、三天分的嗎哪藏起來，但到了隔天早晨，剩下的嗎哪就都生蟲腐臭無法食用。

就這樣，他們每天早晨都依自己的食量去收取嗎哪，一連取了五天。由於第七天是神聖的安息日，在這一天不會降下嗎哪，因此他們在第六天時就會收取兩天分的食物，也就是每人二俄梅珥（四‧四公升）。不可思議的是，只有第六天收取的嗎哪到了隔天不會發臭，沒有長蛆也沒有腐爛。

人民在四十年間吃嗎哪維生

人民看到每天不斷從天上降下來的嗎哪，最初感到十分地驚訝，並對神抱以深深的感謝，但後來漸漸地就習慣了。以色列人在曠野中流浪、鍛鍊並提升自我的四十年旅程中，每天都有嗎哪不斷地從天而降，成為人民貴重的食物來源之一。

出埃及
和亞瑪力人作戰

以色列人和勇猛的沙漠民族亞瑪力人因為爭奪神所賜的水而戰，並在勇士約書亞的指揮下獲得勝利。

以色列人測試神

以色列人從汛的曠野出發來到了稱為利非訂的盆地。他們在這裡搭起營帳，並再度陷入沒有足夠的水可用的困境。人民於是又向摩西抱怨：「你為什麼要把我們從埃及帶出來呢？是為了讓我們和我們的兒女以及牲畜都渴死嗎？」「神真的會守護我們嗎？」「不，神根本不存在。不然水怎麼又不足了呢？」對摩西發出的不滿聲浪愈來愈強烈。

有人說「神的確存在」，也有人說「神不存在」，然而一旦水愈來愈少時，認為神不存在的聲音就變成壓倒性的多數。完全令人無法相信這是當初因為嗎哪的奇蹟而欣喜若狂讚美神的民眾會有的言行。

摩西十分地苦惱，而向神訴說道：「我要怎麼樣處理這些人民才好呢？他們幾乎要用石頭打死我了。」神於是命令摩西：「你帶著幾位以色列的長老，用你先前擊打尼羅河水的手杖去敲打岩石。如此一來，就會有水從岩石中流出來，人民就有水可喝了。」摩西於是在以色列的長老面前擊打岩石，岩石便裂開從裂縫中流出水來，民眾因此在這一天都喝足了水。摩西為那個地方取名叫「瑪撒」（「試探」之意），因為以色列人試圖以爭論神究竟存不存在一事來試探神。

亞瑪力人挑起戰爭

以色列人由神獲得了豐富水源的事情傳到了各處。亞瑪力人認為不能讓外人占據了自己的地盤，為了爭奪水源於是起而攻打以色列人。亞瑪力人是支配埃及和阿拉伯沙漠地帶的部族貝都因人（游牧民族），他們的祖先是以色列（雅各）的哥哥以掃。以掃是位狩獵好手和弓箭手，他的子孫亞瑪力人也是一個好戰的部族。

以色列人對於勇猛的沙漠民族

 聖經筆記 食用洋蔥和紅蘿蔔能夠增強體力，因此埃及人會提供這些食物給建造金字塔的奴隸。

亞瑪力人的攻擊十分害怕，因為他們長期在埃及過著奴隸的生活，完全沒有作戰的經驗，內心也相當地卑屈。這樣的以色列人要和習於征戰的亞瑪力人作戰，不論是誰，都會認為以色列人沒有勝算。

但是，對於神絕對地信賴而率領著民眾的摩西卻十分地鎮靜。對他而言，所有遭遇的困難都是神為了要鍛鍊自己和人民所計畫安排的，所以結果會是如何完全可以想見。為了接受試煉，唯一的條件就是摩西和人民都要以自身的理性和意志來決定是否參與神的計畫。摩西強烈地意識到這是決定以色列人和摩西命運的關鍵時刻。

勇士約書亞獲得了特殊勳章

摩西將以法蓮族裡最有勇氣的年輕人約書亞任命為隊長，負責選出和亞瑪力人作戰的人。沒有過作戰經驗的約書亞對於神的信仰相當堅定，在至今為止的路途上，他完全都沒有任何抱怨，依然樂觀而積極地遵從摩

西的指示。摩西對約書亞說：「明天我會帶著神的手杖站在山頂上，在你們作戰時，我會用右手將手杖舉起來。」

摩西帶著哥哥亞倫和姊姊米利暗的丈夫戶珥來到小山丘上，指揮以色列人作戰，並且不斷祈求神的幫助。不擅於作戰的以色列人在約書亞的帶領之下英勇奮戰，同時，摩西也高舉雙手向神祈求。不可思議的是，當摩西舉起雙手時，以色列軍就占優勢，但只要他累了把手放下來，亞瑪力軍就會占上風。

看到這種情形的亞倫和戶珥想到了一個辦法，為了不讓摩西太累，他們讓摩西坐在石頭上，自己則一人一邊扶著摩西的雙手。就這樣，摩西的雙手維持著高舉的姿勢直到日落的時候。

約書亞所率領的以色列人打敗了亞瑪力人，約書亞後來並成為了摩西的繼承人。這位領導以色列人到達迦南的偉大領袖，其優秀的才能在這次的戰爭中便已經表露無遺。

出埃及
摩西的十誡

在神聖的西奈山上，神將人民必須遵守的律法「十誡」授予給摩西及所有的子民。

摩西在西奈山和神對話

從埃及出走後的第三個月，摩西所領導的以色列人來到了西奈山的山麓，他們就在那裡紮營。

神命令摩西到西奈山的山頂上來。西奈山就是摩西從燃燒的荊棘中第一次聽到神的聲音、並命令他帶領以色列人脫離埃及之地的「神的山」何烈山。摩西知道只要上山，就能再聽見神的啟示。

神對來到山頂的摩西說：「我是把以色列人從埃及奴隸的生活中救出來的神。你們都看見了我在埃及行的十項奇蹟，也看見了我怎麼樣像鷹一樣讓你們乘著我的翅膀將你們救出來。若是你們聽從我所說的話，遵守我的契約，你們就能成為聖潔的國民。你要把這些話傳達給人民。」

摩西急忙下山，把神的話一五一十告訴人民，人民都一致回答：「凡是神所吩咐的，我們都願意遵行。」摩西又回到山頂上，把人民的話回覆給神。

神於是這樣命令摩西。

「你要在山的周圍劃定界線，人民不可以觸摸界線，也不可上山來。凡是靠近這座山的，無論是人或是牲畜，都不得生存。只有當長長的號角聲響起時，你們才可以上山。」

下山後來到眾民面前的摩西對他們說道：「你們要為第三天做準備。在神和以色列人締結契約之前的這三天內，人民必須要潔淨心靈。這三天裡，你們要洗淨自己的衣服，並且不可以親近女人。」即將發生了歷史重大事件的西奈山是一座神聖的山，因此聚集在此地的人民，身心也要十分潔淨才行。

《舊約聖經》的中心思想「十誡」

到了第三天的早晨，西奈山被

聖經筆記：「帳幕」是人民依照神在西奈山給予摩西的指示而建造的帳篷，是移動式的聖所。出埃及後在曠野漂流的四十年間、還有進入應許之地後神殿未建造完成之前，帳幕一直是人民禮拜的場所。

不斷冒起的煙霧覆蓋住，並且出現雷聲和閃電。整座山激烈地震動，大地作響，就像是吹響了號角一般，而且號角的聲音愈來愈高。

神從天上降到西奈山的山頂，並把摩西叫了過來。神在山頂把人們必須遵守的基本十項戒律授予給摩西，這就是被稱為「摩西十誡」的律法。這十誡即是《舊約聖經》的中心思想。

只要遵守戒律，神就會祝福人民，人民就能獲得幸福。以色列人基於共同信仰制定了許多生活上的律法，而這些律法的根基就是十誡。

無論什麼時代都要遵守的重要戒條

以十誡（或是摩西十誡）為基礎衍生出了各種的規則和法律。在聖經（舊約和新約）當中時常出現「律法」或是「摩西律法」的詞，而這個詞可以分為廣義和狹義兩種解釋。

廣義來說，指的是由十誡所衍生的所有細則規定以及包含法律的所有戒條。狹義來說，指的就是「十誡」的內容。

對舊約時代的以色列人、耶穌時代的猶太人、或是現在的猶太教徒來說，律法是不可不遵守的重要信條。

出埃及
神與民的契約內容

神授予以色列人十誡，命令人民只能禮拜真神，並保護鄰人的性命、家庭、財產和名譽。

摩西律法的特徵為把神擺在第一位

〈出埃及記〉二十章二節：「我是耶和華你的神，曾經把你從埃及地，從為奴之家領出來。」此為十誡的前文，是神帶有深遠意義的自我介紹。

神一開始先帶領以色列人回顧從埃及出走的經歷。神將身為奴隸的以色列人從埃及領出來，還有之後所行的紅海奇蹟、水的奇蹟、鵪鶉和嗎哪的種種恩惠，並授予他們十誡。十誡的前提便在於神對以色列人民所展現的深切情感。

十誡分成兩個部分，並刻在兩片石板的正面和背面上。第一個部分為面對神時所應遵守的戒律，第二個部分則為面對人時所應遵守的戒律。

摩西在律法的開頭（第一～三條）規定了關於神的條例。要相信神，懷抱著敬畏神的心，才會發自內心遵守律法。尊重道德和倫理也是由尊敬神為起始。法律、道德、倫理的根本，要向神尋求。這是三千年前所訂定的摩西律法的特徵。和現代的法律不同之處，在於現代法律中神被排除在外。

第四條，神在六天之內創造天地，並在第七天休息，所以無論人類、牲畜以及所有的工作也都要休息一天以紀念神，這是神對所有萬物的恩賜。

第五條，父母是神的代表，因此兒女必須抱持著如同敬愛神一般的心態來孝敬父母。

第六條，「不可殺人」，要尊重鄰人的性命。

第七條，「不可姦淫」，要尊重鄰人的家庭。

第八條，「不可偷盜」，要尊重鄰人的財產。

第九條，「不可做偽證」，要看重鄰人的名譽。

聖經筆記 帳幕是由「聖所」和「至聖所」所形成的。聖所深度有十三・二公尺、寬四・四公尺、高四・四公尺，至聖所則是每邊四・四公尺的立方體。聖所和至聖所之間會用亞麻布所做成的幔子隔開。

摩西十誡

一，除我以外，你不可有別的神

二，不可為自己做偶像

三，不可妄稱耶和華你 神的名

四，當記念安息日，守為聖日

五，要孝敬父母

六，不可殺人

七，不可姦淫

八，不可偷盜

九，不可作假證供陷害你的鄰舍

十，不可貪愛你鄰舍的房屋

＊第四條律法成為星期日為休假日的訂定基礎，現代的我們也遵守
 著這樣的規定。
＊第六、七、八、九條被現代先進法治國家所採用，成為法律的基
 礎。

遵守摩西律法才是「完全的人」

性命、家庭、財產、名譽是每個人所擁有最重要的東西，這四者能夠被確保時，人才能算是完全地被保護。因此，我們每個人對於鄰人都應該遵守這四項義務。

有很多人認為摩西律法是只針對行為所做的規範，這是個很大的誤解。摩西律法第十條寫著「不可貪圖鄰人的房屋」，所謂的「貪」便是心裡的罪，若心裡的貪具體表現出來，就會產生殺人、竊盜、姦淫、偽證等行為。行為是源自於心而產生的。簡要地說，第十條的內容便是命令人「不可以懷有惡心」。

第六條到第九條的內容雖然是關於物質層面的規範，但第十條則導向心靈層面。因此摩西律法是從心靈層面出發，也結束於心靈層面。

如果有人從未觸犯過十誡當中的任何一條戒律，那麼這個人就是沒有任何罪的「完全的人」。然而，又有誰能夠說「自己是無罪的」呢。當律法之光照耀之時，人才明白了自己是有罪的。神在雷鳴大作、瀰漫著煙霧的西奈山上以莊嚴的聲音傳授給摩西的，就是十誡的內容。

十誡的律法要實際應用在日常生活裡，還需要有更詳細的細則。在此就介紹幾項相關規則。

娶第二個妻子時，對於前一位妻子所給予的食物、衣物、還有夫婦間的義務，都不能因而減少。

關於殺人方面，如果有人任意殺了人、或是計畫性地殺人，都要被判死刑。但是，如果沒有殺人的意圖而殺了人，殺人者必須被安置在特別設置的場所囚禁起來。

此外，誘拐人者，不論是把受害者賣了或是把人留在身邊，也是屬於死刑。如果主人把奴隸的眼睛或牙齒打傷，則必須無條件讓奴隸回復自由之身。

再者，「土地耕種七年要休耕一年」、「不可接受賄賂」、「不可和牲獸性交」等規定都有明白記載，當中尤其強調不可虐待貧窮的人或是身處異國的弱者。

出埃及
不受教訓的以色列人

禮拜偶像的提倡者和附和者因觸怒神而死。神為了鍛鍊不受教訓的人民，而讓他們在曠野流浪了長達四十年。

立即開始崇拜偶像

摩西把神教導的十誡和由十誡所衍生的法律一一告訴以色列人民，人民也發誓願意遵行神所吩咐的所有事情。因此摩西便把神所說的話全部寫下來。

此外，摩西還在西奈山下築了一座祭壇，並且立了十二根石頭象徵以色列的十二部族，然後從人民之中選了十二個年輕人，讓他們將燒烤過的祭品獻給神。做為祭品的牲畜一半的血盛在盆中，另一半則灑在祭壇上。

然後，摩西把神與民的契約書拿在手上念給人民聽。人民都發誓：「神所吩咐的所有事情，我們都願意遵行。」摩西就將盆中的血灑在人民的身上，並說：「看哪，這是立約的血，這是按著神所說的一切話語與你們所立的契約的血。」契約於是就此締結。

摩西又被神召回西奈山上，在那裡待了四十天四十夜，接受神指導他關於十誡所隨附的細目規範，並得到兩塊刻著十誡內容的石板。

另一方面，留在山麓上的人民見摩西遲遲沒有下山而無法再等下去，就聚集到亞倫那裡去，強迫亞倫為他們造一座神像以引導眾人。不得已答應了這個要求的亞倫，從民眾身上收集金飾品，熔化了之後鑄造成一座小牛像。人民開始禮拜這個金製的小牛，並獻上了燔祭，在祭壇前大啖飲食並瘋狂地唱歌跳舞。這正是崇拜偶像的開始。

從山上下來的摩西看到這個景像極為忿怒，於是把兩片石板扔在岩石上摔碎，並且在當天殺了帶頭禮拜偶像的人和附和者約三千人。

摩西再度登上西奈山，向神請求希望能原諒人民的罪：「這些人民犯了大罪，請你赦免他們的罪。不然，請取走我的性命吧。」。神答應了摩西的請求，他就在山上又

聖經筆記 至聖所裡放置著裝有神的契約的箱子（約櫃），只有大祭司能進入至聖所，而且一年當中也僅在贖罪日那一天才能進去。

過了四十天，並帶著兩片全新寫著十誡的石板下山。

以色列人在摩西的指導下，在西奈山下過了一年。這段期間內，他們以十誡和其細則規範為基礎，訂定了各種節日、儀式，並製作了攜帶用的契約箱（裡面存放著刻有十誡內容的兩片石板）等，確立了以色列人獨特的生活模式。

以色列人在曠野中流浪了四十年

之後摩西一行人從西奈半島出發，來到位於應許之地旁的加低斯‧巴尼亞。在迦南已經有其他的民族居住，因此，摩西從十二部族裡各選出一位代表，組成偵察隊前往迦南。

四十天的偵察行動結束後，其中兩人負責帶著葡萄、石榴、無花果回來，其餘十位偵察員則向摩西報告：「我們去了你派我們前往的地方，那裡果然是流著奶與蜜的肥沃土地。這就是那裡的果子。但是，城鎮都被堅固的城牆所包圍，防備深嚴，而且住在那裡的人長得高大又強壯，看到了那些人，就覺得我們簡直像蚱蜢般渺小。」

這些偵察員把他們窺探的結果誇大地向以色列人宣揚，聽到這些說法的所有人都感到很害怕而大聲哭了出來。十二位偵察員當中，只有以法蓮族的約書亞和猶大族的迦勒兩人與其他十人的態度迥異，相信神會引導他們，並且向人民強力訴求要強行突破。

摩西不論怎麼宣導神的守護都沒有人相信，於是便觸怒了神。神對摩西說：「我已經行了許多的神蹟，這些人民還要藐視我到何時呢？我把他們給毀滅了吧。」摩西聽了拚命地說服神，神最後終於答應不滅亡以色列人。

人民的鍛鍊還是不夠，神於是決定讓人民在曠野流浪四十年，當做是給他們的試煉。摩西於是帶著以色列人再度展開了流浪之旅。

摩西之死

在曠野過著放牧生活流浪了四十年，摩西的哥哥亞倫（一百二十三歲）和姊姊米利暗都死了。摩西把一直以來所占領的約旦河東岸讓給了流本、迦得兩個部族以及瑪拿西的半數族人，並要所有的兄弟團結起來一起征服應許之地。然後，摩西指定約書亞為自己的接班人。

聖經筆記

「燒烤的祭品」是把要獻給神的動物宰殺後，再用火燒烤過，稱為「燔祭」。

知道自己快要死了的摩西，登上了摩押的尼波山，讚頌神的恩典。此時，神現身在他面前，把答應給予亞伯拉罕、以撒和雅各的土地指給他看，並且告訴摩西他無法到達那裡，因為一百二十歲的摩西即將和先祖一起長眠的時刻已經到來。就這樣，神人摩西在公元前一四〇六年左右，結束了他一百二十歲的生涯。

律法成立後，立即出現禮拜偶像的行為

「起來，為我們做神像可以走在我們前頭領路，因為那摩西，就是把我們從埃及地領出來的那個人，我們不知道他遭遇了甚麼事。」（〈出埃及記〉32:1）

這即是「摩西十誡」第二條所
禁止的「禮拜偶像」行為！

登下西奈山的摩西和禮拜偶像的人民

摩西拿著刻有十誡的石板下了西奈山，看到人民禮拜偶像的行為十分忿怒，因此扔掉了兩片石板。

出埃及
來到應許之地迦南

心念著神所賦予的任務，約書亞率領以色列人來到了應許之地迦南，首先便進攻耶利哥。

神鼓勵繼任者約書亞

摩西死後，由摩西的接班人以法蓮族的約書亞繼續來領導以色列人，神對約書亞說：「我的僕人摩西死了。現在由你領導人民渡過約旦河，前往我要賜給以色列人的土地去。你們腳掌踏過的每一處地方，都如同我應許摩西般地賜給你們了。南從這曠野起，北到黎巴嫩，東到幼發拉底河，西至地中海的全部土地，就是你們的疆界。」

神所指示的內容相當雄偉，但是約書亞的內心卻充滿了不安和畏懼。

約書亞在出埃及後的四十年間，確實一直得到摩西的信任，也是一位勇士，而且一有戰爭時，還能以卓越的指揮能力帶領眾人打倒敵人的軍隊。但即使他十分出類拔萃，一想到這個重責大任也不禁對自己沒有自信了起來。

神吩咐約書亞率領以色列人進入應許之地迦南，消滅住在那裡的居民並奪取土地。然而，即使是以權威的神的代理人身分發言的摩西，以色列人依然對他不停地抱怨，口裡滿是不平和不滿，而要帶領這樣個性懦弱卑屈的以色列人前進應許之地，就算是約書亞也覺得很沈重吧。

神於是以溫暖的話語勉勵約書亞，要他不要害怕。

「約書亞啊。你將變得強壯雄偉。你不用害怕。我答應永遠與你同在，就像我與摩西同在一般。我絕不會離棄你，也不會讓你嘗到失敗。

成功的祕訣有二。第一，你要有進入那裡且必取得迦南的堅強決心，絕對不能認為你會失敗，任何時候都要勇敢作戰。第二，你要忠實地遵守我的僕人摩西所命令吩咐你的一切律法，不可稍有偏頗，要日夜思考默誦律法，並要大家也都

聖經筆記　耶利哥是位於約旦河西邊的一座古老城鎮。公元前八〇〇〇年時，就已經使用斧頭、鋤頭、棒子等工具來耕作。耶利哥的城牆以堅固著稱。

謹守遵行。這樣，你所做的一切都必然會成功。」

以色列人終於進入迦南之地

喪氣的約書亞聽了神的話之後變得勇氣十足。

他決定要攻下位於約旦河對岸、可說是征服迦南的關鍵地點耶利哥（見124頁聖經筆記）。首先，他派遣偵察隊去偵測耶利哥的狀況。偵察隊向約書亞報告，耶利哥的居民很害怕以色列人，因為以色列人渡過紅海的奇蹟，還有以色列軍在曠野的幾場戰爭中都獲得勝利的事，幾乎傳遍了迦南。

約書亞於是決定要攻打耶利哥。為了要攻打耶利哥而渡過約旦河的時候，也發生了一項奇蹟。祭司將約櫃扛在肩上來到了約旦河畔，當他們的腳踏入河水裡時，不可思議的事情發生了，河水在神的約櫃前被擋住，露出河底的乾地，以色列人於是就這樣走過河川。當祭司再度上岸後，水又回復原來的樣子，宛如紅海的奇蹟再現。

就這樣，以色列人在公元前一四〇五年終於如願以償，來到約旦河的西岸。這是他們進入應許之地迦南的重要時刻。

以色列人在約旦河和耶利哥中間的吉甲安營。所有的男子在這天都舉行了割禮，做為逾越的獻禮。

相當幸運地，吉甲的麥已經成熟了，於是人民便割麥取水，揉製未發酵的餅來吃。由人民吃了迦南之地食物的隔天起，天上就不再降下嗎哪了。

以色列人從埃及出走長達四十年的流浪之旅，終於正式結束了。以這一天為分界，之後他們便以迦南所取得的作物做為糧食。

出埃及
占領迦南和分配土地

約書亞巧妙地運用戰略，幾乎占領了整個迦南地區，並把土地分配給十二個部族。出埃及的大業終於完成了。

把占領的迦南土地分給各部族

約書亞成功地攻陷了耶利哥。首先，他連續六天讓軍隊每天都繞行耶利哥周圍一次，再讓祭司不斷地吹響號角。到了第七天軍隊繞行耶利哥時，便以祭司所吹的號角做為暗號，以色列全部的士兵一起大聲地呼喊，這一瞬間，連一向以防備堅固著稱的耶利哥城牆也都脆弱地崩塌了。士兵們一鼓作氣進攻，把城裡的男女老少都殺死，獲得了勝利。

耶利哥戰役是約書亞第一次獨立指導民眾作戰。之後到他去世為止，戰事仍不斷地發生，他也以巧妙的戰略獲得勝利，幾乎占領了整個迦南地區，並把所占領的土地分給了十二個部族。

十二部族是以色列（雅各）的十二個兒子各個繁衍出的後代所形成的大家族。以色列的第十一個兒子約瑟在埃及生下了瑪拿西和以法蓮兩個兒子，由於這兩人也成為了以色列的養子，因此以色列的兒子總共有十四人。

不過，我們在占領迦南的領地地圖裡看不到約瑟和利未的名字。約瑟是由瑪拿西和以法蓮做為代表，而以色列的三男利未的子孫所形成的利未族，因為負責擔任事奉神殿的祭司和祭司的助手，所以沒有分配到土地。

剩下的十二部族各自分配到自己的土地，而宗教的中心地則被定在以法蓮族所在的示羅，並把神的約櫃安置於此。

約書亞和人民締結契約

知道自己死期將近的約書亞，將以色列所有部族的領導者聚集在示劍，讓他們回想從先祖的時代開始，神耶和華一路照顧以色列人所給予的眾多恩惠，並做生前最後的叮囑。

「你們要敬畏神，真誠地事奉

聖經筆記　每年的春季會進行剪羊毛的工作。先用溫水把羊弄濕之後，便開始剪毛並清洗剪下的毛，然後去除油脂。

他，把你們的先祖在大河對岸和在埃及所事奉的神除去，只真誠地事奉神耶和華。不過，如果你們並不想事奉神的話，你們可以選擇你們想要事奉的對象。至於我和我的父家則一定會事奉神。」

眾民回答：「我們絕對不會離棄耶和華，去事奉別的神。」

「不，你們是無法事奉神耶和華的吧。神是聖潔的、嫉妒的神，如果你們離棄耶和華去事奉外族的神，那麼他必會降下懲罰給你們，將你們消滅。」

眾民又說：「不，我們要事奉神耶和華。」

當天，約書亞就與眾民締結了契約。他把這些話都記載在神的律法書上，又在橡樹下立了一塊大石頭，做為契約的證明。

公元前一三九〇時，神的僕人約書亞結束了一百一十歲的生涯。以色列人在約書亞死後仍具有影響力期間，便專心地事奉神。

由摩西所領導出走埃及的大業由約書亞繼承下來，並征服了應許之地迦南，把土地分配給人民，算是成功完成了任務。

以色列十二部族的領地

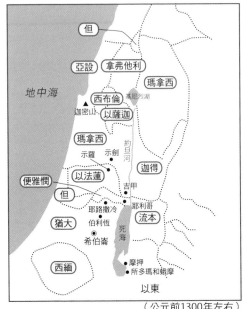

（公元前1300年左右）

三大一神教如何看待彼此

基督教徒看猶太教和伊斯蘭教

　　一世紀時從猶太教分出來的基督教，以《舊約聖經》和《新約聖經》為聖典。《新約聖經》宣告《舊約聖經》中所預言的彌賽亞（基督、救世主）正是耶穌。彌賽亞耶穌為了贖萬民的罪而被釘在十字架上，血流而亡，到了第三天又再度復活。只要信耶穌，不論是誰都可以得到救贖。這就是基督教的主張。

　　基督教相對於猶太教的重要觀點有三。第一點，《舊約聖經》裡關於彌賽亞降生的預言，因耶穌的出現而實現了；第二點，在基督教中將《舊約聖經》和《新約聖經》視為是一套的；第三點，基督教雖然認同猶太教是其根源，但猶太教的契約是「古老的契約」，自彌賽亞耶穌出現之後，便被成為萬人救贖的「新契約」所替代。

　　基督教對於伊斯蘭教的理解則較有偏頗狹隘之嫌。基督教不但不承認伊斯蘭教的創始始祖穆罕默德為先知，一直以來也都稱他為詐欺者和騙子。但是對伊斯蘭教來說，基督教才是煽動民眾的那一方。例如十一世紀末第一次召集十字軍的教皇烏爾班二世，即是用以下的演說來鼓動群眾：「塞爾柱土耳其大舉來到中亞，這些近來成為穆斯林（譯注：穆罕默德的信徒）的野蠻人種，從小亞細亞的安那托利亞（現在的土耳其）入侵基督教的拜占庭帝國奪取領土。土耳其人是被詛咒、被神所放棄的人種，他們的心完全不向著神。殺死這些心裡沒有神的怪物是神聖的行為，把這些墮落的人種趕出我們的土地耶路撒冷是基督教徒的義務。」就這樣，狂熱的基督教十字軍東征開始進行，他們不斷反覆在耶路撒冷搶奪及虐殺伊斯蘭教徒和猶太教徒。相對地伊斯蘭教也承繼了穆罕默德的傳統，為了正當防衛而展開了「聖戰」。

　　此外，「右手拿《可蘭經》，左手拿劍」的宣傳語言也是針對基督教而來的。這句話的意思是，不信奉《可蘭經》或不改信伊斯蘭教的人就要以劍來對待他，也就是殺死對方的意思。但事實上，基督教徒即使被征服了之後，只要有繳稅納金，信仰的自由和財產的安全依然受到保障。

猶太教徒看基督教

　　猶太人不承認耶穌是彌賽亞，並且以「褻瀆神且偽裝為彌賽亞」的罪名將耶穌釘在十字架上處死。猶太人認為，把不過是人類的耶穌神格化的基督教徒十分愚蠢。由於當時的猶太人不承認身為猶太人的耶穌是彌賽亞，讓基督教主張耶穌是彌賽亞的想法大為動搖。

　　基督教開始為「耶穌真的是彌賽亞嗎？」這樣不安的想法而困擾著，因而憎惡起引燃這個不安根源的猶太人。這是猶太人會遭受悲慘遭遇的根本原因。每當社會上發生什麼不好的事情，基督教就會將原因歸究於猶太人，並不斷地歧視、壓制、虐殺猶太人。

　　基督教所發起十字軍征討伊斯蘭教徒和對於猶太教徒的野蠻行徑，在前面都已經提到了。提倡鄰人之愛的基督教信仰者不斷重覆這種野蠻行為，看起來實在諷刺。但是，經由犯罪、虐殺、戰爭等行為，人類能夠明白自己內心抱持著對他人體貼、愛情和崇高的心的同時，本性中也存在野蠻、殘酷的一面和深切的罪惡，如此算是不幸中的大幸。

　　人類必須正視這樣的事實，正確地理解自己的本性，並教育後代要擁有幫助弱者的憐憫之心、真正實行憎惡不義的義行、並接受和自己不同思想和宗教的人（信仰自由的權利），還要有保護自然的愛心（慈悲心）。的，]若

伊斯蘭教徒看猶太教和基督教

　　七世紀由猶太教分出來的伊斯蘭教，以《舊約聖經》和《可蘭經》為聖典。伊斯蘭教其實是寬大的宗教，承認猶太教和基督教是自己的兄弟宗教。

　　伊斯蘭的主張如下。猶太教徒和基督教徒扭曲了神所賜予的聖典《舊約聖經》和《新約聖經》的意義，此外，基督教徒犯了將傳遞神的話語的使者（由神所賦予使命的人）人類耶穌神格化的謬誤。神為了匡正這個錯誤，於公元前五七〇時把使徒穆罕默德送到人間，並賜予他聖典「可蘭經」。

　　《可蘭經》的第三章五十二節裡記載著：「在阿拉的眼裡，伊撒（耶穌）就如同亞當，他是由泥所做成的，因為神給與他『氣息』，所以他才變成了真正的活人。」由此可見，基督教和伊斯蘭教是由猶太教所衍生出來，若將基督教比喻為長子，則伊斯蘭教就相當於是次男般的關係。

　　這三個宗教以猶太教的《舊約聖經》為根本經典，彼此之間有如父親、

長男和次男的關係一般，但各宗教間的關係卻不好。

　　基督教徒對於猶太教徒的憎恨，讓他們貶低、甚至迫害、殺害猶太人。猶太教徒和伊斯蘭教的不睦，成為以色列和巴勒斯坦之間領土爭奪問題、自殺炸彈攻擊、以及以色列和中東各國戰爭的肇因。此外，富有的基督教徒和連三餐都無法確保的貧困伊斯蘭教徒其境遇形成強烈對比，伊斯蘭教徒因此對基督教徒抱持著嫉妒和憎惡的心態。

　　對於未來不抱希望的一方，因嫉妒繁榮發展的一方而自暴自棄，因此選擇了錯誤失敗的道路。恐怖攻擊即是起因於對未來的絕望。典型的例子，就是二〇〇一年九月十一日，伊斯蘭教的激烈派人士利用劫機同時發動多起的恐怖攻擊事件。在這次恐怖攻擊當中，美國財富象徵的世貿雙子星大樓因而崩毀，國家防衛據點的國防總部也遭受到直接攻擊。

　　大部分這些恐怖自殺攻擊者，都是沒有機會接受教育的貧窮年輕人。透過教育能夠為人們燃起希望，經由受教育可以讓自己的物質生活獲得改善，並得以幫助他人，找到自己的人生價值，希望才會跟隨著出現。

　　自殺攻擊者雖然大多是伊斯蘭教徒，但伊斯蘭教的教義並不支持恐怖行為，這是政客們為了維持自身的權力，而不給年輕人受教育的機會，並濫用《可蘭經》來進行洗腦，灌輸年輕人恐怖攻擊行為是聖戰的表現、在聖戰中喪生者可以上天堂等的思想，用這種方法來培育年輕人從事恐怖自殺攻擊行為。

第3章

幫助痛苦民眾的士師們

神的審判與憐憫
士師的時代

一度撤退離去的迦南原住民又再度回到迦南，以色列人即使在應許之地，也無法過著完全安寧的生活。

〈士師記〉為十四位士師的傳記

《舊約聖經》的第七卷為〈士師記〉。士師指的是「審判官」，也意味著「臨時的統治者」的意思。士師是譴責、糾正國民不正確行為的審判官，同時也是戰士。

〈士師記〉可以說是以色列的武將故事，不過士師和其他國家的武將卻有著決定性的差異，那就是士師全部是由神所指定的。

就如同〈出埃及記〉是摩西的傳記，〈約書亞記〉是約書亞的傳記一般，〈士師記〉就是十四位士師的傳記。《舊約聖經》裡所記載的士師時代，是由約書亞死去的公元前一三九〇年開始、到最後一位士師撒母耳任命掃羅為以色列王的公元前一〇四四年之間，約三百五十年左右。這段期間，以色列出現了許多位被稱為士師的傑出英雄，指導民眾什麼才是正確的信仰之途。

但是，第十五位士師撒母耳的事蹟並未記載在〈士師記〉裡。撒母耳是最後一位士師，而且也是最早的先知。他對於以色列人的信仰指導、廢除以色列的士師制度確立新王政（擔任任命國王的角色）等相關事蹟，都記載在〈士師記〉下一卷的〈撒母耳記〉裡。

迦南並未占領完全

摩西的繼承人是強而有力的軍人領袖約書亞，以色列軍終於得以將被形容為流著奶和蜜的應許之地迦南納入自己的版圖，並將奪得的土地分配給以色列十二個部族。迦南的占領看似很順利地達成了，但是，並不能說以色列人已經就此完全獲得應許之地迦南。當時，征服了小亞細亞和美索不達米亞的赫族，正與埃及爭取霸權。

原先定居在迦南的原住民確

聖經筆記 摩西律法中詳細規定了可以吃和不能吃的東西，也就是食物的相關規定。牲畜方面，牛、鹿、羊、山羊可以吃，野兔和豬不能吃。

實被以色列軍所打敗，轉而逃到周邊地區，但這驅離的行動不過是一時的，後來他們又再度偷偷潛回迦南，並擺出低姿態，在原本居住的地方若無其事地繼續生活下去。

迦南的原住民是求生能力極強的人種，即使面臨逆境，他們也不會就此投降，反而會像雜草一般展現出旺盛的生命力。

結果，最後還留在迦南地的有非利士人的五個領主、所有的迦南人、西頓人，以及居住在黎巴嫩山、並占據從巴力‧黑門山直到哈馬口一帶的希未人。

以色列和圍繞在周圍的異民族

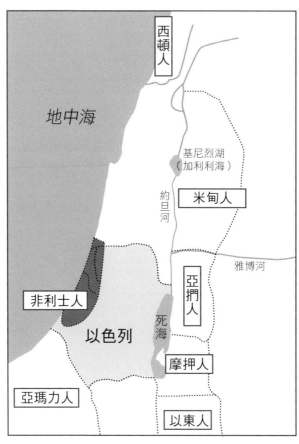

西頓人

地中海

基尼烈湖
（加利利海）

米甸人

約旦河

雅博河

非利士人

以色列

死海

亞捫人

摩押人

亞瑪力人

以東人

（公元前1000年左右）

神的審判與憐憫
喪失信仰的以色列人

以色列人忘了真神而開始信仰外族的諸神，神因此降下懲罰，要他們深切地反省。

以色列人忘了真神

　　土地的分配為以色列十二部族的生活帶來了激烈的改變。至今為止，以色列人為了尋求牲畜的飼料（草）和水，都是過著半遷徒半耕作的游牧生活；然而獲得土地後，便開始以農耕為主，並定居在同一個地方。

　　雖然他們可以說處於被外族所包圍的危機下，但對之前不斷遷徒流浪的以色列人來說，能夠擁有自己的土地耕種作物、一邊飼養羊群一邊探尋泉水，這樣的生活實在是舒適快活。他們對這樣的生活相當滿足，也因此變得缺乏危機意識，漸漸失去了使命感。

　　在約書亞死後的二十年間，以色列人還是遵守神的戒律，過著自制的生活。因為和約書亞一起一路奮戰過來的長老們，還記得神的愛和偉大，包括神在曠野裡所授予的偉大印記、神讓以色列人渡過約旦河的奇蹟、以及幫助以色列人在每一場戰爭中獲得勝利的種種事蹟。但是，隨著時間的流逝，記得這些神的恩惠的長老們全都一一去世。

　　新生代的以色列人開始按照自己的想法生活，年輕人不再仰賴神、而是依靠自己的力量過活。這樣的觀念以現代人的角度來看，是比較具有自主性的人生；但是，換個角度來看，他們已經忘了神的恩惠，甚至開始犯罪。在不知不覺間，他們已經逐漸演變成以自我為中心的人生觀。

　　以色列人藉由和外族交換食物、衣服、水利權等，而和其他民族愈來愈親近，因為如果不能確保水的來源，就無法耕作。而且，非利士人和赫人的女孩們不僅擁有洗練的文明都會氣質，也相當有教養，是十足的美人。對於樸素健壯的以色列年輕人來說，這些外族女孩不但才色兼備且深具魅力，於是

聖經筆記　十誡的第四條裡規定每週有一天為休息的安息日，這個規定不只適用於家裡的主人，還包括當時不被視為具有人格的奴隸以及家畜。神命令必須要對奴隸和家畜懷有憐憫之心。

他們和外族的女孩們相戀，並且開始和她們聯姻。嫁到以色列人家的女孩，除了把自己的牲畜和金銀等財產等帶到夫家之外，也把自己信仰的諸神和神像傳入了以色列社會，因此以色列的年輕新婚家庭裡，開始裝飾著這些外族帶來的諸神偶像。就這樣，以色列人遺忘了神將他們從埃及奴隸的生活中解放的恩典，對於這些忘恩之輩，神因此再度動怒。

異族的諸神信仰以感官性為主

在此先來介紹以色列人所信仰的外族諸神。

在迦南的農業社會中，雨量的多寡會直接影響到農作物的生長和收成，此外為了家族和子孫的繁衍，大都會希望能夠多子多孫。因此住在迦南的人們，從古老的時代開始為了實現自己的願望，便創造且崇拜了許多神明，如巴力、亞斯他錄、亞舍拉等。

諸神中尤以農業之神巴力具有最高的地位，他被稱為「暴風之神」，會為人民帶來雷鳴、閃電和雨，以確保豐收。一般認為巴力會和植物一樣每年都會死去一次，隔年又再度復活。巴力是一位男神，他的妻子則是女神亞斯他錄。

從天降下的雨注入大地，使土地肥沃，作物才能結成好果實。雨和土地交融才能生出肥沃的土壤，人類因而衍生出象徵雨（男性生殖器）的男神巴力和象徵土地（女性生殖器）的女神亞舍拉間性交崇拜的信仰。在巴力神殿中，性交是一種宗教儀式，因此神殿裡也雇用了男娼和女妓。

亞斯他錄除了農耕外，也掌管戰爭和愛。亞斯他錄在不同的國家，擁有不同的稱號。例如在巴比倫王國被稱為伊斯塔，在烏加里特被稱為雅典娜。

外族妻子所攜帶的嫁妝中，一定有一尊黃金打造燦爛奪目的巴力像。以色列人會受到一起生活的妻子強烈影響，也是可以想像的。為了求得雨、豐收和子息，以色列人也開始鑄造迦南人所崇拜的巴力和亞斯他錄等神像，並在神像前跪拜。

對以色列人來說，異民族的信仰充滿了魅力。信奉巴力和亞斯他錄的男女，連公開的賣春行為都視為宗教儀式而加以鼓勵。此外，在祭祠的時候祭司會跟著笛聲和鼓聲起舞，並用刀刃畫傷自己的手臂，參加者看到這一幕情緒也會跟著亢奮起來，隨著祭司一同起舞，並用自己準備的陶器畫傷身體，陷入瘋狂的祭拜儀式中，可謂是結合了祭祠和享樂的新型態宗教。

此外，對唯一真神的信仰完全是屬於精神層面的，與此相比，迦南人的諸神信仰則可說極具感官刺激。

對年輕一代的以色列人來說，可以想見這些異族信仰是如何充滿魅力。

巴力的信仰也有殘酷的一面。以色列人會把自己最重要的事物獻上做為犧牲品，以取悅巴力神求得豐碩的收成，為此他們甚至會把自己的小孩和嬰兒丟到火裡。

不受教訓的人們犯了同樣的過錯

以色列人完全捨棄了把他們的祖先自埃及奴隸生活中解放出來的真神，而祭拜他們周圍的神。這是對真神的背信和褻瀆。以色列人開始墮落腐敗。

因此，神讓住在迦南的敵人變得強大。這些強大的迦南人開始用武力和掠奪的方式襲擊以色列人，並且要他們繳納高額的稅金。以色列人變得十分地軟弱，這是神的審判。在這種苦難當中，他們才會開始感嘆自己的不幸，打從心底反省（悔改），並認真地祈求神的憐憫。

聽到這些哀嘆的聲音和深刻的反省，神於是派遣了士師做為人民的指導者，拯救陷於危機中的百姓。經過這一番危難後，他們才打從心底感謝悲憐他們的真神，並且回到信仰的正途。

就這樣，以色列人經驗了「背叛神」、「神對民的審判與懲罰」、「人民呼喊祈求幫助」、「神派遣士師解救人民」這四個階段。這個過程被稱為「信仰訓練的循環」。

只是，事情並沒有就此了結。士師一旦死後，他們就又會回到原本歪曲的信仰生活。換句話說，他們再度捨棄真神，並信仰及崇拜巴力神像。於是，神的忿怒再度爆發，讓敵人變得更強來攻擊人民，人民因陷入苦境才再度悔改，然後，神又再派遣士師來解救人民。然而，不久後人民又會忘記神的恩惠，再度回去信仰巴力，過著和之前一樣的荒誕生活，於是再度引起神的忿怒。

民眾雖然不斷以相同的模式忘記神的恩典，但神卻使用各種手段方法來解救人民。〈士師記〉從民眾的著眼點來看是一段反叛的歷史，從神的角度來看，則是恩惠的歷史。

士師時代約持續了三百五十年，這個訓練信仰的反覆過程總共重覆了七次。或許一般人會認為以色列人這樣實在相當不知記取教

聖經筆記 沒沒無名的人一旦被神選為士師，就能夠發揮出至今不曾擁有過的力量。以色列在士師們所活躍的時代裡還尚未實施王制。

訓，然而，不斷重覆相同的錯誤而 的本性嗎？
不能學取教訓，不正就是我們人類

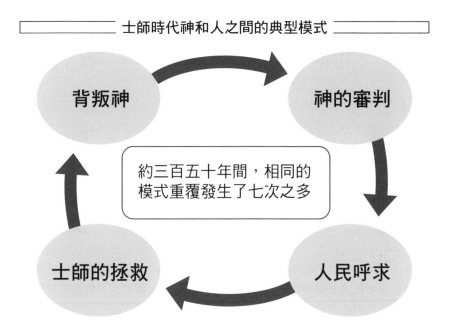

士師時代神和人之間的典型模式

背叛神

神的審判

約三百五十年間，相同的
模式重覆發生了七次之多

士師的拯救

人民呼求

神的審判與憐憫
聖靈降臨後成為強者的士師

即使是拯救人民的士師，實際上也只是個在性格和品性都有其缺點的一般人，但借助神的力量後就宛如變身成另一個人。

被神特別選出來的士師

以色列人七度棄神而去，七度被敵人痛擊，七度被神拯救。

神所派遣的士師，在各個部族當中都各出了一名代表，因此十二個部族便有十二位士師。當中最為著名的有底波拉、基甸、耶弗他和參孫四人。

每一位士師都是神特別選出來的。他們能夠成就偉大的功蹟，並非靠自己的力量或努力，而是仰賴神的安排。

被選出來的人並非「品性優良的模範人士」

裁決人民的士師很容易被想成是幾乎毫無缺點的模範人物，但這是個很大的誤解，他們其實也是擁有很多缺點的一般人。然而，當神的聖靈降臨到他們身上的瞬間，他們就變成了神人，能夠打敗迫害以色列人的強敵，為國民帶來和平與安逸的生活。

不論是弱者、令人討厭的人或是女性，只要被神選上就會變成強者，拯救以色列人，宛如變了一個人似的。士師底波拉是一位女性；基甸的家族在瑪拿西支派中最為卑微，他更是家中地位最小的；耶弗他是妓女的兒子，而被其他同父異母的兄弟們看不起；參孫也沒有什麼可誇耀的家世，而且在性格和品性上還有許多的缺點。

這些被神選上的人，都是平凡而卑微的人物，他們所使用的武器也很粗糙。基甸要前往擊退米甸軍時，神不允許他率領超過三百位以上的精銳士兵去對抗敵人；參孫則是赤手空拳打倒了一千名的非利士人。

 聖經筆記 非利士人在公元前八世紀時，被亞述帝國的薩爾恭王所打敗，後來在公元前六世紀初時被巴比倫王國的軍隊所消滅。

約三百五十年間統治以色列的士師們

▼公元前一三九〇年，約書亞死亡

	士師	迫害者	迫害期間	活躍時期	安定期間
第一次	俄陀聶	美索不達米亞的王 古珊・利薩田	8年	公元前 1373〜1334年	40年
第二次	以笏	摩押王 伊磯倫	18年	公元前 1316〜1237年	80年
第三次	底波拉* 巴拉	迦南王 耶賓	20年	公元前 1237〜1198年	40年
第四次	基甸*	米甸人 亞瑪力人	7年	公元前 1191〜1151年	40年
第五次	亞比米勒 陀拉 睚珥	城鎮居民間 引發的內亂	X	X	3年 23年 22年
第六次	耶弗他*	亞捫人 非利士人	18年	公元前 1087〜1081年	6年
第七次	參孫*	非利士人	40年	公元前 1069〜1049年	20年

▲公元前一〇四四年，以色列第一位王掃羅誕生

*…較為著名的士師

神的審判與憐憫
恐懼米甸人的人民

以色列人基甸每到麥子收成時，就會害怕米甸人會前來搶奪農作物，然而，在他面前出現了一位訪問者。

基甸相信真神

信仰訓練循環的第三次為迦南人的襲擊，但在士師底波拉和巴拉的活躍之下被擊退。之後，以色列人過了四十年和平的生活，在安逸的生活中開始放縱享樂，於是他們又忘記了神，開始事奉巴力，罪惡愈來愈重。因此，神又替他們製造了新的敵人——米甸人。

米甸人是亞伯拉罕和基土拉所生的阿拉伯民族後代，住在西奈山的東邊，後來這一個部族往北遷徙，在約旦河的東邊建立國家。米甸人雖然不曾直接用武力攻擊過以色列人，但每年一到了收成時期，就會騎著駱駝大舉渡過約旦河往西邊入侵，掠奪以色列中部到迦薩地方的穀物、羊、牛、驢等，之後再放火逃走，不斷反覆這種令人嫌惡的行徑，尤其瑪拿西和以法蓮的田園一帶，損失可謂十分慘重。

此外，米甸人還和亞瑪力人聯合起來，有組織地進行搶奪，使得以色列人相當恐懼，完全喪失對抗的意志。他們於是逃到山上，躲在山壁的洞穴裡，耕種貧瘠的山坡地，過著儉約的生活。

這樣的生活持續了七年之久，他們感到十分地後悔，於是向真神祈禱，請求神的幫助。

居住在約旦河西岸的瑪拿西族裡，有一位名叫基甸的年輕人，從少年時期就生活在米甸人會前來攻擊的恐懼下，因而長成一名憂國的青年。他的父親約阿施是巴力的虔誠信仰者，甚至負責管理祭壇；然而，基甸信仰的卻是真神。

基甸蒙神召喚

有一天，基甸正在敲打剛收成的麥穗，要取出裡面的果實做成麵粉，還要一邊堤防米甸人可能隨時會來掠奪。突然，一位陌生人出現在他面前對他說：「勇士啊，神與

聖經筆記　「召喚」意味著「呼叫」、「叫喚名字」的意思。神召喚人們，直接對人們說話，而人相信神，並自覺到自己的使命，即為「召喚」。當人們對自己的使命覺醒時，便成為了神所選中的人。

你同在。」

基甸放下手邊的工作，回答說：「如果神與我們同在，我們怎麼會七年來都過著如此辛苦的生活呢？將人民從埃及領導出來的神現在到哪裡去了呢？神把我們交在搶奪者的手裡了吧。」那個人於是回答：「能夠將人民從米甸人的手裡拯救出來的正是基甸，也就是你。」

基甸對他說：「我怎麼能夠拯救人民呢？我並不是勇士，而且出身於瑪拿西部族中最卑微的家族，還是家裡兄弟姊妹當中排行最小的。」那人於是向他宣告：「神會與你同在，因此你必能像對付一個弱者般輕易地殺死無數的米甸人。」

基甸想要確認眼前這個人所說的話是否真的來自神的指示，因此又對他說：「我回去拿食物來獻給您，請留在這裡等我。」對方也回答：「我會等你回來。」

基甸於是急忙回到家裡做了餅和湯，並宰殺烹飪了家裡人偷偷藏起來養著做為食物的山羊，接著帶著餅、山羊肉料理和裝滿湯的鍋子回到原來的地方。那位使者要基甸把山羊肉和餅擺在岩石上，從鍋子裡把湯倒出來，基甸於是照做。

使者伸出手上拿著的手杖，杖頭一碰觸到基甸帶來的食物，就有熊熊的火焰從岩石冒出來，把食物都燒光，只殘留下肉的香味。這代表著神欣然地接受了供品。

基甸於是明白了這位就是神的使者，接著使者就從他的眼前消失了。

神的審判與憐憫
接受神的靈的基甸

為了確認自己是否真為神所選出來的人，基甸使用羊毛來證明神的靈的確降臨了。

神命令毀壞巴力的祭壇

神對基甸下了一個令人意外的命令。「基甸啊，去拆毀巴力的祭壇，砍下祭壇旁的亞舍拉女神像。然後，用石頭為你的神築一座祭壇，並且用你所砍下來的亞舍拉像當做柴火獻上燔祭。」

這個命令不但和集結軍隊對抗米甸人完全沒有關係，和作戰更是沾不上邊。

但是，這其實是很重要的事。在基甸一家所藏匿居住的城鎮裡，很多的以色列人都仿效迦南人膜拜當地人所信仰的巴力神，基甸的父親約阿施也在自己的土地上建了巴力的祭壇。基甸除了想保護以色列人民遠離米甸人的迫害之外，也希望能夠匡正人民禮拜真神，因此決心要遵從神的命令。

到了半夜，基甸帶著從自己的手下中所選出十位行動敏捷又有勇氣的人，實行了神所命令的事。

隔天早上，城裡的人們發現後都互相說著：「到底是誰做了這種事呢？這下子會召來巴力的忿怒了！」由於有人在昨夜看見基甸靠近祭壇附近，因此眾人便斷定犯人一定就是基甸。他們來到基甸父親的家，在門口大聲地叫囂：「你的兒子做了不可原諒的事。把你的兒子交出來，我們要把他處死！」

約阿施雖然膜拜巴力，但他為了神和基甸，勇敢地對眾人說道：「若巴力是真神，他就會自己懲罰毀壞祭壇的基甸吧。」他們因此無法殺了可憎的基甸，也無法懲罰他。

居民為了此事十分地忿恨，自那天起就稱基甸為「耶路·巴力」，意思是「讓巴力自己爭辯吧。」

基甸用羊毛進行測試

過沒多久，以色列人陷入了危

聖經筆記 在以色列，鐵的使用比銅晚很多，原因是鐵在加工時要不斷地加熱，在製造上困難度高出許多。

機當中，根本沒有餘暇去理會基甸所做的事。米甸人、亞瑪力人和東方的部族為了要消滅以色列人而聯合起來，大舉越過約旦河，紮營在耶斯列平原。

但在此時，神的靈降在基甸身上。敵人信仰的是巴力，而基甸則是信仰真神。形成對照的兩組人馬隔著耶斯列的谷地互相對峙。

受神的靈所降臨的基甸一吹響號角，他所居住的亞比以謝城居民就都聚集起來追隨他。他派使者到瑪拿西族去，瑪拿西人也都應召前來；他又派使者到亞設、西布倫、拿弗他利去，他們也都前來追隨他。受神的靈所降臨的基甸，一躍成為眾人的領袖。他已不再是那位「家族在瑪拿西部族中最為卑微、自己又是家中地位最小的人」了。

當人集結眾望之時，時常會面臨忘記神的危險。基甸想確認神是為了解救以色列人而選出了自己，希望能有一個確切的證據來證明這件事，於是，他在晚上剪了一團新羊毛放在打麥場上，如果隔天早上露水濡溼了羊毛，而地面卻都是乾的，便能夠做為這件事的證據。

第二天早晨，基甸起來去查看羊毛，結果就真的如他所想，露水沾溼了羊毛，但地面卻是乾的。在這裡，羊毛所代表的是人民的指導者基甸，打麥場代表圍繞在他周圍的人民，露水則代表神的靈。

基甸想知道，神的靈是否只降臨在他一人身上，還是他的熱血是由於人民的熱烈期盼才湧現出來的。換句話說，他想確認自己的力量泉源是來自於神，還是來自於人。而經由羊毛測試的結果，基甸確認了自己的力量的確是神所賜。

他的勇氣因此增加了數百倍，並和集結而來的年輕人一起組織了軍隊，在摩利山岡和米甸人、亞瑪力人聯合組成的十三萬五千大軍對峙。

神的審判與憐憫
因信仰而得勝

基甸的軍隊人數很少，士兵的體格也稱不上是強壯，大家都十分地懼怕敵人。但事實上，敵軍更加地恐懼他們。

三百位精銳和敵人大軍作戰

基甸所率領的軍隊有三萬兩千人，米甸人和亞瑪力人的聯合軍隊則是一隻十三萬五千人的大軍。基甸的軍隊和敵軍的人數，相距十分懸殊。

然而，神卻對基甸這麼說：「你的士兵人太多了，這麼一來，即使你們打了勝仗，也會自誇地以為是靠自己的力量獲勝。我要教以色列的人民知道勝利是神所賜予的。戰爭不是靠人數來取勝，而是靠信仰取勝的。你去向大家宣告，害怕敵人的可以回去。」

基甸十分熟知，畏懼敵人的士兵不但在戰場上毫無幫助，反而還會成為軍隊的絆腳石。膽小者的恐懼會傳染給周圍的其他士兵，而降低組織的戰鬥力。所以在開戰前就先把膽小者剔除掉，才是明智的做法。

於是，他在士兵面前宣告：「害怕敵軍的人可以回去，我不會追究責任的。」以色列士兵便一個接著一個離開，最後走掉了兩萬兩千人，只剩下了一萬人。基甸的士兵減少到只有當初的三分之一。

但是，神又對基甸說：「人數還是太多，我要你帶著他們到泉水旁去，命令他們飲水。」士兵們於是高興地到泉水旁開始喝起水。有的人跪下來喝水，有的人像狗一樣用舌頭舔水，有的人則是用雙手捧水到嘴邊喝。

這時神命令基甸：「只要留下用手取水到嘴邊喝的人就好了，其他人可以回到各自的地方去。」就這樣，一萬名士兵中有九千七百人都回到自己的部族去。基甸數了數留下來的士兵，就只剩下三百人了。此時，河谷下方米甸人和亞瑪力人所組織的聯合大軍正窺伺著以色列軍。

反倒是敵軍十分害怕基甸

基甸變得相當沮喪氣餒，開始對敵軍感到恐懼。

 聖經筆記 「聖地」為神聖土地的意思。以色列的首都耶路撒冷是猶太教、基督教和伊斯蘭教的聖地，但是對伊斯蘭教而言，耶路撒冷為第三聖地，第一第二聖地則分別為麥加和麥地那。

那一夜，神出現在基甸的夢裡對他說：「去攻擊敵方陣營吧，我已經把勝利交在你手裡了。但是，如果你害怕攻擊的話，可以帶著你所信賴的部下普拉一起到米甸和亞瑪力人的營地去，聽聽他們是怎麼談論你的事情，這樣你的勇氣必然會湧現出來。」

基甸於是帶著普拉爬過河谷，偷偷潛入敵人的營地裡。敵軍的人數比起從遠方眺望看起來還要更多，而且每一位士兵的身材都高大壯碩，讓基甸感到更加害怕。

此時，基甸聽見了負責看守的士兵們正在談話：「昨天，我做了一個夢，夢見一個大麥餅從山丘上滾下來，把我們的帳篷撞倒了。雖然這只是個小餅，但帳篷卻這樣就被撞翻了。」另一位看守的士兵聽了夢境的內容便如此解讀道：「這小小的麥餅正是以色列軍的大將基甸，他將會把我們擊潰。」

基甸聽見了這番對話後，立即勇氣百倍，並跪下敬拜神，表達對神的感謝。基甸知道他無須懼怕米甸人和亞瑪力人的大軍，反倒是敵軍對基甸相當地恐懼。

敵軍的士兵夢見不可思議的景象

神的審判與憐憫
人少的軍隊獲勝

基甸的士兵利用號角、火把和叫喊聲使敵軍產生混亂而互相
內鬨，因而取得勝利。

派出少數人進行夜襲

返回以色列營地後，基甸把三百人的軍隊分成三隊，每隊一百人，然後交給每個人號角、打破時會發出巨大聲響的空瓶以及沾滿油的火把。

接著基甸命令全體士兵：「先把點燃的火把放進瓦瓶裡，這樣就能隱藏火光，又能防止風把火吹熄。

所有人一起往米甸人、亞瑪力人的營地偷偷接近，一抵達敵方的軍營，就分成三隊把敵軍包圍起來。

然後，你們要跟著我所在的分隊行事，我做什麼你麼就照著做。等我一吹號角，你們也要跟著一起吹，並大聲地吶喊：『為神！為基甸！』。」基甸的士兵們在半夜來到敵方的陣營，此時敵方的士兵幾乎都還在睡夢當中，而且因為正值輪班交替的時間，場面較為混亂，

所以完全沒有人發現基甸的士兵已經接近了。

按照基甸的暗號，他所率領的分隊一百位士兵開始吹起號角，並打破瓦瓶製造出巨大的聲響。其他兩個分隊聽到後，也跟著照樣行事，吹起號角並打破瓦瓶，然後叫喊著：「為神！為基甸！」在吶喊的同時，火把的光照亮了整個黑夜。

吹響號角和瓦瓶碎裂的巨大聲響、照亮敵營的火把、士兵的叫喊聲、再加上聲音打到岩石後所發出的回聲，使得僅僅三個百人分隊的偷襲行動，卻讓米甸、亞瑪力人的士兵以為自己被幾十萬大軍所包圍，而陷入恐慌當中。

因內鬨而相互殘殺的米甸和亞瑪力軍

基甸的三百位士兵在吹響號角的同時，神讓米甸、亞瑪力軍之間產

 聖經筆記 「第七年，地要完全休歇，享受耶和華的安息；你不可耕種田地，也不可修剪葡萄園。」（〈利未記〉25章4節）在安息年時，如果作物自然生長出來，貧困的人可以自由摘取。

生爭執內鬨。驚嚇到的駱駝開始四處奔竄，讓剛睡醒的米甸、亞瑪力軍因恐懼而陷入混亂當中，分不清誰是敵人誰是同伴。於是，他們不分敵友，只要碰到人就互相砍殺。同伴間的互相殘殺讓多數的米甸、亞瑪力士兵因而死亡，剩下的士兵們則大叫著逃走了。基甸的士兵就只是站在周圍包圍住敵軍、吹著號角、舉著火把並大聲喊叫而已，但敵軍士兵便已經全數往東邊逃回自己的國家。

基甸於是再度動員原本返家的三萬士兵，趁勝追擊逃亡的十二萬敵軍。其中有一萬五千名敵軍逃回了他們的城鎮加各，不過基甸還是把逃亡的士兵都殺得一個不剩。

基甸在加各抓住了兩位米甸將軍西巴和撒慕拿，對他們說：「你們殺了我的族人，我要為他們報仇。」然後就將他們殺了。

以色列人民對英勇的基甸說：「請成為我們的統治者吧。你從米甸人的手中拯救了我們，請你和你的子孫一直治理我們。」但是基甸卻回答：「我不統治你們，我的子孫也不統治你們，唯有神會統治你們。」

米甸人完全被基甸所鎮壓，再也不敢攻擊以色列人。就這樣，基甸活著的四十年間，以色列人獲得了和平。

神的審判與憐憫

亞比米勒、陀拉、睚珥

以色列人在過了一段和平的日子後，又背棄了真神開始行惡。神於是再度選出新的士師。

士師中各式各樣的人都有

基甸的兒子亞比米勒為了權力，殺了七十位同父異母的兄弟，引發城鎮居民之間的戰爭，結果亞比米勒登上權力的寶座，統治了以色列人三年。但是，激起神怒的亞比米勒，最後還是因為一名女人所投擲的大石頭而被打碎頭蓋骨，悲慘地死去。

在亞比米勒之後，收拾以色列混亂局面的人是以薩迦族的陀拉。他住在以法蓮的沙密，治理了以色列二十三年後死去，也是埋葬在沙密。

陀拉死後，基列人睚珥崛起，治理了以色列二十二年。他過著富裕的生活，共生了三十個兒子，擁有三十頭驢子和三十座城。睚珥死了以後，被埋葬在加們。

以色列人又重覆相同的錯誤

以色列人過了一段認真的生活後，在安逸的日子裡又開始鬆懈而過著放縱的日子，在真神面前不斷行惡，服事巴力和亞斯他錄以及亞蘭人、西頓人、摩押人和亞捫人的神，甚至是非利士人的神大衰。

神對以色列人背叛的行徑感到相當忿怒，於是讓西方的非利士人和東邊的亞捫人變得強大。他們以游擊的方式從東西方夾攻以色列人，迫害欺壓了十八年。痛苦的以色列人於是向神呼求：「對不起，我們在你面前犯了罪，請原諒我們。」這就是之前所說的「信仰訓練的循環」。就如同風車轉動一般，以色列人不斷重覆犯相同的錯誤。

賢明的神聽到他們的祈求反駁道：「當埃及人、亞摩利人、亞捫人、非利士人、西頓人、亞瑪力人虐待壓迫你們，而你們向我哀求時，我不是拯救你們脫離了他們的迫害嗎？僅管如此，你們還是離棄了我，去服事異教的神，因此，你們去向自己所

聖經筆記　摩西律法裡規定，以色列人一年裡有一天完全不可以工作也不可以飲食，為國家的禁食日。這是所謂的「贖罪日」，為每年第七個月（九月下旬到十月上旬）的十號。

選的神呼求吧！請他們在你們遭遇患難時拯救你們。」

以色列人又苦苦哀求神：「我們犯了罪，請依照你的意思懲處我們吧。只求你拯救我們這次。」他們為

了表現出悔改的誠意，於是把至今所祭拜的異族神像全部毀掉。神因為憐憫以色列人所受的苦難，於是再度派遣新的士師耶弗他給以色列人。

主要的士師與性格背景

士師	什麼樣的人？
第一次 俄陀聶	·基納斯的兒子，迦勒的弟弟 ·唆使妻子取得岳父的田地
第二次 以笏	·便雅憫人基拉的兒子 ·左撇子
第三次 底波拉	·拉比多的妻子 ·女性
巴拉	·亞比挪菴的兒子 ·被先知底波拉召過來
第四次 基甸	·約阿施的兒子 ·出身於瑪拿西族中最卑微的家族，為兄弟中最小的弟弟
第五次 亞比米勒	·基甸的兒子 ·在岩石上殺死了七十位親兄弟
陀拉	·以薩迦人朵多的孫子，普瓦的兒子 ·住在以法蓮山地的沙密
睚珥	·基列人 ·有三十個兒子，並擁有三十頭驢子和三十座城。生活富裕
第六次 耶弗他	·基列人基列的兒子 ·因為是妓女所生的小孩而被逐出家門
第七次 參孫	·瑣拉出身的瑪挪亞的兒子 ·和沒有接受割禮的非利士人的女兒結婚

神的審判與憐憫
交涉和平的耶弗他

被趕出家門、無依無靠而四處流浪的耶弗他，卻受到故鄉基列的居民請託，扛起解救國難的責任。

私生子耶弗他被趕出故鄉

約旦河東側的基列城有一位勇士耶弗他，他是富裕且地位崇高的父親基列和妓女所生下的孩子。當正妻的兒子們長大後，就對耶弗他說「你不可以繼承我們家的財產」，而把他趕出了家門。

四處流浪的耶弗他，來到基列西北敘利亞的陀伯住了下來，並且身邊聚集了一群無賴，漸漸地變成他們的首領，專門掠奪旅人和商人，讓迦南人十分地害怕。耶弗他的名聲甚至傳到了故鄉基列。

此時，住在迦南的亞捫人集結前來侵略以色列。久遠以前亞捫人十分尊敬的國王噩在位時，以色列人的領袖摩西從埃及來到迦南，奪走了他們的土地，之後，他們便一直等待機會要取回失去的領地。亞捫人得知現在的以色列人十分脆弱，於是集結在約旦河東岸的基列，準備攻擊以色列。

基列的長老們聚集在米斯巴商討解救以色列人的對策，但在以色列人當中，沒有一個人有能力可以率領以色列軍和亞捫軍對抗，他們需要一位能夠拯救他們脫離敵軍威脅的領導者。是在以色列人民的請託下，長老們前去把耶弗他請回來：「請你回到基列來做我們的統帥，領導我們打倒亞捫人吧。」

但是，耶弗他已經在陀伯組織了自己的家庭，還生有一位愛女，過著相當滿足的生活。耶弗他回答：「從前你們不是討厭我，而把我趕離我的父家嗎？現在你們自己受苦了竟然還來求助我。」長老們立刻回道：「所以我們才要來求你回去。我們希望你能夠成為基列的將軍，率領我們與亞捫人抗戰。」

耶弗他對基列的長老說：「既然如此，如果神把亞捫人交到我手中的話，你們願意讓我做你們的領導者嗎？」「我們在神的面前發

聖經筆記 安息年七次循環後的隔年，也就是第五十年被定為「禧年」。在禧年時，土地和財產都必須歸還原來的主人，奴隸也回復自由之身，借款全部一筆勾消，土地也強迫休耕。

誓，一定會按照你所要求的做。」

即使是私生子也是人，能夠出生在這世上的人都是蒙神所恩賜。基列人因為耶弗他是私生子就將他趕走，這樣的行徑實在相當可恥。但是，神眷顧了身為私生子的耶弗他，而賜給他特別的力量。現在國家有難，但全國卻沒有任何一位可以救國的能士，長老們只好來到以前侮辱過並且放逐的耶弗他面前，低聲下氣地請求協助。由於他們願意悔改，並且強烈地請求他的協助，耶弗他於是無法再拒絕，答應成為基列的統帥與亞捫人作戰。

耶弗他與長老們一同回到基列，民眾也將耶弗他視為將軍般盛大地歡迎他。耶弗他並在米斯巴把自己所說的話都在神的面前一一報告。

和亞捫人交涉和平

但是，耶弗他並沒有立刻對亞捫人宣戰。

他首先尋求和平的途徑來解決紛爭，於是派遣使者去見亞捫人的王，問道：「為什麼你要來攻打以色列呢？」

亞捫王對耶弗他的使者說：「以色列人從埃及過來的時候，搶奪了亞嫩河、雅博河、直到約旦河一帶我們的領土，快點把這些土地交還給我們。」

耶弗他又再派使者去回覆亞捫王：「當時的以色列人甚至選擇繞遠路避開摩押人和亞捫人的地方，並沒有搶奪亞捫人的土地。從亞嫩河到雅博河的範圍以前雖然是亞捫人的領土，但那時是歸於亞摩利人的王西宏所統治，即使以色列人占領了這塊地方，也不算是奪取了亞捫人的土地。」

但是，亞捫人的王並不接受耶弗他的說法，交涉於是破裂。耶弗他立刻集結了士兵，準備攻擊亞捫人。

神的審判與憐憫
耶弗他的輕率誓言

耶弗他雖然成功地拯救了國家，但因為在神面前立下了輕率的誓言，而失去心愛的女兒。

祈求勝利的耶弗他向神立了誓

談判破裂後，和亞捫人之間的戰事已箭在弦上，一觸即發，士師耶弗他也如此向神立誓。

「如果你真的把亞捫人交在我手裡，當我打倒亞捫人凱旋歸來時，就將第一個從家門口出來迎接我的人當成燔祭獻給你。」

這樣的誓言實在太輕率魯莽了。但是，當我們設身處地站在他的立場時，也只能給予深深的同情。對耶弗他而言，情勢已經迫使他沒有餘裕去考慮自己的事，為了國家、為了人民，他只能決心把自己的生死拋之在外。而且，他原本只是一介平民，甚至只因身為妓女的兒子，就被家鄉的人們嘲弄貶低，但現在的他卻背負著救國的重大使命。只要他走錯一步，國家就會滅亡。即使他認為無論多大的犧牲，都一定要打贏這場戰爭，這樣的想法也是無可厚非的。

神於是接受他的誓言在他身上顯靈，給予他百倍的勇氣和智力，上戰場後的耶弗他因此得以用高明的戰略成功地將亞捫人完全滅亡。以色列託耶弗他之福，大勝了強敵亞捫人，耶弗他也因而成為以色列的英雄。

出門來迎接的竟是自己的女兒

耶弗他乘著馬凱旋回到基列的米斯巴。

眾多的人都到街上歡迎他的歸來，當他來到自己家門口時，便見到一位少女在門前邊敲著鈴鼓邊跳著舞出來迎接他，不料，這位少女正是他還未出嫁、最心愛的獨生女。這一瞬間，耶弗他感覺自己從幸福的頂端跌落至無底的深淵。他悲傷地撕裂自己的衣服說：「我心愛的女兒啊，你真叫我太難做了，因為我已經向神開口立了誓，無法收回了。」說著就下了馬趴在地上哭泣。在女兒的催促下，耶弗他才說出了事情的原委。為了打敗敵人救國，他對神發誓要把自己的

聖經筆記 對游牧民族以色列人來說，綿羊和山羊是相當重要的牲畜。他們可以從綿羊和山羊身上取得羊奶、起司、羊肉和衣服材料等生活必需品。

女兒獻給神做為謝禮。耶弗他的女兒覺悟到自己必須一死，成為父親勝利和解救同胞的犧牲品，然而她十分地堅強，並沒有因為即將早夭而咒詛自己的命運。

她平靜地對父親說：「父親，請照著你向神所起誓的把我獻上吧！」不愧是以色列偉大士師耶弗他的女兒，她心甘情願地要為父親和國家犧牲，請求將自己獻在神的祭壇上。

勇將的女兒之死

不怕死的女兒只有唯一一個願望，她希望能為自己的死做準備。她對父親說：「請給我兩個月的時間，讓我和朋友去漫遊山間，好好享受我短暫的青春。」獲得了父親許可的女兒上了山，兩個月後又回到父親的身邊。耶弗他於是照著自己的誓言，把女兒獻給了神。

這是相當殘酷的事。當亞伯拉罕要把兒子以撒當成祭品獻給神時，神用一頭羊交換了以撒的性命，那麼，神為什麼不用同樣的方法解救耶弗他的女兒呢？這是因為，以人身獻祭在聖經裡是被強烈禁止的。而耶弗他的誓言太過輕率，違背了神的律法。凱旋歸來的耶弗他因而失去了愛女，使得才剛獲得勝利的興奮心情瞬間降到谷底。

此時的耶弗他體悟到了這世間沒有所謂完全的勝利，也沒有不失敗的成功、或是毫無悲傷的喜悅。原本漂泊在外的耶弗他得以一躍成為以色列的將軍之時，卻失去了沒有人可以取代的唯一愛女。

之後，耶弗他統治了以色列六年，然後被安葬在以前曾將他放逐出去的故鄉基列。

神的審判與憐憫
祈求獨立的參孫

以色列人和非利士人開始了迦南內陸的爭奪。參孫為了使以色列獨立而挺身出戰。

宿敵非利士人登場

公元前一二〇〇年左右，一支勇猛的民族非利士人突然出現在愛琴海附近和克里特島上。他們從克里特島乘船出航，並由迦南北方的敘利亞上岸，然後沿著海岸南下，經過迦南入侵埃及。這個入侵的舉動並不只是純粹的戰爭，因為除了軍隊外，他們的牛車還載著女人、小孩、牲畜和大量的家當，由此可知，非利士人的目的是想奪取埃及肥沃的土地就此定居。

但是，他們移居埃及的計畫並沒有成功，埃及的拉美西斯三世（公元前一一八二年～一一五一年在位）動員全國的軍隊打敗了他們，於是他們轉而沿著南下時曾經過的海岸北上，定居在迦南的西南地區。就這樣，他們和原來居住在迦南的原住民一起生活，逐漸被同化，並且建立起了非利士國，以迦薩、亞實基倫、亞實突、以革倫和

迦特等五大城市為主要生活重心。這一帶地區後來也因非利士人之名而被稱為「巴勒斯坦」（見110頁聖經筆記）。非利士人因人口不斷增加而需要更大的領地，於是暗中計畫要奪取以色列人所居住的迦南內陸，伺機行動。因此，非利士人和以色列人之間為了爭奪迦南內陸，不斷上演激烈的抗爭。然而，雙方的實力並不是勢均力敵，非利士人的實力壓倒性地勝過以色列人。非利士人是迦南地區最早擁有鐵和銅精鍊技術的民族。擁有青銅劍的非利士人，比起其他住在迦南的民族在武力上更勝一疇。當然，他們也限制以色列人在鐵器上的使用，以保住武力上的優勢。

另一方面，以色列人無法違逆擁有強大武力的非利士人。當眼前的非利士人使用比耕作的鋤頭和鐮刀還要銳利的刀劍時，以色列人不得已只能向非利士人低頭。此外，

聖經筆記 《舊約聖經》裡出現的穀類有小麥、大麥、小米等等。小麥粉最為高級，是祭司獻給神的餅或是富裕人們吃的餅所用的材料。大麥是較為貧窮的人的食物，小米則是做餅的材料中最劣質的。

非利士人相當嗜飲葡萄酒以及啤酒，在生活上很注重享樂。

在耶弗他的時代，非利士人就已經開始對以色列人的生活造成威脅了。不過，耶弗他主要對抗的是亞捫人，接著出現的士師參孫則是對抗非利士人初期的迫害。

不孕的妻子向神祈求而獲得兒子參孫

企圖往迦南內陸擴張勢力的非利士人，開始向東侵略猶大族和但族的耕地。身材高大、孔武有力、且擁有青銅劍和戰車的非利士人，突襲以色列的村落並掠奪他們的牲畜和農作物，如果遇見美女則強行帶回家，掠奪完後就燒村，如果有想統治居住的城鎮，則在當地建造非利士人信仰的大袞神殿。

非利士軍隊實在太強大了，以色列軍完全無法正面迎戰。被攻擊的城裡有非利士的士兵駐紮，以色列人就宛如是被非利士人所殖民的次等人民。對非利士人來說，他們遭受到以色列人最大的反抗，不過是那些逃到山裡的人所組成的游擊隊不時出沒的挑釁罷了。以色列人在這種屈辱的環境下生活了長達四十年。大多數的以色列人心底都深深地期盼能有士師出現，解救大家遠離被非利人士欺壓的苦難。

出身於但族所有地的瑣拉、一

受到非利士人威脅的區域

迦薩、亞實基倫、亞實突、以革倫和迦得為非利士人的五大城市

155

位名叫瑪挪亞的男子也是如此期盼的人之一。瑪挪亞和他的妻子長久以來都希望能夠有孩子，但由於妻子不孕，因此他們連一個孩子也沒有。然而，信仰虔誠的瑪挪亞和她的妻子仍然不斷向神祈求，希望神能賜給他們一個孩子。

有一天，天使出現在在瑪挪亞的妻子面前，對她說：「你長年以來一直都很想要個孩子，現在這個願望即將實現，我要賜給你一個兒子。你要注意，無論是葡萄酒或是其他的酒都不可以喝。不可用剃刀幫這個孩子剃頭，因為這孩子從待在母胎開始就是拿細耳人，他會拯救以色列人脫離非利士人的勢力。」

「拿細耳人」意味著「歸神為聖的人」或「被分別出來的人」的意思。這些人在一定的期間內要獻身給神，完全不能喝酒、不能碰觸屍體、也不能剪頭髮。

如同天使所預告的，瑪挪亞的妻子果然懷了孕，並生下一個健康的男孩。狂喜的夫婦倆十分感謝神，因此設了祭壇奉上豐盛豪華的供品給神，並替男孩取名為參孫。「參孫」意為「太陽之人」。瑪挪亞夫婦從參孫出生後就沒有為他剃過髮，他的頭髮就這麼留長直到肩膀。長大後的參孫容貌就猶如一頭年輕氣盛的獅子般，不但人高馬大、肌肉結實，也很會打架。此外，他的頭腦也很好，相當富有勇氣，還有著強烈的愛國情操。無論從參孫的身心哪方面來看，都很符合被稱為年輕獅王的稱號，是一位很有前景的人材。

參孫對於被非利士人嚴重欺壓卻無從反擊、只能擺出卑屈姿態的故國以色列感到相當生氣。他在心裡祈願，總有一天他一定要讓以色列成為一個獨立的國家。

神的審判與憐憫
無法抵擋美女的參孫

因為美女而大意鬆懈的參孫，發誓要報復欺騙了自己的妻子和非利士人，並帶著粗糙的武器殺死了一千個敵人。

參孫和敵方的女兒締結婚約

有一天，參孫前往造訪非利士人的城鎮亭拿，在那裡看見了一個美麗的女子，立刻就愛上了她，回家後馬上就對父母說想娶那名女子為妻。

參孫的父母信仰相當虔誠，非常反對這樁和異教徒的婚事，因此責備參孫：「你不能和那些未受割禮的異邦人結婚，更何況她是與我們敵對的非利士人的女兒，這是絕對不能允許的。況且你還是拿細耳人（被神視為神聖的人）」。

但是，參孫堅決要和那女子結婚，夫婦倆無可奈何，只好和兒子一起前往亭拿，向那名女子的父母親提這門親事。途中，參孫離開父母一個人來到葡萄園，忽然看見一頭獅子邊吼著邊向他襲擊，參孫於是徒手把撲上前來的獅子捉住並撕成兩半。即使是萬獸之王的獅子，在大力士參孫的手裡也如同小山羊一般脆弱。

參孫和女子的父親長談了好幾次，女子也喜歡上參孫，婚事於是就這麼決定了。

過了一些日子，參孫在舉辦婚禮的那天再度前往亭拿，途中他突然想起那隻被自己撕裂的獅子屍體，由於好奇心的驅使，他便轉向小徑想要去看看那隻獅子的屍體。到了那裡，參孫看到獅子已變成了一堆白骨，並且有無數的蜜蜂在獅子的屍體內築巢，他便取下了蜂巢，一面走一面吃裡面的蜜。他也把蜜分給了父母親，但是卻沒有告訴他們這蜂蜜是從獅子的屍體上取下來的。

結婚宴會持續了七天，直到最後一天婚姻才算正式成立。在這七天期間，眾人會唱歌跳舞、吃喝飲酒、歡慶作樂，以表達內心的喜悅。村裡全部的人都被招待來參加宴會，他們因畏懼參孫的大力氣，

聖經筆記　參孫的名字為「太陽之人」的意思。他以超大的力氣聞名，是〈士師記〉當中最為知名的英雄。

而安排讓三十位強壯的非利士年輕人與他同席，表面上是要介紹這些人給參孫認識，事實上則是為了提防參孫為難非利士人。

參孫被新婚妻子背叛

宴會的第一天，喝了大量葡萄酒和啤酒的參孫心情十分好，於是和年輕人打賭：「我給你們出一個謎語，如果你們能在七天婚宴之內解開並告訴我答案，我就給你們三十件亞麻內衣、三十套衣服。如果你們答不出來，就要同樣給我三十件內衣、三十套衣服。」非利士的年輕人都同意參孫的提議，立刻要參孫說出謎題。

「吃的從吃者出來；甜的從強者出來。」參孫心想，獅子和蜜蜂的事只有他自己一個人知道，這個謎題不會有人能夠解得出來。過了三天，三十位年輕人仍然想不出答案而開始焦急。

到了第四天，這群年輕人就去找參孫的妻子，對她說：「你去說服你丈夫把謎語的答案說出來，然後把答案告訴我們，否則我們就放火燒了你和你的父家。」參孫的妻子於是對參孫執拗地撒嬌詢問、哭哭啼啼地央求，終於問出了謎底，

並且把答案告訴了非利士的年輕人。那天晚上，年輕人將正確解答回覆了參孫：「有什麼比蜂蜜還甜呢？有什麼比獅子還強呢？」

無法抵擋妻子的撒嬌和眼淚攻勢而說出謎底的參孫輸了這場賭局，不得不想辦法找到三十件亞麻內衣和三十套衣服。於是，他來到非利士人居住的城鎮亞實基倫，殺死了當地的三十位居民，剝下他們的衣服給那些答對謎語的年輕人。

非利士人和參孫之間的戰爭就此展開。被新婚妻子背叛的參孫怒氣沖沖地回到以色列的家，並解除了婚約。妻子為了要報復參孫，便和婚宴上同席的其中一位年輕人結了婚。這份侮辱讓參孫更為忿怒，並發誓要對妻子和所有的非利士人復仇。

一年夏天，參孫見結實豐碩的農作物即將可以收成了，就捉了三百隻狐狸，每兩隻狐狸將牠們的尾巴綁在一起，然後把火把繫在綁起來的尾巴中間，再把狐狸放入非利士人的田裡。狐狸難耐火燒而四處亂竄，就把堆在一起的麥捆和橄欖園都燒掉了。

非利士人一知道犯人就是參孫、以及他為何要這麼做之後，就

 聖經筆記 非利士人原本是住在巴勒斯坦西岸的民族。參孫以驢子的下顎骨當做武器殺死了一千個非利士人，為自己報了仇。

去找此次事件元兇的參孫妻子和岳父，放火活活將他們燒死。

但是，這樣還是無法抑止參孫的怒氣，他又殺了更多的非利士人。就這樣，參孫成了非利士人的頭號敵人。

參孫用驢腮骨打死了一千人

參孫為了不讓同胞以色列人被自己連累遭受非利士人的報復，於是居住在猶大領地以坦的某個岩石洞穴裡。

非利士人於是攻打猶大族，要求他們把參孫交出來。以色列人沒有能力和非利士人作戰，一致認為都是因為參孫，他們才會受到非利士人更加地迫害，只要照非利士人的話去做，以色列就會平安無事。於是，他們便前往捉拿參孫，打算將他交給非利士人。

三千位猶大族人來到了岩石洞穴中，說服參孫去向非利士人投降。

參孫要他們發誓以色列人不會親手殺害自己後，就讓猶大人用兩根堅固的繩子把他捆綁起來。參孫要猶大人發這個誓，不是為了要保護自身的安全，而是因為不想親手殺了自己的同胞。

以色列的長老將被捆綁住的參孫交給了非利士人。參孫被帶回非利士的途中，住在利希鎮的非利士人以為目的終於達成，於是人人舉杯迎接逮捕參孫的一行人。

此時，神的靈降臨到參孫身上，綁住他的兩條堅固繩子就像著火般地融落了下來。參孫立刻撿起一塊掉落在路邊的驢腮骨，激烈地進行攻擊而殺死了一千個非利士人。參孫就這麼意氣風發地回到以色列，讓以色列人在之後的二十年不再受到非利士人的攻擊。

神的審判與憐憫
大利拉的陷阱

參孫的妻子非利士人大利拉問出了他的弱點，使得他失去了神通力而陷入困境。

再度愛上非利士女子

這場打鬥過後，參孫前往迦薩想去羞辱非利士人，並且進到了一個妓女家中。知道了這件事的迦薩領袖，便要城裡的人把門戶緊閉，並且派遣士兵整夜埋伏，以為在天亮之前就能把參孫手到擒來。

但是參孫看破了他們的計謀，就在半夜起來將門扇和兩邊的柱子用力拔起，扛到了希伯崙對面的山頂去。總之，參孫不但力氣大頭腦又好，相當地難對付。然而，他卻總是過不了美人關。

在第一位妻子居住的亭拿北方的梭烈谷，住著一位名為大利拉的絕世美女。「大利拉」的意思是「外遇者」。大利拉的美貌不但在梭烈谷無人能比，迦南全境再也找不到比她更美的女性了。參孫這次愛戀的對象就是這位非利士人。

對大利拉著迷的參孫頻繁地出入她家，這件事也傳到了非利士人的領袖耳裡。他們偷偷來到大利拉的住處，懇求她：「為了非利士人，請妳嫁給參孫，幫我們問出他為什麼能夠有這麼大的力氣，還有要用什麼方法才能勝過他、把他捆綁起來。我們會給你一千一百枚銀子做為報酬。」大利拉收下了銀子。不久後，她順利成為參孫的妻子，兩人展開了新婚生活。大利拉用酒灌醉參孫，對他撒嬌，稱讚他的豐功偉業，讓參孫心情大好，再巧妙地想打探出參孫的力氣來源。但是，參孫的頭腦還是思考清晰，並沒有因此上大利拉的當，並且還用假話來搪塞大利拉的詢問。

參孫對大利拉說謊道：「如果用七條未乾的弓弦捆綁我，我的力氣就會變弱。」大利拉聽了之後信以為真，就向非利士人的領袖報告。數日後，幾個埋伏的士兵躲在隔壁的房間，趁大利拉把參孫灌醉時，用七條未乾的弓弦把參孫

聖經筆記　皂莢木是少數生長在西奈的曠野中的植物之一。約櫃即是用皂莢木所做成的。

捆綁住。接著大利拉對參孫說：「參孫，快起來，非利士人來捉你了！」參孫立刻醒來，一掙扎就將繩子給掙斷了。

拿細耳人的誓約被破壞

大利拉用眼淚攻勢，埋怨參孫對自己說謊，但參孫還是沒有失去判斷力上大利拉的當，就這樣，他連續給了三次假的答案，但是大利拉依然不死心，執拗地強迫參孫：「你竟然連續欺騙我三次，不告訴我你之所以那麼強的祕密。你根本不是真心愛我。」

大利拉天天都逼問參孫，用眼淚功勢，軟硬兼施，以致參孫被她問得心煩，終於敵不過她的執拗而說了真話：「我是奉獻給神的拿細耳人，所以自出身後就從來沒有用剃刀剃過頭髮。如果我的頭髮被剃掉了，我的力量就會變弱。」大利拉心裡直覺地認為，這次參孫所說的是實話。

非利士人的長老於是送了一把青銅剃刀給大利拉，非利士士兵則偷偷潛入寢室隔壁。背叛參孫的大利拉讓參孫在自己的膝上睡著後，就呼叫隔壁的士兵闖進去，把他的長髮剃了。之後她又叫道：「參孫哪，快起來，非利士人來捉你了！」

醒過來的參孫並不知道神已經離自己遠去了，他說著：「我要像前幾次一樣掙扎脫身。」然而可憐的參孫起身之後，卻發現手腳都沒有力氣。非利士人立刻把他捉住，剜去了他的雙眼，並把他帶到了迦薩。參孫在迦薩的牢裡被銅鍊鎖綁著，每天都要像驢子一樣地推磨磨粉，只要一停下來，就會毫不留情地被鞭子激烈地抽打。參孫因為迷戀女人，而失去了代表著奉獻給神最重要的印記。失去了神力的他十分懊悔，因為深受良心的苛責，而拚命向神祈求。神聽到了他的痛心和悔恨，於是他的頭髮又開始生長出來，同時也慢慢回復了神力。

神的審判與憐憫
參孫的最後一戰

一無所有的參孫向全能的神祈求而再度回復神力，即使拚上性命也要向非利士人復仇。

回復神力的參孫復了仇

非利士人因捉到宿敵參孫而十分高興，並決定要把他獻給他們的神大袞。於是，非利士人把各地的領袖聚集起來，準備召開盛大的慶宴。當宴會氣氛被炒到最熱絡的時候，他們決定把參孫從牢裡帶到大家面前要把戲給大家看。

於是，參孫馬上被帶到了宴會會場。宴會場地的大袞神殿裡聚集了非利士人的領袖、高級官員以及上流階級的男男女女，約有三千人被招待參加這場宴會。他們高興地看著參孫模仿推磨的樣子或是學驢叫，並把他丟進了酒桶裡，眾人看了都笑得樂不可支。參孫從指使他的下人口中得知，神殿裡聚集了數千位非利士的重要人物。

參孫於是向神祈求：「以色列的神啊，全能的神啊。求你再一次賦予力氣給你選上的拿細耳人。」接著，他感到一股和以前相同的無敵神力又回到他身上來了。

參孫於是假裝很疲憊的樣子，請求看守他的下人帶他到支持著廟宇的柱子旁讓他靠一靠。然後他再一次向神祈求：「神啊，就這一次求你再賜給我原來的力氣，讓我能夠一報非利士人剜我雙眼的仇！」

參孫祈求完後，就邊靠在兩根柱子上、邊用雙臂緊緊抱住柱子，然後說：「讓我與非利士人同歸於盡吧！」並用盡全身力氣搖晃柱子，將粗大的柱子折成了兩截，神殿於是轟然倒塌，壓在大廳裡的眾人身上。現場堆滿了非利士人的屍體，參孫也被壓死在神殿下。

後來，參孫的兄弟們來到了迦薩為他收殮屍體，並把他和父親葬在一起。

聖經筆記　《舊約聖經》裡的世界，範圍為西自尼羅河、東至波斯灣、南由西奈山、北到亞拉臘山，東西共二三〇〇公里、南北一四〇〇公里，面積有兩百八十七萬平方公里，約為日本的八倍大。

猶太人被迫害的歷史

被視為異類的苦難猶太民族

　　猶太人（以色列人）所遭遇的苦難似乎多到數不清。原本在耶路撒冷的神殿中禮拜，是他們信仰生活的重心，但被俘擄至巴比倫城後，他們便喪失了這樣的環境，甚至有可能因此造成信仰的危機。於是，他們嚴格地遵守割禮和安息日的戒律，以達到貫徹信仰生活的目標。猶太教就是這樣成立的。

　　猶太人維持著遵守律法的獨特社會習俗，不和其他異教世界的民族融合或同化，完全把其他民族所帶來的宗教影響排除在外，也因此保有了其獨特的民族性格。

　　然而，這樣的猶太人在其他民族的眼裡，卻是相當地奇特怪異，因此對他們感到畏懼，更進而有迫害的行為。

　　排斥並迫害異己是人很容易犯的錯誤。人類認知到必須接納異端的重要性，是在第二次世界大戰結束之後。在此之前，從猶太人被俘擄至巴比倫城到一九四五年約兩千五百年之間，猶太人在世界各地不斷遭受到歧視和迫害。

被視為異類的苦難猶太民族

　　猶太人至今為止面臨過好幾次民族滅亡的危機。但是，他們每次都被不可思議的力量所拯救。例如公元前一五二五年時，埃及的法老王嚴酷地命令，要將所有以色列人生下的男孩都丟進尼羅河裡流放，當時摩西雖然也被放到尼羅河上漂走，但卻被正在河邊沐浴的法老女兒撿起，逃過了死劫。

　　此外，波斯帝國的亞哈隨魯王（公元前四八六～四六五年）時代，哈曼宰相曾策畫要滅絕猶太民族，但是他的陰謀卻被王妃以斯帖所阻止。以斯帖忠誠信仰所產生的勇氣和不惜一死的行動，挽救了民族被滅亡的危機。

　　猶太人所受到的歧視和迫害可說多到數不盡。

　　南方的猶大王國被巴比倫王國攻陷後，「以色列」這個獨立的國家就

此從世界上消失。之後，巴勒斯坦地區分別被波斯、希臘、羅馬所統治。第二次世界大戰時，希特勒所領導的納粹德國更犧牲迫害了將近六百萬的猶太人。

巴勒斯坦的面積有三萬一千平方公里，比東京都和神奈川縣加起來的面積還要小，卻是亞洲、歐洲和非洲三大陸交界的樞紐，每個時代的強權霸國都竭盡全力要將此地納入版圖之下。此外，巴勒斯坦也是世界三大一神教的發源地，可謂是世界的中心。

猶太人不願被羅馬帝國統治，他們為了爭取獨立，在七〇年和一三五年曾兩度起而抗戰，然而猶太人大敗，於是被迫分散到世界各地。

移往美索不達米亞的猶太人，和其他猶太人比起來過著較為自由的生活，而移居到歐洲的猶太人，則從三九二年羅馬帝國把基督教立為國教後，便持續遭受迫害。

基督教徒替猶太人冠上「殺害基督而被詛咒的民族」的污名，不斷反覆進行殺害、暴力、掠奪等行為。例如將猶太人關進猶太教會堂裡集體燒死等虐殺的行徑。

此外，基督教社會在就業上也有歧視猶太人的情況，猶太人因而只能進入基督教徒過去被禁止從事的金融業裡就職。

但是，猶太人因此在經濟上獲得豐碩的成果後，基督教徒就又以「被金錢污染的猶太人」、「放高利貸的猶太人」等的言論來批評。

以色列國家奇蹟重建

十九世紀初，在德國和俄國相繼發生了反猶太的暴動事件。例如，一八八二年俄羅斯曾發生集體屠殺猶太人的虐殺事件，當時有數十萬的猶太人被殺害。一八九四年，法國的猶太裔軍人亞弗‧德雷福曾被控將國家機密文件賣給德國，而被以間諜罪逮捕，並在軍法會議裡片面地被認定為有罪（德雷福事件）。這件冤案的肇因便是因為德雷福猶太裔的出身。

猶太人所遭受的悲劇不僅於此。採訪德雷福事件、親眼目睹猶太人被歧視實際狀況的記者提奧多，赫茨爾，認為猶太人悲慘遭遇的根源在於他們沒有自己的祖國，要解決此一窘境，他們就必須要建立屬於自己的國家。

因此，散居在世界各地的猶太人（稱為「Diaspora」）以赫茨爾為中心再度聚集，開始進行能讓猶太人安心生活的祖國重建及回歸運動，猶太復國運

動就此展開。

第一次世界大戰時，英國為了動搖敵國鄂圖曼帝國，派遣了陸軍軍官勞倫斯到阿拉伯世界，支援阿拉伯的叛亂組織，此外在一九一五年時，英國高等辨務官麥馬漢和阿拉伯的領袖侯賽因在書信往來中，約定英國在戰後要支持阿拉伯國家的建立。但是，英國為了戰爭支出費用的開銷，而和猶太裔的資本家簽定了完全不同的協定。一九一七年，英國外相貝爾福表示，支持猶太人在阿拉伯人的居住地巴勒斯坦建立國家，這就是《貝爾福宣言》。換言之，英國同時答應阿拉伯人和猶太人協助他們在巴勒斯坦這塊地方建立國家。

第一次世界大戰後，巴勒斯坦成為英國的委任統治地，猶太人便依據《貝爾福宣言》開始移居巴勒斯坦。一九三〇年納粹抬頭，被迫害的猶太人更加大量地移居到此地。

第二次世界大戰後的一九四七年，英國把委任統治權交出，接著聯合國決定將巴勒斯坦劃分成阿拉伯獨立國和猶太獨立國兩個地區。但是，阿拉伯人對這樣的決定相當忿怒，因而引爆了內戰。一九四八年五月十五日，猶太人宣布以色列獨立，原本從歷史上完全消失的以色列國家，在將近兩千年後又再度復活。

阿拉伯諸國認為以色列的獨立是不正當的，因此派遣了數萬名的兵力入侵以色列，爆發了第一次中東戰爭（巴勒斯坦戰爭），由以色列獲得壓倒性的勝利。隔年一九四八年，雙方簽訂了停戰協定，以色列統治巴勒斯坦全境的八成土地，剩下的兩成則被約旦王國所合併。由於以色列放逐了原本居住於巴勒斯坦的居民，因而產生了約一百萬的難民人口。此後，中東地區依舊不安寧，總共又再爆發了四次的中東戰爭。

第4章
國王和首都耶路撒冷的確立

撒母耳的故事
撒母耳的誕生

神聽到了為不孕煩惱的哈拿的祈求，而賜給她兒子撒母耳。
撒母耳後來成為了大祭司以利的弟子。

神聽到不孕女子哈拿的祈求

參孫的時代經過一百年後的公元前一一〇〇年，在以法蓮山地的拉瑪地區，住著一位利未族出身、名叫以利加拿的人。他依照當時的習俗娶了哈拿和毗尼拿兩位妻子。毗尼拿生了好幾個小孩，哈拿卻一個孩子也沒有。在古代中東，不能生育的女人境遇十分地悲慘。

當時，神的約櫃被安置在示羅，由祭司們看守，因此示羅成為以色列人禮拜的中心地。信仰虔誠的以利加拿一家人，每年都會到示羅供奉朝拜。

但是，對哈拿抱持敵意的毗尼拿每回去參拜神時，都會藉機嘲諷哈拿無法生育，是信仰不夠虔誠的懲罰，並且向哈拿炫耀自己的孩子，用各種言語刺傷她。

有一年，傷心不已、完全無法進食的哈拿，在祭壇前哭著向神祈禱：「神啊，請不要忘記我。請賜給我一個兒子，我會將他的一生都奉獻給你。」

由於她祈求得太過熱切激動，在一旁的祭司以利以為這名婦人喝醉了，於是斥責她：「妳要醉到什麼時候呢？真是太不端莊了，快點醒過來吧！」哈拿回答：「大祭司，我什麼酒都沒有喝。我只是在向神傾吐我心中的苦惱。」並且把自己沒有生下子嗣所遭遇的辛苦都告訴了祭司。以利知道哈拿是認真地向神傾訴後，便堅定地告訴她神一定會聽見她的祈求。

從這天之後，從前潛藏在哈拿內心裡的苦悶便消失了，她因而變得較為開朗。不久後，哈拿就懷孕且生下一名男孩。由於這個孩子是「向神祈求來的」，所以就為他取名叫「撒母耳」。

哈拿高興地歌唱表達喜悅

哈拿在撒母耳斷奶為止的三

聖經筆記　橄欖是以色列最重要的作物之一，通常會用醋醃製，或是榨成橄欖油食用，也可以做為照明的燃料或化妝水來使用。

歲之前，都親手撫育照顧他。到撒母耳三歲時，她就抱著自己的兒子造訪示羅，並宰殺燒烤了一頭牛獻給神，然後將撒母耳帶去交給大祭司以利，讓撒母耳成為大祭司的弟子。

哈拿打從心底唱出了自己的喜悅：「我的心誇耀著神，我的力量因神而增強。我因你的救恩而喜悅。沒有人能像我們的神那麼可依靠。神鑒察一切。神使人貧困，也使人富足。神讓飽足的人變得貧窮而須辛苦工作以求溫飽，也讓飢餓的人

變得富裕；讓不能生育的女子生養許多子女，並使生育許多孩子的女子反倒衰微。神必伸出他的手拯救信神之人，並使惡人落入黑暗中滅亡。神自始至終都支配著天地和所有一切。」

哈拿在撒母耳之後又生了三個兒子和兩個女兒。曾因不孕而被嘲笑的哈拿，現在如願成為好幾個孩子的母親。每年，哈拿和丈夫以利加拿一起到示羅供奉朝拜時，都會帶著新的衣服去探訪撒母耳。

哈拿將愛子撒母耳交給大祭司以利

撒母耳的故事
成為先知的撒母耳

撒母耳成為了先知，負責傳達神的旨意。他聽到了神宣告將給予祭司以利一家永久而嚴厲的懲罰。

大祭司以利的兩個兒子是敗德者

以利的兩個兒子何弗尼和非尼哈都是祭司，在父親的手下工作，但是他們不像自己的父親，不但不信奉神，對待民眾的態度也相當傲慢。他們把神的獻祭品當做自己的東西帶回家，有時甚至會公然搶奪。此外，他們還送禮物誘惑前來參拜的婦人，與她們同寢。

他們身為大祭司的兒子，卻藉著威權和權力行淫亂和貪污之事，行為相當卑劣。兩人的惡行在眾民之間流傳，這些不堪入耳的事情最後還是傳到了他們父親以利的耳裡。

何弗尼和非尼哈不但是祭司的兒子，更是大祭司的部下，以利因此斥責他們：「我從民眾那裡聽說了你們的惡行，你們怎麼可以做這麼罪惡深重的事呢！」不過，以利並沒有嚴厲地懲罰他們。此時的以利因為年老腰已經都直不起來了，眼睛也看不清楚，這讓他對兒子們反而感到有些畏懼。

神於是派遣了不知名的人士來到以利身邊，對以利說：「我是在埃及把你們為奴的先祖拯救出來的神。我從以色列眾部族中選出你們擔任祭司的職務，你們為什麼要拿走獻給我的供奉品呢？

而且，你重視你的兒子甚過於重視我。尊重我的人，我必尊重他；藐視我的人，必受到輕視。那日子就快到了。你的兩個兒子將在壯年之時同日而死，你的家族將永遠失去祭司的工作。我要為自己新立一位忠實的新祭司。」

然而，即使接收到神如此嚴厲的宣告，以利卻還是沒有嚴格地懲罰兩個兒子並解雇他們，完全怠忽了自己的職責。

聖經筆記 先知是神的使者（傳訊者），也就是接收神的訊息的人。先知是神所選出來的，負責將神的計畫和命令傳達給以色列人民。

被神呼喚的少年撒母耳

撒母耳漸漸長大，每年都換上母親來獻祭時為他帶來的新衣服。他在大祭司以利的指導下勤勉地學習知識，不但變得相當聰明，信仰也愈來愈虔誠。撒母耳的兩位師兄，也就是以利祭司的兩個兒子，都是做盡惡事而招來民怨的人，因此撒母耳其實說不上是在優良的環境下成長。即使如此，撒母耳還是遵守祭司的教誨，長成了一位可以指導以色列眾民的優秀士師。

撒母耳已經在以利身邊待了數年。有一天，眼睛幾乎看不見的以利已經就寢了，而撒母耳正負責看守著神殿裡的約櫃，他在蠟燭的微光下稍微閉目休息。此時，神呼喚了撒母耳：「撒母耳，撒母耳！」他便回答：「是的，我在這裡。」並且跑到以利身邊，但是以利卻說：「我沒有呼喚你。回去睡吧。」這天夜裡，撒母耳連續被呼喚了三次，以利終於明白是怎麼回事，於是教撒母耳如果還有人再呼喚他，就回答：「神啊，請說，僕人敬聽。」

「撒母耳，撒母耳！」這天夜裡，神第四次呼喚撒母耳，撒母耳就照著以利教他的方式回答。神接著對撒母耳說：「我將永久地嚴厲處罰以利家。以利的兒子們冒犯了我，以利知道他的兒子犯了罪，卻默認而沒有懲罰他們。以利家的罪孽即使如何地獻祭也無法清償。」撒母耳對於神嚴厲的話語感到相當驚訝，只能悲傷地聽著神的宣告。

翌日早晨，撒母耳不發一言默默地工作著。以利問他昨天神說了什麼，他卻沒有回答，他不想告訴以利神所宣告的內容。但是，以利不斷地詢問，要撒母耳不可以隱瞞身為長者的自己，撒母耳再也隱瞞不下去，只好將神所告知的話全部說出來。以利聽了之後便說：「他是神，就依照神心裡所想的吧。」

從這時開始，神除了這次對撒母耳告知以利家的事以外，也透過撒母耳將他的意思傳達給以色列人民。由於撒母耳所說的話全部都實現了，因此以色列眾民都知道撒母耳就是神的先知。

撒母耳的故事
和非利士人的交戰與敗北

以色列軍敗給了非利士軍，重要的約櫃也被奪走，但約櫃為敵營帶來了災難。

神的約櫃被非利士人奪走

　　神的處罰終於降臨。以色列人為了阻止宿敵非利士人往迦南內陸擴張領土，雙方之間的衝突和戰爭不斷地上演。

　　以色列軍在以便以謝的附近紮營以迎戰非利士人，非利士人則紮營在亞弗，戰事一觸即發。結果，以色列軍慘敗，四千人因而喪命。當眾民回到陣營裡時，以色列的長老們認為戰役之所以失敗，是因為沒有把神的約櫃帶到陣營裡，於是就派人到示羅把約櫃帶來。以色列的長老們將神視為是可以招來幸運魔法的道具。

　　不久後，約櫃從示羅搬到了戰地陣營，以利的兩個兒子何弗尼和非尼哈也一起來到了前線。當以利的兒子們帶頭領著抬約櫃的隊伍來到營裡，士兵們立刻歡喜地高聲喊叫，以色列軍的士氣油然提升。另一方面，非利士軍知道以色列的

神來到了前方陣營，便感到相當害怕，但同時也湧起一股視死如歸的勇氣。

　　之後雙方再度開戰，這次又是非利士人獲勝。以色列軍有三萬人犧牲，其中包括以利的兩個兒子，甚至約櫃也被非利士人給奪走。

　　一位以色列士兵從戰場跑回示羅，把事情告訴了坐在神殿高椅上的以利。由於太過傷心，全城的人都哭了起來。

　　以利雖然冷靜地接受了戰敗以及兒子戰死的消息，但當他得知約櫃竟然被敵軍奪走的意外噩耗時，不禁驚愕地從椅子上摔了下來，並因頸骨折斷而當場死亡。以利結束了九十八年的生涯，其中有四十年，以大祭司的身分指導以色列。

約櫃為非利士人帶來了災難

　　非利士人將奪走的約櫃從以便以謝搬到了亞實突。非利士人不

聖經筆記　約櫃的大小長度約一一一公分、寬和高為六八・八公分。櫃子的上方有兩座面對面的金製天使像，裡面則裝著刻有十誡的兩塊石板。

但打敗了以色列人，還搶走他們所依賴的約櫃，每個人都感到無比痛快。他們認為能夠獲勝，都是國神大袞的保祐，因此把約櫃做為戰利品安置在亞實突的大袞神廟裡。

第二天清早，亞實突的人們起來正要到大袞神廟禮拜時，卻發現大袞神像從台座上倒了下來，俯伏在約櫃面前，他們就把大袞神像豎立回原處。隔天，當他們前往神廟時，卻又看見大袞神像俯倒在約櫃面前。這次，大袞神像的頭和雙手都折斷散落在門檻旁，只剩下身體的部分落在台座前。

神的手重重地壓在亞實突人身上，在他們身上降下惡運。這個地區開始因鼠疫而四處蔓延著傳染病，因爛瘡而死亡的人不斷增加。此外，老鼠還讓農田和收成的作物都被破壞了。

非利士人陷入恐慌狀態，為了遠離這些災難，他們召集各城的首領來到亞實突商討對策，最後決議要將約櫃運到迦特去。但約櫃運到迦特後，神的手一樣攻擊這個地方，迦特的人也發生了和亞實突一樣的傳染病。因此，神的約櫃又被運到以革倫，然而以革倫也同樣發生了傳染病，死亡人數不斷增加。

約櫃的移動路線

撒母耳的故事
約櫃歸來

非利士人認為他們所遭遇的災難，是以色列的神所降下的懲罰，因而把約櫃歸還給以色列。

測試約櫃的力量

約櫃被放置在非利士領地的七個月期間，非利士人不斷為傳染病和作物的損害所苦。為了停止災難的發生，非利士五大都市的代表便聚集起來召開了會議，互相研討對策。

非利士人在會議中達成了共識，認定非利士人的災難是以色列的神所降下的懲罰，一致決定要將約櫃送還以色列。非利士的領袖還特別請教了祭司和占卜師歸還約櫃的方法。

這方法即是，將兩頭正在哺餵小牛的母牛從小牛身邊牽走，然後將小牛關在牛舍裡，讓這兩頭母牛去拉載著約櫃的牛板車，並且在沒有人駕駛牛板車的情況下，讓母牛自己拉著車子走，非利士人則在一旁觀察。當牛車被拉到叉路上時，如果母牛違背了想要回到小牛身邊的天性，而選擇反方向通往以色列的道路走去的話，那麼災難的確就是因為約櫃的緣故而引起的；但如果母牛選擇了往其他道路前進的話，災難的發生就只是單純的偶然了。

結果，當母牛來到三叉路時，即使不斷發出想見小牛般的嚎叫聲，卻沒有選擇通往小牛所在的路回去，而不偏不倚地往前行進十幾公里，最後來到以色列猶大族的領土伯·示麥，在一個名為約書亞的人的田裡停了下來。非利士各城的首領跟在後面走著，一看到母牛來到以色列的領地後，就回去了。

伯·示麥的人們看到約櫃回來了都欣喜若狂，他們立刻停下手邊的工作，來到牛車旁將約櫃卸下來，放置在岩石上禮拜。接著，他們又將牛車拆了當做木材，把母牛燒烤做為燔祭獻給神。但是，他們不是祭司，卻偷看了神的約櫃，這對神來說十分不敬。由於他們如此

聖經筆記　葡萄是以色列最為重要的作物之一。古代的以色列，會在日照充足的山丘斜坡上栽種葡萄園，一排一排地種植葡萄樹。

不虔敬的行為，惹得神相當忿怒，而殺死了伯·示麥七十位居民。

居民們相當地震驚難過，在為死去的人們服喪的同時，也明白了自己沒有保管約櫃的資格。約櫃只有對神信仰虔誠的人才有資格保管。在隔壁城鎮的基列，耶琳，住著一位因信仰虔誠而富有聲望的利未人亞比拿達，他們因此認為亞比拿達的家是最適合保管約櫃的地方，而把約櫃運送到這個人的家裡。亞比拿達的兒子以利亞撒被選為保管約櫃的負責人，約櫃接下來由他保管了二十年。

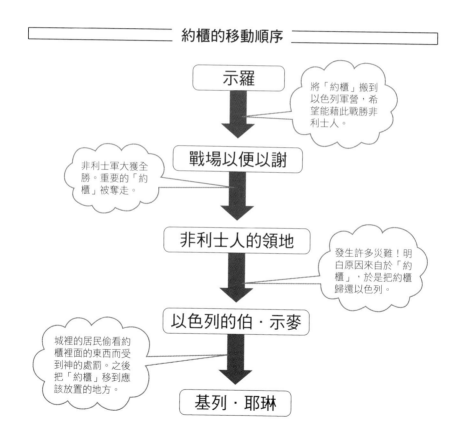

約櫃的移動順序

示羅

將「約櫃」搬到以色列軍營，希望能藉此戰勝非士人。

戰場以便以謝

非利士軍大獲全勝。重要的「約櫃」被奪走。

非利士人的領地

發生許多災難！明白原因來自於「約櫃」，於是把約櫃歸還以色列。

以色列的伯·示麥

城裡的居民偷看約櫃裡面的東西而受到神的處罰。之後把「約櫃」移到應該放置的地方。

基列·耶琳

撒母耳的故事
撒母耳和敗德的兒子

撒母耳指導人民要對神奉獻，以色列也漸趨和平。但是，撒母耳卻對兒子的教育相當煩惱擔憂。

以色列軍擊敗非利士軍

以利死去之後的二十年，以色列被非利士人所統治，過著辛苦的生活。此時，已經長大成人、並完全獲得人民信賴的撒母耳，一邊巡迴各地，一邊指導並鼓勵絕望的民眾：「你們要真心地歸向神。要捨棄崇拜巴力和亞斯他錄的偶像，專心事奉真神。他必將你們從非利士人的手中解救出來。」

長久以來遭到非利士人迫害的以色列人，於是完全遵從撒母耳所說的話去做。他們聚集到位於耶路撒冷北方八公里處的米斯巴，把原本他們在迦南所禮拜的豐饒之神巴力和巴力的配偶亞斯他錄等神明偶像都丟棄，並禁食祈禱、對神表明自己的罪：「我們得罪了耶和華。」

以色列人於是在撒母耳的指導下，回歸對神的信仰。士師撒母耳的活躍便是從這次米斯巴而開始的。

另一方面，非利士人聽到了以色列人聚集在米斯巴的風聲後，誤以為這是以色列人要為預謀反抗非利士人所做的準備，於是先行起兵包圍了以色列人。以色列人十分害怕，紛紛請求撒母耳：「請為我們向神祈求，求神從非利士人的手中拯救我們吧。」

於是，撒母耳牽來了一隻還未斷奶的小羊做為燔祭獻給神，並呼求神的幫助。神應允了他的祈求。每當非利士人前來攻擊以色列人時，神就會引發大雷雨，讓以色列人能夠輕易地擊敗因雷鳴而驚嚇得四處逃散的非利士人。

從此以後，非利士人很長一段時間都不曾再侵犯以色列的國境，以色列終於獲得了和平的生活。此外，以色列還奪回了一直以來被非利士人所占領的邊境城市以革倫和迦特。

聖經筆記　聖經裡嚴禁收受賄賂。「不可受賄賂，因為賄賂能使明眼人變瞎，又能歪曲義人的話。」（〈出埃及記〉23章8節）

士師撒母耳一直到年老為止，每年都會巡訪伯特利、吉甲、米斯巴等地指導民眾。他在那裡傾聽民眾的訴求，以公平的態度對待所有人，並解決各式各樣的問題，然後再回到自己的家所在的拉瑪。利未族出身的撒母耳在拉瑪也築了一座祭壇，在那裡從事祭司的工作。

撒母耳在教育孩子上卻很失敗

士師撒母耳巡迴各地指導了以色列四十年。當他漸漸老邁，連日常生活的行動都有困難的時候，便改由他的兩個兒子約珥和亞比亞代行任務指導民眾。這兩個兒子其中一人在伯特利擔任審判官，另一人則是擔任別是巴的審判官。

一般父子相像的情況雖然很多，但完全不像的父子也不少。卑鄙的父母也可能生出穩健正直的兒子，相反地，父母優秀但小孩十分墮落的情況也相當多。撒母耳的兩個兒子即是這樣的例子。他們一點都不像在神以及人們面前都十分正直、身為偉大先知的父親撒母耳，兩人雖然身為審判官，卻收受賄賂和金錢，在判決時也依照自己的方便來處理，甚至昧著良心扭曲判決。

他們不但違逆神，也無視於父親撒母耳的理念，相當我行我素。很諷刺地，他們的行為和父親撒母耳傾注全部的熱情所提倡的理想正好背道而馳，不斷藉由權勢和權威之便行惡。

撒母耳從三歲時成為以利的弟子以來，在成長過程中就一直看著以利的兩個兒子不斷行惡，而以利並沒有對行惡的兒子嚴厲懲處。然而，賢明的撒母耳並沒有因此受到不好的影響，反而以此為借鏡成為了一位優秀偉大的士師。但是，撒母耳雖然曾經親耳聽到神要對反覆行惡的以利兒子們、和默許兒子罪行的以利降下嚴厲處罰，但撒母耳終究對自己的兒子還是犯了和以利相同的錯誤。孩子的教育果然是相當困難的任務。

撒母耳的故事
渴望王制的以色列人

以色列人忘了神和撒母耳的恩惠，反而尋求王制的確立。他們完全想不到在王制的統治之下可能發生的不幸。

人類由古至今所犯的罪都是一樣的

三千年前，祭司中就已經有收受賄賂、影響公正判決、甚至拐騙女性的人。雖然是如此污穢不堪的事，但這些戴著權勢和權威帽子的宗教領袖所行的犯罪，相對來說卻是較難被察覺的，因為受害者往往害怕遭到報復而不願意舉發。因此，權力者的犯罪惡行能夠被揭發為醜聞的，不過只是冰山的一角。

那麼，現代的社會又是如何呢？教師對學生性騷擾、甚至和學生有買春的行為；警察搶劫或闖空門，或是收押了販賣違法藥物的犯人後，將搜出的興奮劑等藥物拿來自己使用或轉賣獲利；甚至，檢察官和黑道相互勾結，從事不當的行為以謀取暴利。這些都是現代層出不窮的問題。

二〇〇二年春天，美國一位不斷對少年進行性侵害的神父被逮捕。在美國各地有很多這類的惡劣神父，雖然成為了相當嚴重的社會問題，但卻沒有徹底解決的決心，終於引起了教宗若望保祿二世的震怒，而召集美國各地的樞機主教前往梵蒂岡，給與嚴厲的警告。

人類的犯罪行為，從三千年前到現在完全沒有改變過。即使如此，這些應該成為人民楷模的教師、警察、檢察官、審判官等卻率先行惡，對人民來說是簡直是最不良的示範。如此的行為造成了社會正義的消失，人心的腐敗也是可想而知的。

民眾渴望王制的聲音愈來愈大

撒母耳的兒子們便是這樣的墮落宗教人士。以色列的長老們察覺到不能再讓他們繼續這樣掌握權威和權力，於是聚集到拉瑪，向撒母耳告發他兒子們的罪行，並且如此向撒母耳提議：「你已經相當高

聖經筆記　利未族是為了行宗教的事務，而從以色列的所有部族當中選出一群人，成為祭司或是利未人。祭司是由利未族中亞倫的直系子孫所擔任，負責在帳幕和神殿中舉行正式的禮拜儀式。

齡，身體也不如以往，很難再像以前那樣指導人民了。但是，你的兒子又不像你一般地正直，根本無法指導民眾。請你為我們立一個像其他列國（亞瑪力、以東、摩押、亞捫等）一樣的王來治理我們吧。」

人民請求將至今為止所施行的士師制度改為君王制度，聽到這番話，撒母耳認為人民已經不再需要他了。被民眾背叛的心情，讓撒母耳陷入了深沈的悲哀情緒中，連飯都吃不下了。神於是對日夜不斷祈禱的撒母耳說：

「撒母耳啊，你就照眾民所說的去做吧。他們不是厭棄你，而是藐視治理他們的我。自我把他們從埃及領出來的那天起，他們就不斷地捨棄我去事奉別的神。

現在，這些民眾也同樣對你做了如此不知恩的事，你就照他們想要的去做吧。不久後，他們就會後悔侮辱了你身為先知的權威、以及忘記了我的恩惠的事。現在你只管聽從他們的話，但必須先鄭重警告人民，在他們所要求的王制統治之下，他們會遭遇什麼樣的事。之後，你就任命我所選的人成為他們的王吧。」

天一亮，撒母耳就將民眾集聚起來，同意為他們選出一位王。他並且為人民具體說明了統治他們的王所具有的權力。「統治你們的王，必會徵用你們的兒子為他駕駛戰車，或徵召為騎兵和步兵，或是讓他們擔任五十人的隊長、百人隊長、千人隊長。一旦發生戰爭，就要他們上前線和敵軍作戰；和平的時候，則要替王耕種田地和葡萄園。平常的日子也要繁忙於製造戰車和調配零件等。你們的兒子會像奴隸般被王所使喚。

另外，你們的女兒則要為王製作香料、料理食物或裁縫，連烤麵包這種事情都要被王所使喚。你們田裡最豐美的葡萄或是橄欖等農作物、以及最肥美的羊群的十分之一，都要被徵收為王的稅收。總而言之，你們將成為王的奴僕。」

然而，即使撒母耳如此明白地指出君王制度的問題，大多數的民眾依然堅持「要有一個王來治理我們」。人民希望當敵人前來攻打時，能夠有英勇的王率領士兵們上前線和敵人對抗。他們完全沒有想到，王裡面也會有心念不正的惡君或是懦弱的國王。

那麼，應該要立誰為以色列的第一任君王呢？

179

撒母耳的故事
以色列的第一任王掃羅

撒母耳依照神的宣告，選擇掃羅為以色列的第一任君王。儘管被指名選為了國王，掃羅依然相當謙虛。

掃羅拜訪先知撒母耳

有一位名叫掃羅的青年，是便雅憫人基士的兒子。掃羅被譽為是以色列人當中長得最為俊美的美男子，他的身高也比一般人高出三十公分，在人群當中十分地醒目。

有一天，基士走失了一頭母驢，掃羅於是帶著僕人一同出門去尋找。他們在三天裡走遍了以法蓮山地和便雅憫各地，但卻找不到任何線索。掃羅心想如果再不回去，家裡的人恐怕會更擔心自己的情況，於是決定放棄搜尋母驢打道回府。

但是，當他們來到拉瑪附近時，僕人突然提議道：「這城裡有一位有名的先知撒母耳，不如我們去拜訪他，問問看驢子的下落吧。」掃羅回答道身邊並沒有可以送給先知的獻禮，僕人便說：「我手裡有四分之一舍客勒的銀子，可以做為禮物送給那位先知。」他們不知道先知是不接受報酬的。於是，他們便前往撒母耳的家去。

掃羅來訪的前一天，神對撒母耳說：「明天大約這個時候，我會差派一個便雅憫人來到你面前，你要膏立他為君王。」因此，撒母耳相當歡迎掃羅的來訪，並告訴掃羅母驢已經回家了，以及要立掃羅為以色列王的事。

掃羅驚訝地回答：「我的部族是以色列眾部族中最微小的，怎麼可能會出君王之士呢。而且我的家族在部族裡也很弱小，你這麼說讓我感到很疑惑。」但是，撒母耳依然把掃羅和他的僕人領進了客廳，讓他們坐在三十位客人中的最上位，招待他們一起用餐。

掃羅被選為王

這天夜裡，掃羅和僕人住宿在撒母耳家。隔天早晨，撒母耳就要掃羅先讓僕人回家去。只剩下他們兩人

聖經筆記　利未族中，非亞倫直系後裔者為利未人，在祭司之下負責協助神殿事務的工作。

撒母耳將油淋在掃羅身上

的時候，撒母耳就對掃羅如此宣告：「你被神選中為王，要為了保衛以色列人而與非利士人對抗。」然後，撒母耳拿了一瓶橄欖油膏，倒了幾滴在掃羅的頭上。

掃羅感到相當無法置信，於是傳述神的旨意的先知撒母耳，便預言了掃羅在回家路途上會發生的三件事。

「首先，你會遇見兩名男子告訴你那幾頭母驢已經找到了。之後，你會遇見帶著供品前往敬拜神的人，他們會給你兩個餅。最後你會遇見一群先知，他們的前面有樂隊邊彈琴、打鼓、吹著笛子帶頭走來，你會加入他們，和他們一起讚美神。從這個時候開始，聖靈就會降在你身上，你會變得宛如另外一個人一般。」

說完之後，撒母耳就送走了掃羅。在回家的路途中，撒母耳所預言的事全部都發生了，掃羅於是相信了神透過撒母耳所傳達的話。

過了一星期之後，撒母耳要以色列人聚集到位於耶路撒冷北方八公里處的米斯巴，在確認了人民要離棄神、尋求一位王來治理自己的意願後，便宣布將選出人民所要的王。

選出的方法是採用最公平的抽籤方式來決定。首先，從十二部族中抽出了便雅憫族，接著從便雅憫族裡抽中了馬特利家族，最後則是抽到了基士的兒子掃羅。

然而令人意外地，掃羅就直接離開了現場。

掃羅是一位相當有自制美德的人。有很多人會因為小小的成功就過分興奮雀躍，四處為自己宣揚；然而，掃羅雖然如此年輕就成為第一任以色列王，擁有統治所有國民的權力，但不僅完全沒有顯露出驕傲的姿態，還選擇從眾人面前離開，展現出謙虛和理性的胸襟。

不過，這樣的情況讓選出王的撒母耳很困擾，於是他向神祈禱，並且派人將掃羅找了回來。

這群期待著一位能統治他們的王的民眾，熱情地支持簇擁著被人群所包圍的掃羅。這位年輕人不但被讚譽為以色列最俊美的男子，連身高也都高人一等。就這樣，相貌堂堂、謙虛而理性的青年掃羅，成為了以色列的第一任國王。

撒母耳的故事
掃羅王的活躍

掃羅奇襲將以色列人所居住的城市包圍起來的亞捫軍,他的勇氣和智慧贏得了人們的尊敬。

掃羅王謙虛謹慎且深謀遠慮

在此之前,以色列是由各個部族所形成的集團,部族和部族間為對等的聯盟關係,直到掃羅時代才成為了以王政為基礎的統一國家。換言之,只要國王一聲令下,以色列國就能夠有效率地行動來達成目標。而周邊諸國也體認到,以色列已經變成了一個不同以往的強國。

此外,居住在以色列境內、有時與以色列為敵、有時與以色列關係友好的迦南人,也有了新的認知。他們為了預防萬一而開始買武器,以做為防備之用。王的誕生使得以色列和鄰近各國之間,產生了軍事關係上的緊張。

但是,掃羅成為王之後,不但沒有建設城市,也沒有建築城牆,甚至連徵兵都沒有。這和民眾的預期完全相反。不僅如此,掃羅還是像以前一樣穿著田間的工作服,住在父親基士的家裡,每天辛勤地照顧牲畜。他一邊思考著自己的命運,同時評估著以色列和周邊各國的動向,並且一直思慮著狀況發生時應該採取什麼樣的戰略。

然而,以色列人民中卻有人對於這樣謙虛謹慎而深謀遠慮的掃羅相當輕視,認為「這個人怎麼可能拯救我們呢?」,而不認同掃羅為王。掃羅忠實的家臣們對掃羅進言應該要懲罰這些逾矩的民眾,但掃羅卻什麼都沒有表示。

勇將掃羅覺醒

一個月之後,掃羅在和亞捫王拿轄的戰役中,發揮了他的勇氣、智慧和領導能力,獲得了萬人的尊敬。在此一百數十年前,亞捫人被士師耶弗他打敗後,便一直相當地安分,然而受到以色列建國的刺激,便又再度展開了軍事行動。拿轄王率領亞捫軍隊包圍了位於約旦河東岸、有許多以色列人所居住

聖經筆記 以色列第一任國王掃羅,設置了以往所沒有的常備軍和周遭的異族作戰,守護了以色列免於外敵的侵擾。

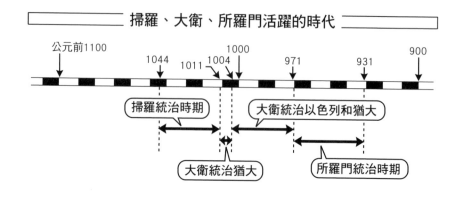

掃羅、大衛、所羅門活躍的時代

公元前1100　1044　1011　1004　1000　971　931　900

掃羅統治時期

大衛統治以色列和猶大

大衛統治猶大

所羅門統治時期

的城市基列‧雅比（以下簡稱「雅比」）。

雅比是個富裕的地方，但卻沒有任何的軍備，只能盡量避免戰爭的發生。於是，城裡的長老以使者的身分來到亞捫的陣營，希望尋求和平的解決方法。但是，拿轄卻提出了如此的要求：「我可以放過你們一命，但我要剜出你們每個人的右眼。」將戰敗成為俘虜的士兵剜除右眼，在當時是相當理所當然的處置方式。但是，把要求和平的雅比人當成戰敗的俘虜來對待，實在是相當殘酷的做法。

雅比人請求拿轄王給他們七天的時間考慮，然後立刻派遣使者日夜兼程趕到掃羅所居住的基比亞。當掃羅聽著雅比的使者所捎來的消息時，神的靈降到了掃羅身上，並使他大為發怒。掃羅牽來一頭牛，把牠們切成了碎塊交給使者，要使者帶著拜訪以色列的各部族，並傳達他的話：「所有人聽好，明天要全副武裝到約旦河旁集合，並跟從掃羅和撒母耳前去打仗。不參加的人，他的牛就會像這樣被撕裂。」聽到的民眾由於十分懼怕懲罰，集結的人數竟然達到了三十三萬人之多。

掃羅證明了身為王的實力

掃羅告訴雅比人明天援軍就會抵達，雅比人於是隱瞞此事，並回覆拿轄王：「我們明天就會前去向你們投降。」讓亞捫人因放心而大意。

古代戰爭開打的方式和現代不同。首先，突擊是很重要的，幾乎很少有事先將戰線公佈出來的情況，因為把預謀要攻擊的地方特意通知敵方並不是上策。

另一方面，掃羅帶著三十三萬大軍渡過約旦河，並把士兵分成三個部隊，準備伺機而動。在天一亮時，掃羅的大軍就從四面八方突擊亞捫軍，鬆懈的亞捫軍根本來不及抵抗就慘遭大敗。

就這樣，雅比人逃過了一劫。掃羅將雅比人從失去生命或失去右眼的困境中解救出來，雅比人因此將掃羅的恩惠牢記心底。

掃羅的支持者對撒母耳提議，要將曾經懷疑過掃羅領導能力的人處以刑罰，但是掃羅卻說：「今天是神為我們帶來勝利的日子，所以一個人都不可以殺。」以安撫那些忿怒的支持者。

撒母耳又接著對眾民說：「來吧，我們都前往吉甲去，在那裡再重新宣告一次掃羅為我們的王。」民眾對這個提議都相當贊同，並集結到了吉甲，再次立掃羅為以色列的第一任王。公元前一〇四四年，三十歲的掃羅被立為王，直到公元前一〇一一年的三十三年間都一直領導著以色列。

掃羅的活躍區域以及與異族作戰的地點

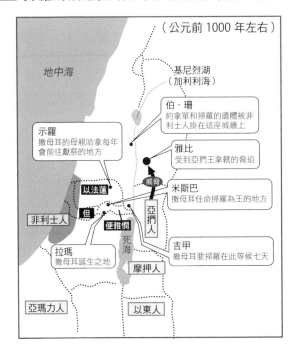

撒母耳的故事
不順從神意的掃羅

掃羅違背先知撒母耳的命令，擅自執行了祭司的任務，並且完全沒有反省之意。

以色列軍沒有鐵製的武器

掃羅就任國王後，以色列又成了戰亂之地。居住在以色列境內和邊境的異族人士，因為厭惡以色列人的壓制，便時常起來反抗。

即使如此，掃羅還是憑藉著他的勇氣和優越的戰略，率領以色列軍打敗了摩押人、亞捫人、以東人、非利士人，持續獲得勝利。

非利士人居住在迦南西南沿海的地區，一直以來不斷伺機想侵略內陸。

在掃羅就任為王時，非利士人已經擁有領先迦南各族的鐵銅精煉技術。當然，他們不會把武器賣給敵對的以色列，而且也不讓以色列人製造武器，獨占了所有的冶煉技術。

以色列人連要修理農耕用的鋤頭、圓鍬、斧頭、鐮刀等器具，都必須低頭請求非利士人的幫忙，非利士人甚至要求三分之二舍客勒的高額修理費。以色列軍中，擁有刀槍等鐵製武器的，只有掃羅和他的兒子約拿單，其他人都是以石頭、手杖、棍棒、鋤頭、圓鍬、鐮刀等農具做為武器。

以色列人最大的敵人就是非利士人。他們以面對曠野的峭壁做為本營，分成三個隊伍擺陣，並使用以色列軍所沒有的鐵製武器不斷進行突襲，使以色列軍陷入苦戰當中。

掃羅擅自執行祭司的任務

掃羅即使被任命擔任以色列第一任國王如此的重責大任，依然不忘謙虛的態度，並藉由神的聖靈勇敢地和亞捫人作戰，解救了雅比城。但是，他的心裡卻逐漸開始萌生了對神的不順從。違背神意的事反覆發生了幾次後，撒母耳終於宣告掃羅已不適任做為神的子民以色列的王。掃羅第一次不順從神意，是發生在以色列軍和非利士軍作戰時。

有一天，掃羅所率領的以色列

聖經筆記

利未族沒有土地，而是依靠由十二部族所提供十分之一的獻祭品來生活。利未族平常是以祭司或利未人的身分，專心在神殿從事獻祭、禮拜、傳達神的話語、教導律法等事務。

軍在吉甲安營，非利士軍則在位於耶路撒冷西北十三公里處的密抹安營，雙方持續對峙，戰事一觸即發。但是，情勢上非利士人卻占有壓倒性的優勢。以色列軍的兵力只有三千人，相較之下，非利士軍卻有戰車三萬、騎兵六千，並擁有如同海邊的沙子般大量的民兵加入陣營。

以色列軍見到敵軍的大陣仗十分膽怯，士氣潰散，甚至有人逃到山洞裡躲了起來、或是渡過約旦河逃走。和掃羅一起駐紮在吉甲的士兵也相當畏懼敵人。以色列軍因膽怯而完全陷入了恐慌當中。

因此，掃羅派遣使者去找撒母耳，希望撒母耳能來到吉甲幫忙立出對策打破現在的僵局，並指導眾人贏得勝利。

撒母耳透過使者和掃羅約定會在七天後到訪吉甲，並舉行感恩的謝祭，要掃羅備好獻祭品等待。

但是，到了約定的那一天，撒母耳卻還沒有現身。對敵軍的恐懼讓以色列的逃兵不斷增加，最後只剩下了六百人。掃羅終於再也按捺不住，而由自己扮演祭司的角色，宰殺了牛之後舉行燔祭獻給神。

儀式一結束後，撒母耳剛好趕到。然而掃羅不但沒有向撒母耳謝罪，還辯解自己已經依照約定等待了七天，但因為恐懼而逃跑的士兵不斷增加，才不得已舉行了獻祭儀式。

不過，撒母耳只留下了這段話便轉身離去：「你做了糊塗事了！如果你謹守約定，沒有輕忽神透過我所給予的勸告，你就能夠永遠領導王國。然而，現在神已經為自己找到一位合他心意的人，要立為子民的領袖來取代你，因為你沒有謹守神所吩咐的命令。」

撒母耳的故事
約拿單英勇作戰

以色列軍眼看就要敗北，掃羅的兒子約拿單憑藉著對神的強烈信仰，帶著一位替他拿武器的年輕人，單獨前往突擊敵軍的陣營。

勇將之下無弱兵

原本掃羅的陣營有三千人，但士兵不斷地逃走，最後就只剩下了六百人。掃羅、掃羅的長子約拿單、大祭司亞希亞三人在小山丘上坐陣指揮，看著眼前被非利士人破壞殆盡的城鎮，每個人的心中都感到相當苦澀。誰都明白，沒有精良武器的以色列軍完全居於劣勢。

再這樣下去，以色列戰敗只是遲早的問題。約拿單於是向替他拿武器的僕人提議，兩人一起偷偷溜出陣營去偷襲敵人，讓他們混亂，並且認為神一定會幫助他們，拿武器的僕人則回答，無論約拿單要去哪裡他一定都跟隨到底。才剛剛從少年長成大人的約拿單，有著不畏死亡的勇氣和對神毫無質疑的信仰，而拿武器的年輕人也印證了勇將之下無弱兵。

於是，約拿單和僕人下了山丘，前往敵人的陣營。非利士人的陣營建築在斷崖絕壁上，他們深信敵方不可能登上這斷崖，因而疏於防備。約拿單便鼓舞僕人，這樣對他說：「現在我們從這裡攀登上去，讓敵人看見我們。如果他們對我們說：『你們站住！等我們到你們那裡去之前都不准動！』那我們就站在原地，不要再往上爬。如果他們說：『你們兩個給我爬過來！』我們就爬上去。這是我們勝利的徵兆，代表著神已經把敵人交在我們的手裡了。」

兩人於是朝著敵人的陣營攀登，爬到讓非利士人的駐軍能夠看見的地方。非利士人看到了他們便說：「看哪！有希伯來人從他們躲藏的洞裡出來了。」並且對約拿單和替他拿武器的年輕人喊叫道：「你們爬過來這裡！讓我們好好地教訓你們這愚蠢的人。」

聖經筆記　「割禮」是包含以色列在內可見於古代東方的一種習俗。約公元前五八〇年時的先知耶利米，曾將當時埃及、猶大、以東、亞捫、摩押等民眾有行割禮的習慣給記載下來。

突破敵軍陣營的約拿單和年輕人

約拿單確信會獲得勝利

約拿單相信敵人的叫喊是勝利的徵兆，就對替他拿武器的年輕人說：「神已經把非利士人交在我們手裡了。」兩人從被敵人發現的地方往後退，改變方向爬往沒有駐兵的地方。他們手腳併用地向上爬，終於來到了敵軍的營地裡。兩人接著突擊熟睡中的敵人，轉眼間就殺了約二十人。敵軍的哀嚎聲四起，而且四周突然變得很暗，甚至還發生了地震。

恐懼的非利士軍開始四處逃竄，狀況混亂得不可收拾。由許多民族所集結而成的非利士軍，在黑暗中無法分辨出誰是敵人誰是同伴，因此同伴間都誤認身邊的人是敵人而互相攻擊，諷刺的是，他們就是使用引以為傲的刀劍來互相砍殺。

非利士軍想不到登上來攻擊他的以色列人，事實上只有兩個人，誤以為以色列士兵大舉入侵而慌了手腳。

此時，掃羅這邊的瞭望兵發現非利士軍陷入混亂，許多人四處逃竄，便向掃羅報告此事，掃羅於是要屬下查明是誰發動的攻擊，最後判斷應是約拿單和替他拿武器的僕人。

掃羅為了尋問自己應該要如何行動，便要大祭司亞希亞著裝好以弗得（大祭司所穿著的禮服）之後，對接下來將會發生的事進行預言，當掃羅還在和祭司說話的時候，非利士營中的騷亂已經愈來愈大，因此掃羅要祭司停止詢問神的旨意，決定立刻加入戰爭中趁勝追擊。這是掃羅第二次沒有順從神的旨意。

不僅如此，那些過去背叛祖國歸順非利士的以色列人，也都陣前倒戈轉而加入掃羅和約拿單。此外，原本因恐懼而逃亡躲藏在以法蓮山地的以色列人，一聽見戰勝的消息，也立刻加入了以色列軍去追趕非利士人。

因為掃羅的兒子約拿單的英勇突擊，以色列軍擊潰了原本占壓倒性優勢的非利士軍。約拿單的虔誠信仰喚來了奇蹟。

撒母耳的故事

掃羅失去國王資格

掃羅沒有遵從神的命令把卑劣的亞瑪力人都殺死,並將戰利品大飽私囊,最後終於失去了王位。

掃羅不順從神

　　兼具美貌、謙遜的態度、思慮周密等優點的掃羅,無論在性格方面、或在政治、軍事上,都可說是一位優秀的領導者。然而,他在對於神的信仰方面卻不是那麼地篤信,這使得他最後因此喪失了性命。

　　掃羅就任為王後,藉由神的聖靈英勇地與亞捫人作戰,拯救了雅比。然後在掃羅卓越的領導下,以色列軍不斷地戰勝鄰近諸國。因此,掃羅心裡開始認為,以色列不斷地獲勝是因為自己的才能和努力,而忘記了自己原本仰賴神而生的信念,變得只依賴自己所做的判斷。

　　把神置之一旁,只仰賴自己的判斷,即是對神的不順從。例如,掃羅在吉甲時沒有等待撒母耳的到來,就自己扮演起祭司的角色,把祭品獻給神;此外,在看到非利士人因約拿單的突擊而潰散時,掃羅也沒有傾聽神的指示,就立即帶兵加入戰場。

　　然後,掃羅也無視於神要讓亞瑪力人滅絕(全部殲滅)的命令。這些反覆違背神旨意的行為,終於讓撒母耳宣布掃羅不再適任為以色列的王。

神下令將亞瑪力人全數毀滅

　　游牧民族亞瑪力人是以掃的子孫。他們對神沒有敬畏之心,在神帶領以色列人逃出埃及時,他們卻趁機從後方偷襲疲累的以色列人並加以殺害,可謂行為卑劣。

　　摩西將這件事情以及「當以色列人得到迦南地之後就要滅絕亞瑪力人」的神的命令,記載在〈申命記〉當中(申25:17～19)。

　　逃出埃及後經過了四百年,有一天,撒母耳來到掃羅的面前對他說:「神給予你比對任何人都還要多

聖經筆記 《舊約聖經》裡,以色列人為了贖罪會宰殺動物做為獻祭品獻給神。《新約聖經》則主張耶穌已為了罪人死了一次,因此訴求不再需要透過宰殺動物來贖罪。

恩惠，立你做以色列的王，現在你要聽神所說的話。『我要懲罰當以色列人從埃及出來時，亞瑪力人對他們所做的惡行。你要去攻打亞瑪力人，徹底毀滅他們所有的一切，無論男女、孩童、或仍在餵奶的嬰兒和家畜，全都要殺死不可憐惜，掠奪而來的東西也不可占為私有，要全部獻給神。』」

於是，掃羅帶著步兵二十萬人前往攻打亞瑪力人，並成功地一舉攻破。但是，掃羅沒有遵從神的命令，而將亞瑪力王亞甲和亞瑪力人的家畜中最肥美的動物留了活口。換句話說，他們只把卑賤或沒有價值的東西獻給神，高貴有價值的東西則當成自己的戰利品留了下來。掃羅這樣的行徑完全是違逆了神。

掃羅讓神失望

神對掃羅的行為很失望，於是對撒母耳說：「我後悔立了掃羅為王，因為他不遵從我的話，也背叛了我。」撒母耳聽了神的話徹夜無法入眠，不斷向神祈求能夠讓掃羅繼續為王的可能。

掃羅在猶大城裡為自己立了一座紀念碑，然後就前往吉甲。他的心情很愉快，對於來訪的撒母耳這麼說道：「我已經執行了神的命令。」

但是，撒母耳卻追問：「我聽到了羊和牛的叫聲，這是怎麼回事呢？」掃羅回答：「這是從亞瑪力人那裡帶來的，因為民眾覺得將這些上好的牛羊當場就殺掉實在很可惜，所以我就將最好的牲畜留了下來，要獻祭給神。其餘的牲畜，我們都已經徹底毀滅了。」

掃羅把責任推給了民眾，並且主張把最上等的家畜留下來是為了獻祭給神，企圖塑造自己對神順從的形象。不過撒母耳斷然地回答道：「神比起獻祭，更加喜愛順從他的人。悖逆神的話與行邪術的罪相同，不遵從神與崇拜偶像的罪是一樣的。你背棄了神的話，因此神將收回你的王位。」

聽到具權威的撒母耳所說的話，掃羅終於認了自己的罪，並且請求撒母耳讓他一起同行前往禮拜神，但撒母耳拒絕了。

當撒母耳轉身就要離開時，掃羅拉住了他的外袍衣邊想要挽留，結果卻把撒母耳的上衣給撕裂了。撒母耳於是對掃羅說：「這衣角就是神把以色列國從你身上撕開，賜給比你更優秀的人的證明。」兩人自此分別之後，到離開人世為止都不曾再見過面。

聖經筆記 當以色列的敵人被堅信就是神的敵人時，勝利必歸於神所有，敵人和其城市的財產，全部都要獻納為神的所有物，因此無論是牲畜或敵人都必須全數毀滅。

掃羅拉住撒母耳

大衛的故事
聖靈降到大衛身上

掃羅明白自己失去王的資格後，神又選了大衛讓撒母耳將他膏立為第二任以色列王。

神要膏立大衛為王

掃羅變得不順從神後，撒母耳每天都為掃羅的將來擔憂著。

有一天，神看見撒母耳意志消沈，就對他說：「你要為掃羅難過到何時呢？我已經棄絕讓他做以色列的王了。你把膏油盛滿在角裡，到居住在伯利恆的猶大族人耶西那裡去，我已經在他的兒子當中挑選了一位做為下一任的王。」

撒母耳說：「如果我為了膏立新的王前往伯利恆，掃羅聽到消息一定會將我殺了。」不過，神這樣命令道：「你從牛群中帶著一頭小牛，說你是為了獻祭而去的，然後邀請耶西一家參加獻祭的筵席，我會一一指示你每件事情，接著你要膏立我所指定的那人為王。」

撒母耳於是照著神的命令，以獻祭為由，從掃羅不知道的小路來到了伯利恆。所有的居民都出來迎接他，並尋問他這趟旅程的目的，撒母耳便回答他是為了向神獻祭而來的。

獻祭結束後，撒母耳邀請了耶西和他的兒子們一起參加筵席。撒母耳從耶西的長男開始，一一和他的每個兒子會面。

當他一看見高大而俊美的長男以利押時，便心想：「這位很適合當以色列的王。」但神悄悄地對撒母耳說：「不能以長相和外貌來判斷，我不揀選他為王。人是以外表來看人，但神看的是人的內心。」

耶西接著依次介紹次男亞比拿達、三男沙瑪直到第七個兒子，但神對這些人選都不滿意。

和耶西的第七個兒子見過面後，撒母耳問耶西：「你的孩子全都在這裡了嗎？」耶西回答他還有一個最小的兒子大衛正在牧羊，撒母耳就立即要耶西派人把他帶回來。這個孩子面色紅潤，眉目清秀，長得相貌堂堂。

聖經筆記 牧羊人通常會把綿羊和山羊混在一起照顧管理。牧羊人的任務即是保護羊群不會受到野生動物的攻擊，並帶領羊群到有牧草和水的地方。

神對撒母耳命令道：「膏立他為王吧！」撒母耳立即在這些兄弟面前把油膏滴在大衛頭上，並以眾人聽不見的音量，小聲地宣示神挑選了大衛為王後，就動身回拉瑪去了。

大衛開始出入宮殿

大衛的父親耶西和其他兄弟們，都不明白撒母耳把油膏灑在大衛身上的意思，他們以為這只是意味著撒母耳將收大衛為弟子。然而，從被灑上油膏的瞬間開始，神的聖靈就降到了大衛身上，大衛也開始說出預言。

另一方面，神的聖靈已經離開了第一代王掃羅。並且開始有惡靈來侵擾他，讓他感到不安和恐懼。

臣僕們很擔心掃羅王的健康，於是決定找人來彈琴給王聽，而在尋找擅於彈琴者的過程中，得知了耶西家的大衛是家喻戶曉的彈琴好手。大衛平常牧羊時，就會一邊彈琴、一邊唱著自己所創作的曲子。以現代的說法來形容，大衛就是位能夠自己作詞作曲的創作型歌手。

掃羅的使者於是來到耶西的家，邀請大衛到宮殿為王演奏曲子。大衛一拿起琴來彈奏演唱，掃羅陰鬱的心就立刻得到了舒緩，整個人變得輕鬆舒暢。

於是，掃羅每次心情沉悶時，就召大衛到宮裡彈琴並唱頌他自己創作的曲子，療癒了掃羅的心病。就這樣，大衛開始頻繁地出入宮殿。

大衛的故事
勇氣十足的少年大衛

和非利士軍之間的戰爭開打，大家都對敵軍的高壯士兵感到害怕，然而少年大衛卻毫不畏懼。

畏懼巨漢歌利亞的以色列軍

以色列和非利士之間又再度爆發了戰爭。

非利士軍隊入侵了位於伯利恆西方二十五公里處的以弗‧大憫，並在此安營。為了迎擊非利士軍，掃羅也率領以色列士兵，在耶路撒冷西南的以拉谷安營。

耶西最年長的三個兒子也加入了掃羅的軍隊。耶西相當擔心兒子的安危，於是把最小的兒子大衛叫來，對他說：「你帶著這些炒大麥粉和餅趕去你哥哥的營裡，然後拿這些乳酪給他們的千夫長，問問看你的哥哥們是否都平安。」

隔天一大早，大衛就出發來到了以拉谷。他把物品寄放在看守武器的人那裡，然後就到營裡向哥哥們問安。正當大衛和哥哥們在談話的時候，突然由非利士人的陣營裡傳出了一陣響徹的歡呼聲，接著，一個高大的男人就緩緩地向著以拉谷大步走了過來。

這個高大的男人就是迦特出身的的非利士人歌利亞。他身高有三公尺，而且全身上下穿著青銅製的頭盔、鎧甲和護腿保護著，光是全身的防具就約有五十公斤重，此外，他的肩上還背著一根青銅長槍。歌利亞的體型實在太高大了，使得走在他前面拿著盾牌的年輕人，和他相較之下看起來就像是小孩子一般。

和拿著盾牌的年輕人一起來到谷中央的歌利亞大喊：「你們做好打仗的準備了嗎？你們這些膽小鬼給我聽好，我是非利士人，你們挑出一位勇士來跟我決鬥吧！如果他能打敗我，非利士人就做你們的奴僕。但是如果我贏了，以色列全軍就要做我們的奴僕，服事我們！」迦特的歌利亞在迦南一帶是無人不知、無人不曉的著名武將，他和以前的士師參孫一樣是個大力士，若

聖經筆記　《舊約聖經》裡可以看到許多關於獅子的記述。獅子生活在約旦河谷的茂密森林裡，時常襲擊家畜和人類。亞述帝國的國王們會飼養獅子，並和貴族以狩獵獅子為樂。

和他一對一對決的話，恐怕是很難能夠打得贏的。

聽到這番話的以色列士兵都恐懼到發抖，連高大的掃羅也和其他士兵一樣害怕。如果掃羅擁有和摩西、基甸、耶弗他一樣堅定的信仰的話，或許還能夠有開創新局面的機會，但現在聖靈已經離他遠去，他已經失去了可以打倒巨漢歌利亞的勇氣和智慧。

歌利亞連續四十天，每天早晚都來到以色列陣營前叫喊著相同的話侮辱以色列人。以色列士兵都彼此互相說著：「據說如果有人能夠殺掉歌利亞的話，王就會賞賜他財富，並把自己的女兒嫁給他，而且還能夠免除稅金。不過根本就沒有人能夠與歌利亞對抗吧。」

然而，對大衛而言，高大的歌利亞不過是個違逆偉大之神的小人物而已，他對周圍的人說出了自己的想法：「讓這個沒有受過割禮的非利士人這麼囂張真的可以嗎？竟敢如此向永活的神的軍隊叫罵嘲弄！」在一旁聽見這番話的大哥以利押很生氣地對大衛說：「小子，你跑來這裡做什麼。回去牧羊吧，不要多管閒事。」大衛卻回答：

「難道我不能說話嗎，哥哥。」

大衛自願前往打倒歌利亞

不久後，大衛所說的話傳入了掃羅的耳裡，掃羅於是把大衛傳喚了過來。

大衛對掃羅說：「不要為這個非利士人而感到害怕，你的僕人會前往將他打倒。」但是，掃羅卻回答：「你不能去與這名非利士人決鬥，你年紀還太輕，但那個高大的巨漢卻是從小就接受訓練的戰士。」掃羅拒絕了大衛的請求。

不過，大衛又對掃羅這麼說道：「王啊，我是為我父親放牧羊群的牧羊人，有時候獅子或熊會來襲擊羊群，都靠我去追趕、殺死牠們好保護羊群。你的僕人不但殺死過獅子也殺過熊。守護我能夠不被獅子和熊傷害的神，也會保護我不被這非利士人所傷害。這個未受過割禮的非利士人侮辱了神，因此他必像猛獸一樣被殺死。」掃羅聽了這番話，雖然認為少年大衛只不過是很能言善道罷了，但又因為沒有其他的人選，於是便答應讓大衛前往與歌利亞對決。

大衛的故事
大衛打倒巨漢

少年大衛打倒了巨漢，證明在神的戰爭中，即使不使用武器也能夠拯救人民。

輕裝出戰的大衛

掃羅把自己的頭盔、鎧甲和劍讓大衛穿戴上，但這些裝備實在太重，大衛幾乎無法走動。對一向只穿著輕便衣服和涼鞋的大衛來說，這身武器裝備令他相當不習慣，也不適合他。大衛於是放下了劍，並且把頭盔和鎧甲也都脫了下來。

結果，大衛所準備的武器，就只有牧羊的手杖、投擲石子用的投石器、從河裡撿來的的五顆石頭而已。他就這樣穿著一身輕裝走到強敵面前。歌利亞也由拿著盾牌的人打頭陣，一邊大聲喊叫著、一邊朝大衛逼近。

大衛用一顆石頭就打倒了歌利亞

平常，以色列人只要一看見歌利亞就會嚇得逃跑，但今天哥利亞卻發現，有一個人朝著自己的方向走來，而且仔細一看，這個人不但不是

士兵，根本就還只是一個孩子，而且身上完全沒有任何裝備。歌利亞覺得受到輕蔑而相當忿怒：「你是來和我對決的嗎？你拿著手杖當武器是把我當成狗了嗎！靠近一點過來我這裡，我要把你的肉給空中的飛鳥和田野的走獸吃！」說完後就向非利士的神祈禱。

大衛不服輸地回答：「你是靠著刀槍來攻擊我，但我靠的是你所侮辱的以色列神之名。我要讓大家知道打仗不是只靠刀、槍決勝負的。今天我要砍下你的頭，並且把非利士軍的屍體讓空中的飛鳥和地上的野獸吃。這樣所有的人就會知道以色列有一位真神。這是以色列神的戰爭。」

歌利亞站起來向前逼近準備要迎擊大衛。大衛也往前跑上了戰場，並迅速從袋子裡拿出一塊石子，用投石器射出去擊中了歌利亞的額頭，歌利亞於是應聲仆倒在地。大衛立刻跑過去把歌利亞身上的劍奪過來，並用劍

聖經筆記 當人懷著虔敬的心把自己的食物獻給神時，這些食物被稱為「供品」。而當「供品」也伴隨著血的儀式時，就被稱為「祭品」。

砍下他的頭。

　　非利士人看見他們的勇士一下子就敗退被殺死，相當地失望並陷入了混亂當中。相反地，以色列人對於大衛意料之外的勝利十分驚喜而高聲歡呼吶喊。意志消沈的非利士人開始從戰場上逃跑，以色列人於是緊隨在後直追到迦特和以革倫，並輕易地大獲全勝。

　　勇士大衛的名聲一下子就傳遍了以色列。從這一天開始，大衛就成為了掃羅王的近侍，在宮殿裡工作。

用一顆石頭打倒歌利亞的大衛

大衛的故事
掃羅欲殺大衛

大衛和掃羅的兒子約拿單成為知己，並娶了掃羅的女兒米甲為妻，但掃羅卻對大衛心懷恨意。

約拿單與大衛成為摯友

打倒歌利亞的那一天，大衛也認識了一位一生的摯友，那就是掃羅的兒子約拿單。與大衛同年齡的約拿單，對於大衛在迎戰歌利亞時所說關於信賴神的話、以及勝利之後依然保持謙虛的言行十分讚賞，完全為大衛正直的人品所折服。兩人於是相互誓約，要一輩子維持著友誼不變。

然後，約拿單把自己最珍貴的外袍、頭盔、鎧甲、劍、弓和腰帶都給了大衛。對當時缺乏武器的以色列來說，這樣的行為代表著敬意和愛。

約拿單也曾因對神的虔誠信仰而成功地突擊非利士軍，為以色列打開了勝利之窗。因此，他和同年齡的大衛不知是否因為強烈的同伴意識、或是彼此都信仰虔誠的關係，兩人就這樣結下了深厚的友誼。

掃羅決定殺害大衛

打敗了非利士軍的以色列軍從以拉谷回來時，民眾全都出城來開心地唱歌跳舞迎接掃羅。

掃羅聽到有婦女打著鈴鼓不斷唱著：「掃羅殺死千千！大衛殺死萬萬！」因而心生嫉妒，惱怒地說道：「他們給大衛萬萬，只給我千千，就只差沒把王位也給他了。」他確信大衛正是撒母耳所說「比自己更優秀的人」（見193頁）。

掃羅因為斷定大衛是威脅自己王位的對手，而開始對大衛懷抱恨意，並決定要殺死他。在這之後的第二天，掃羅情緒變得很差並開始發狂，甚至兩次拿長槍擲向前來彈琴想平緩他情緒的大衛。不過，大衛兩次都快速地閃過身，逃過了一劫。

之後，掃羅還是不斷找機會要殺害大衛。當他知道自己的女兒米甲對大衛心懷愛意，便對大衛開

聖經筆記

在古代的以色列，為了守護部族不被入侵者攻擊，所有男性都要被徵召為士兵。此外，為了確保戰場上糧食的供給，戰事大多發生在春季的收穫期間。

出條件，只要他殺死一百個非利士人，就把女兒米甲嫁給他，然而他卻只派遣了相當少數的軍隊與大衛同行到前線作戰。掃羅的意圖便是想藉非利士人之手把大衛殺了。不過，大衛不但平安歸來，還比約定的多上一倍殺了兩百位非利士人，掃羅只好把女兒米甲嫁給他。

掃羅設計殺害大衛的計謀全部失敗，然而，大衛在以色列人中的名譽聲望愈來愈高。至今為止一直密謀殺害大衛的掃羅，為了早日除掉大衛再也顧不了其他，於是把欲殺害大衛的想法告訴了兒子約拿單和身邊的近侍。

約拿單向父親掃羅求情

約拿單知道了這件事之後，立即告知大衛自己的父親要殺害他的事，並且要他暫時躲到安全的地方。

約拿單又趁著只有掃羅單獨一個人的時候，在父親面前讚頌大衛的功績，像是大衛打敗了強敵歌利亞、神透過大衛讓以色列軍獲勝的事、還有大衛好幾次為了王而賣命等等，試圖說服父親打消殺害大衛的想法。

被兒子所說服的掃羅，於是對神發誓自己不會再殺害大衛。約拿單把所有的事都告訴了大衛，大衛於是又再度回到宮殿裡仕奉掃羅。掃羅沒有被惡靈所侵擾時，還算是個講道理的人。

掃羅發出命令要殺死大衛

之後，以色列和非利士人的戰爭又起，大衛率領軍隊大獲全勝。然而，掃羅不但對大衛不抱感謝之意，反而再度燃起了對大衛的強烈恨意。掃羅又再度被惡靈附身了。

掃羅在大衛彈琴時把槍擲向大衛，但大衛在千鈞一髮之際躲開了，槍於是射進了牆上，大衛也立刻就逃走。這天夜裡，掃羅派遣僕人到大衛家門口監視著，並且命令：「看緊大衛，只要天一亮就進去他家裡把他殺了。」

大衛的故事
撿回一命的大衛

雖然掃羅不斷追趕四處逃亡的大衛，但神一直守護著大衛，不讓他落入掃羅的手裡。

大衛迅速從窗戶逃走

深愛大衛的妻子米甲，要大衛偷偷地從窗戶逃走，並在床上放了人偶假裝成大衛正在睡覺的樣子，然後欺騙掃羅派來的使者說「大衛生病了」以拖延時間，希望大衛能夠逃得遠一點。就這樣，深受神和民眾所愛戴的大衛，因掃羅瘋狂的嫉妒而被追殺，只得過著四處逃亡的生活。

大衛手持歌利亞的劍

被掃羅追殺的大衛，從王宮所在處的基比亞逃往北方五公里處撒母耳所居住的拉瑪。大衛把掃羅對自己做的事全都向撒母耳報告。撒母耳在拉瑪開辦了教育先知的學校，於是大衛就在這裡和撒母耳一起生活。

但是，有人把這件事告訴了掃羅，掃羅便立即派使者前來捉拿大衛，大衛就又從拉瑪逃回了約拿單所在的基比亞。

大衛把自己所發生的事全部告訴了好友、也就是掃羅的兒子約拿單。約拿單聽到掃羅不斷想追殺大衛的事情，最初是不敢置信，但經過調查後，確認了父親的所為確如大衛所言。於是，兩人再度為永恆的友情起誓，然後就分別了。

之後，大衛來到位於基比亞西南五公里處的挪伯，拜訪住在此地的祭司亞希米勒。大衛吃了亞希米勒所給儀式用的餅解饑，然後就取回了由亞希米勒所保管在以拉谷殺死的巨漢歌利亞的劍。

於是，回復精神的大衛帶著劍，前往非利士五大都市之一的迦特，來到了亞吉王的地方。大衛認為只要逃到了非利士的領土，就能夠躲過掃羅的追擊。

但是，大衛聽到了亞吉的臣僕對亞吉說：「這個人不就是以色列的英雄大衛嗎？」由於害怕會被別

聖經筆記　「聖靈」為神讓萬物得以生存的一種動能，也是神的靈。聖靈能夠給予人們一種特別的侍奉力量，藉由靈感的引導，使人們遵守律法。

人認出他來，於是大衛就在城門的門扇上胡亂塗寫，又讓唾液流到鬍鬚上，在眾人面前裝瘋，才終於安全地從亞吉王的地方逃了出來。

把無法承受逃亡生活的雙親交託給摩押人

從迦特逃離的大衛，來到了位於伯利恆西南方二十公里處的亞杜蘭，藏身在洞窟裡。聽到這個消息，大衛的親戚、經濟窮困的人、還有對掃羅不滿的人，全都聚集到了大衛那裡。

就這樣，來到大衛身邊跟從他的人多達四百人。此外，大衛認為年邁的雙親無法承受嚴苛的逃亡生活，又由於家族裡流有摩押族的血統，因此他便來到摩押，請求摩押王幫忙照顧他的父母。之後，大衛帶領著跟隨他的一群人來到了猶大，隱身在當時被稱為哈列的森林裡。

另一方面，掃羅知道了挪伯的祭司亞希米勒給了大衛食物和歌利亞的劍後，就將挪伯的八十五位祭司以謀反罪處死。不僅如此，住在挪伯的人，無論男女老少、孩童或還在吃奶的嬰兒，甚至是家畜，全部都被趕盡殺絕，只有亞希米勒的兒子亞比亞他倖存了下來。

目睹一切的亞比亞他把挪伯人慘遭虐殺一事告訴了大衛，之後亞比亞他便跟隨在大衛身邊。

大衛獲得通報，得知非利士人正在掠奪位於哈列森林西方十公里處基伊拉的穀倉地帶。大衛向神求問，結果獲得了神要他帶兵去拯救基伊拉的答案。但是，跟隨大衛的人卻認為他們尚且因為懼怕掃羅的軍隊而逃亡到猶大的領土，根本就不可能到基伊拉去攻打非利士軍。

尊重追隨者意見的大衛於是再次向神求問，獲得的回答和之前一樣，而且這次神還約定了一定會讓大衛和他的追隨者獲勝。於是，大衛和其追隨者便前往基伊拉與非利士軍作戰，並獲得勝利，拯救了基伊拉的居民。

基伊拉的居民對大衛恩將仇報

得知大衛人在基伊拉的掃羅，立即帶著士兵前往。掃羅認為在位於平原的基伊拉捕捉大衛，要比起在曠野來得容易多了。

大衛於是透過祭司亞比亞他，向神詢問掃羅是否會來攻打基伊拉、以及基伊拉人是否會恩將仇報，把他交給掃羅，而神的回答則是「掃羅會前來攻打」和「基伊拉人會將他們交出去」。於是，大衛帶領著已增加到六 人的跟隨者起身離開了基伊拉，在西弗的曠野四處漂泊。掃羅得知大衛已經逃離基伊拉之後，便中斷了出兵基伊拉的行

動。

在這之後，掃羅依然帶著三千名士兵拚命地尋找大衛和跟隨他的六百人，但卻怎麼也找不到這一行人。然而，當掃羅的兒子約拿單一出發打算尋找他們時，卻立刻在西弗曠野的何列斯找到了隱藏起來的大衛和他的追隨者們。

大衛因約拿單的鼓勵而振作

約拿單見到了好友大衛，便鼓勵他要靠著對神的信仰堅強起來。「好友啊，請提起精神來。你一定會成為以色列的王，我則會位居你之下的第二位。這件事情連我父親掃羅的心裡也相當清楚。」

原本十分消沈的大衛聽到約拿單的鼓勵，便馬上振作起精神。

兩人確認了彼此的友情將永不改變後，大衛仍然繼續住在何列斯，約拿單則回到自己的家去了。

之後，西弗人來到基比亞向掃羅密告，將大衛和他的隨從藏在何列斯的要塞（適合躲避敵人之處）一事告訴了掃羅，掃羅便再度帶兵討伐，大衛一行人於是改為躲藏在瑪雲曠野的岩洞裡。此時，追來的掃羅軍隊和大衛的隨從們各位於山的兩側，就在兩軍隨即要遇上時，忽然有使者前來向掃羅通報非利士人突襲的消息。

因此，掃羅停止追擊大衛，急忙回到猶大去迎戰非利士人。撿回一命的大衛及其隨從們，於是從瑪雲曠野前往死海，移居到西邊的隱，基底的要塞處。

大衛的故事
大衛救了掃羅一命

大衛有機會殺死不斷想殺害自己的掃羅，但他卻無法對曾經由神所膏立的王下手。

大衛救了想致自己於死地的掃羅一命

有一天，大衛藏身在死海西岸隱‧基底的曠野裡的消息傳到了掃羅耳裡，掃羅立即從以色列人中選出三千精兵，帶領他們前往搜索大衛和他的追隨者。

來到目的地時，掃羅突然內急了起來，於是就一個人進入一旁的山洞裡大解。那時，大衛和跟隨他的人正藏身在洞裡的深處，掃羅因為一下子從明亮的地方進到黑暗的洞穴中，眼睛尚未習慣，所以看不清楚洞穴內部的情況。

大衛的追隨者相當地高興，極力對大衛勸說：「不能放過神給我們的機會，現在就把王殺了吧！」大衛也有一點心動，便悄悄接近掃羅，但最後卻只割下了掃羅外袍的衣角而已。大衛對他的追隨者說：「我不能動手殺他，因為他是神的受膏者。」並阻止追隨者殺死掃羅。

掃羅平安地出了山洞後，也跟在他身後離開山洞的大衛俯伏在地上，謙虛地呼喊住掃羅。大衛向掃羅說明，自己對王完全沒有反叛之心，剛才在山洞裡原本可以下手殺害掃羅，但自己卻沒有這麼做，並且把剛才割下的外袍衣角做為證據拿給掃羅看。

沒有被惡靈附身時的掃羅，依然是個正氣而明白事理的人。他流下淚來向大衛認錯謝罪，並發誓道：「你比我公義正直，我卻如此地惡待你，請你原諒我。今天你放過我一命，我知道你將來一定會繼承以色列的王位。希望到那個時候你能夠不要滅除我的後裔。」

掃羅明白說出自己知道大衛將會是下一任以色列的王，並且希望他能夠發誓當他成為王時，不要像當時周圍其他國家會滅絕前一任國王後裔的做法一樣，滅絕自己的後

聖經筆記　巴勒斯坦人結婚的年齡以現代的角度來看，算是相當早婚。一般所認同的適婚年齡，男性為十三歲以上，女性為十二歲以上。

代。大衛接受了這個請求，於是掃羅就回到自己的家基比亞去，大衛也回到了隱‧基底的要塞。這是大衛第一次救了掃羅的命。

大衛再度救助掃羅

但是，之後掃羅依然想殺害大衛。當時大衛和跟隨者來到了位於迦密北方五公里處的西弗曠野，便有當地的居民向掃羅告密。

大衛派了人前往偵察，確認掃羅追擊著自己來到了曠野，於是帶著數位隨從和外甥亞比篩，在半夜偷偷溜到掃羅安營的地方。當時掃羅和他的士兵們正在沈睡。

大衛和亞比篩在黑暗中找到了熟睡的掃羅。

亞比篩對大衛提議：「今天神把你的仇敵交在你手裡。請你容我用矛把他一劍刺穿吧。」但是大衛不讓亞比篩殺害掃羅，並對他說：「不可以殺神的受膏者，這樣會受到神的處罰。」。

於是，兩人就只把掃羅枕頭旁的矛和水袋取走就離去了。然後，來到山頂上的大衛對著掃羅的軍隊和元帥押尼珥大聲喊道：「押尼珥啊，你聽好。你不是被稱為以色列的英雄嗎，為什麼沒有保護好你的王呢？連敵軍偷偷潛入軍營裡要殺你的王都沒有發現，這樣豈不是該死。去看看王枕頭旁的矛和水袋還在不在吧，這就是敵軍潛入的證據。」

掃羅一聽就認出這是大衛的聲音，於是又立刻向大衛謝罪：「我不會再加害於你了，你回來吧！」但是，大衛只說：「王的矛在這裡，叫一個僕人過來拿回去吧。」然後就轉身離去。這是大衛第二次放過掃羅一命。

聖經筆記 以色列最早的常備軍是第一代王掃羅所設置的。他直接統領了三萬人的軍隊以守護國家的安全。不過，第二代王大衛比起士兵對國家的忠誠，更重視士兵對王個人的忠誠。

大衛兩次放過掃羅的性命

第一次放過掃羅

隱・基底
在洞窟裡有機會可以殺死掃羅，但大衛卻沒有出手。

地中海

拉瑪
挪伯
耶路撒冷
伯利恆
基比亞
以革倫
迦特
非利士
希伯崙
迦密
洗革拉
死海
摩押
亞瑪力
內蓋夫

西弗的曠野
潛入軍營裡來到正在熟睡的掃羅身邊，但大衛並沒有下手。

第二次放過掃羅

大衛的故事
四處籌措張羅的大衛

為了養活六百位隨從而相當辛勞的大衛，向富裕的拿八提請
援助，但受到了冷淡的回絕。

侮辱大衛的拿八

撒母耳因年紀老邁而逝世了。以色列人民都相當懷念他，把他的遺體埋葬在他位於拉瑪的家裡。

大衛失去了為他祈福和給予他建言的撒母耳，再加上必須要養活六百位隨從，更感到自己的責任重大。

山窮水盡的大衛向富裕的拿八提出了援助的要求。拿八在瑪雲擁有豪宅，並且在在位於瑪雲北方數公里的迦密事業相當成功，擁有三千隻綿羊和一千隻山羊。拿八的個性很冷酷，只追求自己的利益，但卻擁有一位聰明又美麗的妻子亞比該。

大衛聽說拿八正在慶祝收成，就派遣了十個僕人前往拜訪，要他們對拿八說，至今為止他們保護了他的牲畜不被掠奪，使他的牲畜從來沒有遺失過，然後提出希望拿八夠能給予一些援助的請求。

但是，拿八卻這麼回答大衛的僕人：「大衛是誰？耶西的兒子是誰？我根本不認識這個人。最近離開主人逃走的僕人太多了，我怎麼能把我的餅、我的水、和我為了慶祝收成而準備的肉，分給那個不知名的大衛和那些不知道從哪裡來的人呢？」

拿八不但什麼東西都沒有給，把大衛的僕人趕了回去，還說了這樣的話，侮辱了多次拯救以色列民眾脫離險境的英雄大衛。

只用了一塊石頭就打倒歌利亞、還有大衛在許多戰役中獲勝的英勇事蹟，拿八都應該聽說過，也不可能不知道自己的牲畜是因為大衛和他的跟隨者的保護，才能夠倖免不被掠奪。然而，拿八不但連一句感謝的話都沒有，還以逃兵這樣的說法來侮辱大衛。

僕人們回去後，把拿八所說的話都告訴了大衛。大衛聽到這番話

聖經筆記 約瑟將在埃及所生的次男取名為以法蓮，代表「碩實繁多」的意思，因為神在苦難之地埃及讓約瑟擁有了眾多子孫。

十分生氣，於是要四百位隨從都佩上刀，前往迦密把拿八一族全都殺死，並把他們的家畜和財產奪取過來。

美麗又聰明的亞比該

拿八的妻子亞比該得知大衛和他的跟隨者真的動怒了，於是瞞著丈夫準備了餅、葡萄酒、羊、炒大麥粉、葡萄餅、無花果餅等物品，馱在驢背上讓僕人牽著，自己也騎著驢跟隨在後。當他們發現了大衛一行人，亞比該就馬上從驢背上下來，伏趴在大衛的面前向他哀求。

「我主啊，請原諒我丈夫拿八先前失禮的舉動，他的名字拿八就是愚笨者的意思啊。如果你願意聽婢女的解釋原諒我們的話，神會祝福你，也會守護你脫離敵人之手吧。請將婢女帶來的這些禮物，全部賜給主人和跟隨你的隨從們。」

大衛原本就是位心胸寬大的人，而如此美麗的女性也以謙遜的態度慎重地謝罪了，因此大衛也消了怒氣。他收下了贈禮，並答應亞比該不會危害拿八家族的安全。

亞比該高興地回到家裡。此時她的丈夫拿八正在家中擺設盛大的筵席，大啖山珍海味，心情暢快喝得爛醉如泥，所以亞比該沒有告訴他這件事，一直到第二天早晨拿八酒醒了，才把事情都說了出來。拿八聽了非常地恣怒，結果立刻引起中風而癱瘓並失去了意識，十天之後就去世了。

後來，大衛向亞比該求婚，並娶了她為妻。大衛在這之前已經娶了耶斯列出身的婦人亞希暖，因此亞比該便成了大衛的第二位妻子。

大衛的故事
大衛在敵方領土工作

對逃亡生活感到疲憊的大衛，選擇了對自己一行人來説最不危險的生活方式，那就是在敵方的領地成為外籍傭兵。

大衛開始「灰暗的生活」

長久以來過著逃亡生活的大衛，身心感到十分地疲憊，在這樣的狀況下，信仰也漸漸變得薄弱。他心想：「總有一天，我還是會死在掃羅的手裡吧。不如成為掃羅敵方非利士人的同伴，這應該是最安全的方法。」

於是，大衛帶著他的妻子和跟隨者，來到曾經造訪過的迦特亞吉王那裡。亞吉相當中意被自己的敵人掃羅所追擊的大衛，並且認為大衛和他的跟隨者對自己是有利的，因此就把他們納為了自己的夥伴。就這樣，大衛一行人成了非利士軍的「外藉傭兵」。另一方面，掃羅知道大衛逃到了迦特之後，就沒有再繼續追殺的行動了。

大衛對於要亞吉照顧自己眾多的僕人感到很過意不去，於是請求亞吉給他們一個居住的地方，亞吉就把位於迦特南方三十公里處的洗革拉賜給了他。大衛之後在這裡一共居住了一年零四個月，並以傭兵身分為非利士人作戰。對大衛來說，這段期間無疑是他無論在信仰上或實質上的「黑暗期」。

大衛和跟隨他的人襲擊了基述人、基色人和亞瑪力人的地方豪族，把擄走的羊、驢子、駱駝等戰利品都帶回到亞吉那裡去。大衛向亞吉報告自己前往攻擊了以色列，但實際上攻擊的卻是以色列的敵對部族。因此，大衛每攻擊一個地方，無論男女均不留活口，也不讓任何一個俘虜被帶到迦特來。亞吉完全被大衛的謊言所欺騙，並且十分地信賴大衛。

亞瑪力人趁大衛不在時偷襲

當非利士人全面展開和以色列人的戰爭時，亞吉要求大衛的軍隊一起加入作戰。大衛如今當然不可能說出真正的事實，因此只好答應亞吉的要求。

但是，非利士其他的領袖們看到

聖經筆記 曠野中的游牧民族以飼養駱駝為生，主要的交通工具為驢子。驢子是比馬和駱駝還要更早就成為人類所飼養的家畜。

來到前線的大衛十分地震驚，紛紛對亞吉說：「一旦開戰了，這個人一定會幫著以色列人來打我們，快叫他回去吧。」亞吉只好把事情告訴了大衛。大衛聽了之後假裝出一副失望的樣子，但其實內心卻很高興，這樣他就不用和以色列人作戰了，然後便和隨從一起從亞弗回到洗革拉。

然而，當大衛和六百位隨從快要到達洗革拉時，卻發現城裡燃起了濃煙，空氣中也充滿了燃燒的氣味。原來在他們出外的期間，亞瑪力人的游擊隊偷襲了洗革拉，不僅放火燒城，還奪走了所有的財產，並把城裡的婦女和孩子都帶走了。

大衛首先真誠地向神祈求，詢問應該怎麼做才好。神命令大衛：「追上去，你一定能把妻小救回來。」於是，大衛率領著眾人渡過比梭溪，追上了亞瑪力人的軍隊，並把他們都消滅。大衛不但把追隨者的家人和全部的財產都奪了回來，還帶著額外的新戰利品踏上歸途。

大衛在希伯崙成為王之前的漂泊旅途

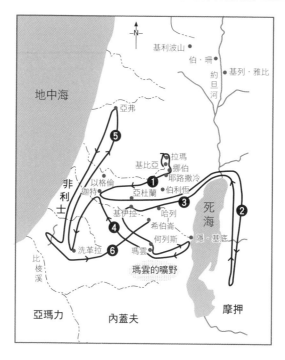

〈撒母耳記上〉28章1～20節・31章1～10節
〈撒母耳記下〉1章1～27節

大衛的故事
掃羅與約拿單之死

由女靈媒告知自己死期即將到來的掃羅，果然如預言所示，
和兒子們一起死在戰場上。

被神放棄的掃羅，死後境遇凄慘

非利士軍和以色列軍隔著基利波山互相對峙。在掃羅三十三年的統治期間，最大的功蹟就是和非利士人作戰。掃羅十分希望這一戰能將不斷侵略以色列的非利士軍一舉消滅。但是，當他看見了非利士人大舉入侵的軍隊後，卻開始害怕了起來。掃羅在剛成為以色列王的時候，曾打敗亞捫人拿轄拯救了雅比的民眾，但現在這樣的勇氣已經完全在掃羅的身上看不到了。

掃羅不再像以前一樣擁有高明的戰略，神的聖靈已完全離他遠去，任他怎麼祈求，神也不再給他任何的回應，而他所仰賴的士師撒母耳也已離開了人世。掃羅曾經將神所忌諱的女靈媒（占卜師）放逐到國外去，但在撒母耳下葬後，煩惱至極的掃羅卻決定求助靈媒。於是，掃羅改變了穿著打扮前往拜訪一個女靈媒，並向對方隱瞞自己的真實身分，要她把撒母耳的魂召出來。

「為什麼要欺騙我呢？你不就是掃羅嗎！」

「不要害怕。告訴我你看見了什麼？」

「我看見有個年老的神靈從地裡上來了。」

掃羅知道那個靈就是撒母耳，立刻跪下來伏在地上叩拜，懇求撒母耳說：「非利士人正在攻打我們，但神已經離棄了我，請指引我今後應該怎麼做吧。」撒母耳回答：「神已經離開了你，成為你的敵人，而且還要奪去你的王位，將王位交給你的朋友大衛。明天，你和你的兒子們都將死在戰場上，以色列軍將會敗給非利士人。」

掃羅聽了相當懼怕，又因為長時間沒有進食以及身心的疲勞，就當場昏了過去。

聖經筆記 聖經裡嚴禁占卜（靈媒）或招魂的做法。「無論男女，是交鬼的或是行法術的，必要把他們處死，要用石頭打死他們；他們必須承擔流血的罪責。」（利20:27）

隔天早晨，事情果然如撒母耳的靈所預言的一樣發生了。掃羅的四個兒子當中，以長男約拿單為首的前三個兒子都陣亡了，掃羅也受到弓箭猛烈的攻擊，身負重傷。比起被敵人當成俘虜捉去，掃羅寧願名譽地死去，於是命令替他拿武器的人殺了自己，但對方非常害怕，不敢下手殺死君王，掃羅只好自己將劍拔出來，伏在劍口上自殺。非利士人發現了掃羅的遺體後，就把他的裝備器具獻給了亞斯他錄的廟，並且把他的屍體釘在伯‧珊的城牆上。

大衛為兩人獻上哀歌

後來，以色列軍慘遭大敗、還有掃羅和約拿單父子戰死的消息，傳到了安營在洗革拉的大衛耳裡。

他為失去曾互相誓言永久友情的約拿單而悲傷萬分，也懷念起因嫉妒而開始追殺自己之前、還仍然是仁義君主的掃羅。大衛為了不讓民眾忘記這兩位以色列的英雄，就做了一首《弓歌》來頌揚這兩人。

以色列啊！
我們的尊榮者在山丘上被殺，
勇士都已仆倒！
掃羅和約拿單，
為以色列民所愛戴。
以色列的女子啊！
為他們哭泣吧！
兩人無論活著或死時，
都不分離。
他們比鷹還快速，
比獅子更勇猛。
我的兄弟約拿單啊，
我為你悲痛！
你給予我的愛無比珍貴，
甚至遠勝過婦女的愛情。
以色列的勇士們已倒斃。
勇士的武器成了無用之物。

大衛的故事
大衛就任王位

以色列分裂為擁護大衛和擁護掃羅第四個兒子為王的兩派而引發了內戰,最後則是由神所祝福的大衛獲得治理國家的王位。

以色列陷入內戰

原本追殺大衛的掃羅死後,大衛就沒有理由繼續留在非利士人的領地內過著逃亡的生活,於是大衛便求問神自己今後應該怎麼做,神回答說:「你回去出身之地吧,回到猶大族的重心城市、父祖亞伯拉罕曾經居住的希伯崙去!」希伯崙的猶大人民相當高興地迎接大衛回來,並膏立他為王。

然而從此時開始,以色列就陷入了內戰之中,因為在國內誕生了兩位新的國王。掃羅的元帥押尼珥將掃羅唯一活著的第四個兒子伊施波設,帶到位於約旦河東側的瑪哈念去,並立伊施波設為以色列北部的王。於是,以色列便有統治南部的大衛和統治北部的伊施波設兩位國王同時存在。

大衛軍的約押將軍和掃羅家的押尼珥將軍彼此競爭意識強烈,兩人都希望自己所事奉的人能夠成為統領全以色列的王。由於這樣的導火線,使得以色列內戰不斷,大衛的軍隊也漸漸取得優勢。

押尼珥雖然對伊施波設的人品和身為一國領導者的能力有所疑問,但因為伊施波設是前王掃羅的兒子,所以依然十分忠義地事奉他為王。但是,押尼珥的功績不但不受伊施波設所肯定,也對於伊施波設過問自己私生活的事相當生氣,最後終究失去了對伊施波設的忠誠心。押尼珥對大衛提出要加入他們那一方的要求,並且幫大衛說服了以法蓮族和便雅憫族,對大衛能夠統治全以色列有很大的貢獻。

押尼珥將軍和伊施波設被殺

但是,猜忌押尼珥的約押瞞著大衛,藉口想和押尼珥合談而將他約出來,卻趁機將他殺害,因此,

聖經筆記 在以色列,初期時一般認為男性娶兩個以上的妻子是理所當然的權利,但進入《新約聖經》的時代之後,一般便只會娶一位妻子。

押尼珥在大衛成為全以色列的王之前就已經被害了。此外，伊施波設也在午睡時，被掃羅生前發狂時所得罪的兩個男人給刺中腹部身亡。

原本覺得應該由第一代國王的兒子世襲繼承王位的人，也開始認為應該由被神所祝福的大衛來擔任國王。此外，大衛也把因掃羅的追殺而被迫分開的前任妻子——掃羅的女兒米甲帶了回來，讓兩人再度重逢，而娶前任國王的女兒為妻一事，也有助於穩定政權。

距當初撒母耳為牧羊少年大衛灑上油膏之時，已經過了近二十年。在掃羅死去的公元前一〇一一年，三十歲的大衛在希伯崙就任成為猶大的王，統治猶大共七年零六個月，並在公元前一〇〇四年的三十七歲時成為全以色列的王，一直到公元前九七一年七十歲逝世前，都治理著以色列統一王國。

統一的以色列王國

215

大衛的故事
首都耶路撒冷的確立

首都耶路撒冷建立後，神約定大衛一族將成為永遠的「唯一王族」。

從耶布斯人手中奪取耶路撒冷

為以色列全境國王的大衛，決定要把首都從希伯崙移到耶路撒冷。希伯崙的位置太過偏南，十分不方便，而耶路撒冷不但臨近南北交集的水路約旦河，更是陸路的要樞，位置方便，而且三方為山所圍繞，剩下的一方為城門，是天然的要塞都市。

但是，當時的耶路撒冷並不屬於以色列人，而是迦南族耶布斯人的領土。耶布斯王站在要塞的高處往下看，嘲笑大衛的軍隊：「連瞎眼、跛腳的人都能守住這個城市，這城市可是有如銅牆鐵壁一般。」但是，冷靜的謀略家大衛高喊：「最早攻入這座城的人，我就立他為大將。」以此做為獎勵，並備軍隨時準備進攻。士氣高昂的以色列軍想出了一個奇襲的戰術，利用當時城內汲水的下水道偷偷侵入城裡，成功把耶布斯軍隊消滅。

就這樣，大衛成功地從耶布斯人手中奪取了耶路撒冷，並將之命名為「大衛的城」。之後，他將耶路撒冷立為以色列的首都，並從腓尼基輸入黎巴嫩杉木建築宮殿和堅固的城牆，以守護耶路撒冷。一心想要把耶路撒冷建設成真正的首都和宗教中心地的大衛，把從非利士領土運送回來、長久以來被安置在基列‧耶琳的亞比拿達家的約櫃，運到了首都的帳幕裡。

大衛在安置完約櫃後，便獻上燔祭，以神之名給予民眾祝福，並發給每個人民餅、棗餅和葡萄乾。此後，大衛的軍隊和非利士、摩押、亞蘭、以東諸國作戰，無一不勝，以色列的領土急速擴張，財富也不斷增加。

神和大衛締結契約

首都確立了，約櫃也平安地迎接回來。神守護著以色列不受周圍敵人的侵擾，讓大衛能夠安享太平。有一天，大衛對先知拿單說：「身為神的僕人的我居住在香柏木的宮裡，而神的約櫃卻是停放在帳幕中。我要為神

聖經筆記 黎巴嫩杉是松科的針葉樹，不容易腐敗也不容易被蟲蛀，是大理石建築中不可缺少的樑材。黎巴嫩共和國的國花就是黎巴嫩杉，國旗上便有黎巴嫩杉的圖樣。

建造一座宏偉的殿宇。」拿單聽了這番話由衷地表示贊成，然而當天夜裡，神卻如此對拿單說：

「你去對我的僕人大衛說，從我把以色列人由埃及領出來到今日為止，我都一直住在帳幕裡帶領著人民。我從來沒有命令過任何部族要為我蓋以杉木建造的家。我選擇牧羊的大衛做以色列的王，我將永遠和大衛同在，使他所到之處皆處不敗之境。以色列民眾在大衛的領導下，將從恐懼和苦難中解脫，永遠獲得安息。

我還要向大衛如此宣告：『我要為你建立一個朝代。』到了你死後，你的後裔也將繼續繼承你的王國，並且他要以我之名建立朝代，我將會鞏固他的國和王位。你的家和你的王國，也必在我的面前永遠堅定，你的王位也必永遠堅立。」

這就是所謂的「大衛的契約」。在這裡「建立一個朝代」，所指的是家族和王國的意思。掃羅家族的國王地位被神剝奪回去，大衛一族則將永遠繼承王位。換句話說，大衛死後，他的兒子將繼承王位，神應允讓大衛家族的王國永遠持續，永不滅亡。

約櫃

大衛的故事
大衛犯了大罪

大衛觸犯了摩西十誡的後五誡，全能的神透過先知拿單嚴厲斥責大衛。

大衛染指有夫之婦

大衛發揮他卓越的政治手腕，將國內外都治理得很好，政局相當安定。然而，大衛卻犯了一個終身抹滅不掉的大罪。

大衛派遣約押率領以色列軍去攻打亞捫人，自己則留在耶路撒冷。有一天他午睡醒來後，便到王宮的屋頂上散步，邊思考著政局和人事的安排。

此時，他從屋頂上看見了一名全身赤裸正在沐浴的婦人，這名婦人容貌美麗優雅，大衛一見就對她深深著迷，於是派人去查問那位女性的身分，得知她是烏利亞的妻子拔示巴。婦人的丈夫烏利亞是出身赫族的將校，此時正隨同約押將軍一起前去包圍亞捫的首都拉巴。

大衛於是趁烏利亞不在時，差派使者把拔示巴接到宮廷與她同房。

不久後，拔示巴懷了孕，便找人去告訴大衛。大衛知道了相當困擾，因為身為上司和君王的自己，竟然趁下屬上戰場時和下屬的妻子同房，還讓她懷了孕。另一方面，拔示巴也非常煩惱，因為依當時的律法她已經犯了通姦罪，必須被處死，於是她要求大衛幫忙想辦法隱瞞罪行。

設計讓烏利亞戰死沙場

大衛派人到前線去把烏利亞召回來，假裝要他報告約押將軍的近況和以色列軍的戰況，然後對烏利亞說：「回戰場前，你先回家去和妻子聚一聚吧！」佯裝慰勞從前線回來的士兵，還送了禮物給他。

大衛心想，如果烏利亞回家和妻子同房，之後再從戰場回來知道妻子懷孕後就不會起疑，自己所犯的罪行就不會被發現。當時沒有DNA鑑定的技術，如此堪稱是完美的犯罪。

聖經筆記「聖戰」指的是由強烈的信念認定是神所命令而發動的戰爭，例如中世紀的十字軍便是為了驅逐占領聖地的敵人而出戰的。

但是，聰明的大衛卻估算錯誤。烏利亞雖然是異族人，但卻篤信神耶和華，是位信仰正當之人。烏利亞的名字正代表著「神是我的光」的意思。

烏利亞並沒有回到自己家裡，而和其他的臣僕一同睡在王宮門外。隔天早晨，大衛得知烏利亞沒有回家，就問道：「你不是隔了這麼久才遠從戰場回來嗎，為什麼不回自己家裡呢？」烏利亞回答大衛說：「我的主人約押將軍正在戰場上辛苦作戰，只能安營在野外的土地上，我怎能回家安樂地吃喝、與妻子同睡呢？我絕不能做這樣的事。」

因此，大衛便故意把烏利亞灌醉，希望酒醉的他會和妻子同房。但即使如此，烏利亞還是沒有回到自己家中而睡在宮殿。烏利亞可說是位少見的忠誠將士。

束手無策的大衛只好使出最後的手段，就是讓烏利亞戰死在沙場上。隔天早晨，大衛寫了一封給約押的信，並交給烏利亞帶去前線。他在信裡寫道：「把烏利亞派到戰況最猛烈的前線去，然後你們就退到後方只留下他一人，讓他被殺死。」

約押讀了信之後，便按照王的吩咐去做，勇士烏利亞因而戰死。

拔示巴聽到丈夫烏利亞戰死的消息後，雖然還是表現出哀慟的樣子，但等到守喪期一過，她就和大衛結了婚，並生下一個兒子。

大衛受到先知拿單的斥責

王所做的壞事只有身邊的親信知道，但沒人敢說些什麼。那個時代的國王都為所欲為，憑自己的好惡行事，只要喜歡的東西，沒有得不到手的。但是，以色列的王卻必須遵從神的旨意，這點和其他國家的王有著決定性的差異。

神差派了先知拿單去見大衛。拿單對大衛說：「在大衛的國家裡住著兩個男人，其中一人相當富有，擁有非常多的牛羊；另一個男人很貧窮，除了自己所飼養的一隻小母羊以外就什麼都沒有了。那隻小羊和窮人的兒女一同生活，吃著相同的食物，簡直就像他的女兒一樣。有一天，有一位旅客到富有的男人家裡拜訪，富有的男人捨不得從自己的牛群或羊群中取一頭出來款待旅客，就偷了窮人的母羊，料理給他的客人享用。」

大衛聽了對這位富有的男人感到十分忿怒，便怒道：「這個人應該要處以死刑！」拿單就等著大衛這麼回答，於是嚴厲地回道：「王啊。你就是那個人！」

大衛認錯悔改而逃過死罪

拿單把神的話轉告給大衛。

「我膏立了原本是牧羊人的你成為全以色列的王，又把前王掃羅所有的財產都賜給你。我給了你妻子、兒女、財富、權力、名譽等這世間所有的一切，但是，你卻藐視我的話，在我面前為惡。你卑劣到藉由敵人亞捫人的刀殺害忠實的臣僕，還奪娶了他的妻子。

大衛啊。你可知你的罪惡深重。由於你做了藉亞捫人的刀劍殺死烏利亞的不義之事，此後你的家裡也要興起刀劍之災。你私底下掩人耳目所做的惡事，今後將在光天化日之下發生在你面前。你的妻子將被你的近親奪走，並在全以色列人的面前被侵犯。」

大衛一邊哭著說「我犯了錯得罪神了」，一邊向拿單坦言道：

「神啊！求你按著你的慈愛恩待我，照著你豐盛的憐憫塗抹我的過犯。我知道我犯了過錯，我在你的面前犯了罪。」大衛在〈詩篇〉第五十一章中，如此唱出自己內心深處的悲痛。他自覺到自己的深惡罪行，在神的面前伏地懺悔。

拿單對大衛說：「本來你應該是死罪，但神聽到你的懺悔，而赦免你免於一死。不過，你所生的兒子必定要死。」說完之後便回去了。

大衛和拔示巴所生的孩子之後隨即得了重病，出生後第七天就死了。遵從神的旨令而冒著生命危險指摘國王過錯的拿單，可說是位偉大的先知。

大衛的故事
大衛受到神的審判

雖然大衛因認錯悔改而逃過死罪，但他的家族裡卻發生了近親通姦、強姦、兄弟相殘等不幸的事件。

大衛家災難不斷

大衛雖然因神的愛憐而免於一死，但是他自己種下的因，還是要由自己來承受。大衛在被掃羅追趕流浪的期間，除了婆亞希暖、死去拿八的妻子亞比該、掃羅王的女兒米甲以及奪取烏利亞的妻子拔示巴之外，還有多位的妻子和側室。大衛共有十位妻子、四十個孩子（兒子十九人），是個複雜的家族。

大衛家開始發生一連串的不祥事件。首先是大衛的長男暗嫩愛上了同父異母、美麗而優雅的妹妹他瑪，對她產生了愛欲，於是裝病將她引到房間裡，再以暴力玷污了她。暗嫩犯了摩西律法中嚴禁近親通姦的罪行，不過，之後的發展卻演變得更為嚴重。暗嫩滿足了自己的欲望後開始嫌惡他瑪，並且將她拋棄。

這件事情被他瑪的親哥哥、也就是大衛第三個兒子押沙龍給知道了。押沙龍是以色列全國數一數二的美男子，擁有一頭亮麗的頭髮。

押沙龍得知疼愛的妹妹竟然遭到這樣的對待，於是決定為妹妹復仇。他宴請了所有的兄弟們，並用葡萄酒把暗嫩灌醉後，再派僕人把他殺了。押沙龍這樣算是為被羞辱的妹妹報了仇，但實際上卻還別有內幕，押沙龍是打算將第一順位繼承王位的大哥殺死，好為自己將來繼承王位而鋪路。

押沙龍立刻逃往祖父所居住位於加利利海東邊的基述，在那裡過了三年的逃亡生活，後來因為約押將軍幫忙居中和大衛協調，才被准許回到耶路撒冷。押沙龍是一個野心勃勃的人，此時他已經開始為取代父親大衛成為以色列王做準備。

押沙龍開始鞏固自己的勢力

當大衛忙於行政、經濟、工程、人事、外交、軍事等國家事務

聖經筆記：以色列一年清楚地分為兩個季節，十一月到五月為多雨的冬季，其餘的月分則為乾燥的夏季。不過，以色列國內的氣候還是因地區的不同而多有差異。

時，押沙龍則以美貌和政治手腕一步步實行自己的計畫。

首先，押沙龍預備好了戰車和馬匹以及為自己效命的五十位臣僕。然後，他又時常到宮殿裡的行政部門走動，親切地和因訴訟案件而來到此地的人民招呼談話，詢問他們的出生地並聊聊他們所遇到的問題等等，讓民眾對他留下好印象。並且不斷地對民眾說：「你真的很努力工作。你的申訴合情合理，但現在以色列裡卻沒有官員能夠設身處地好好地聽審你的案子，真是遺憾。將來我成為王以後，一定不會讓這樣的事發生。」

這樣的手段持續進行了四年，押沙龍的人氣扶搖直上，以色列的民甚至支持押沙龍勝過於支持大衛王。看到時機成熟了，押沙龍便以希伯崙為據點將反叛軍聚集起來，決定實行叛變的計畫。

大衛因為不想讓耶路撒冷變成戰場而造成多人死傷的慘劇，於是帶著忠實的僕人逃亡，留下十位妻子和看守約櫃的兩位祭司。被深愛的兒子逼迫交出王位的大衛，赤著腳一邊爬上位於耶路撒冷東邊的橄欖山一邊流淚哭泣著。

押沙龍戰死

占據了耶路撒冷的押沙龍，首先著手進行的便是在宮殿的屋頂上搭建帳篷，然後在居民的眾目睽睽之下冒犯了父親大衛的十個妻子。這是對大衛王最大的侮辱。犯了姦淫和殺人罪的大衛，家族裡不但發生近親通姦、強姦和殺人事件，他的妻子們還在眾人的眼前被侵犯。神對大衛的審判就如同拿單所預言的一一實現了。

如此一來，父子兩人的關係再也無法復合。押沙龍之所以這麼做，就是要他的臣僕們丟棄原本在大衛和自己之間搖擺猶豫的態度，要他們打從心裡認定自己才是他們的王並為他而戰。

從耶路撒冷逃走的大衛軍在約旦河東邊的瑪哈念安營，押沙龍所率領的以色列軍也渡過了約旦河安營在基列。雙方陣營都已經準備好而蓄事待發，便在雅博河北方基列的森林裡陷入激戰。

有過許多實戰經歷的大衛軍占了壓倒性的上風，以色列軍的死傷人數超過了兩萬人。押沙龍在森林裡騎著騾子躲避大衛軍的追擊，但此時他引以為傲的頭髮卻纏到了樹枝上，當他就這樣吊在半空中時被

聖經筆記　猶太人（猶太教徒）最初迫害耶穌，後來又迫害他的弟子們。但數百年後羅馬帝國改信基督教後，立場卻調換了過來，猶太人開始被基督教徒所迫害，直至今日。

大衛軍發現了，而被約押將軍以三支長槍刺中心臟喪命。

以色列軍得知押沙龍王的死訊後紛紛逃跑，戰爭最後由大衛軍獲得勝利。但是，大衛對於勝利並不感到喜悅，他為自己兒子的死而哀悼，之後便回到了耶路撒冷並復位。

長子凌辱了自己的親妹妹而被三男殺害，三男又因謀反而將大衛王放逐，但最後戰死，在遭遇了這一連串不幸的事件後，唯一讓大衛感到欣慰的，就是最愛的妻子拔示巴為他生了第二個兒子。大衛為這個兒子命名為所羅門，並立他為自己的繼承人。

大衛的妻子與兒子們

妻子	兒子
亞希暖	暗嫩
亞比該	基利押
瑪迦	押沙龍
哈吉	亞多尼雅
亞比他	示法提雅
以格拉	以特念
米甲	（無）
拔示巴	沙母亞
	朔罷
	拿單
	♔所羅門

妻子	兒子
其他位妻子	益轄
	尼斐
	雅非亞
	以利沙瑪＊
	以利雅大
	以利法列＊
	挪迦

＊另有一位同名者

223

所羅門的故事
獲得智慧的所羅門

神問所羅門想要獲得什麼，所羅門回答他想擁有正確的判斷力。神對於這樣的答案感到高興，於是也賜給他財富、名譽和長壽。

所羅門剛就任王時一切順利

大衛從沒沒無名的牧羊者經歷了苦難和辛勞才當上以色列的王。他以對神耶和華的信仰為基礎，抵抗外敵守護國家，並把一生奉獻在整治國內的政治、經濟、文化上。至今為止過著半游牧生活的以色列，終於在大衛的統治下構成了國家的型態。此時大衛也已經七十歲了。

知道自己即將死去的大衛，指名所羅門為自己的繼承人，並把他叫到自己的床前來，留下了遺言：「你要遵守你的神所吩咐的，依照摩西所寫下的律法而行，謹守神的律例和誡命。」

大衛在希伯崙為王七年，在耶路撒冷為王三十三年，指導以色列王國的時間共長達了四十年之久，是一位偉大的王。在許多人的愛戴與惋惜下，大衛離開了人世，死後被埋葬在耶路撒冷。接著，就由當時二十歲的所羅門就任以色列統一王國的第三代王。

就任後的所羅門在位於耶路撒冷西北十公里處基遍的祭壇上，獻上了一千頭牲畜的燔祭來讚美神。那天晚上，神出現在所羅門的夢中對他說：「你想要什麼呢？無論你求什麼，我必賜給你。」

所羅門謙虛地回答：「你賜給我父親大衛極大的恩惠，我深深地感謝。雖然我身為王，但卻如此地渺小，而你的子民多到數不清，所以請賜給僕人一顆能明辨善惡的心，讓我可以為你的子民辨別是非善惡。」

神聽到所羅門所祈求的事，不但賜給了他智慧和明辨善惡的心，也賜予了所羅門並未祈求的財富、名譽和長壽，之後所羅門就從夢裡醒了過來。所羅門在就任為王實行

聖經筆記 所羅門神殿花了七年的時間建造，於公元前九六〇年完成，大小為寬十公里、長三十公里、高十五公里。

統治之初，可說十分地順利。

所羅門後來喪失了信仰，並縱情聲色

所羅門不但從父親的手中繼承了武力，和鄰近的國家維持友好的關係，還因海外貿易和屬國的貢品而累積了眾多的財富。所羅門擁有許多商船，每年都會航行到西班牙南部的他施，帶回各式商品再販賣到內陸國家。所羅門每年的收入約為二十三噸重的金子，另外還要再加上商人的課稅和阿拉伯的官僚們所奉獻的財物。

然而，雖然有如此大量的財富流入以色列，以色列人民卻依然過得很貧困，因為以色列到處都在興建土木工程，如增建宮殿、建築城牆、城市的建設等等。民眾於是被迫在低薪資下刻苦地勞動，並為重稅所苦。

一出生就貴為王子、尊貴地在宮殿中長大的所羅門，和辛苦才取得王位的大衛不同，對於國民的辛苦和不滿並沒有足夠的了解。

而且，所羅門還相當迷戀女色，只要是喜歡的女性全部都娶回家或做為側室。除了迎娶法老的女兒為妻之外，又娶了摩押、亞捫、以東、西頓和赫族等各國國王和貴族的女兒為妻，共達七百人之多，而且還另有側室三百人。所羅門深深迷戀這些肌膚顏色和髮色都不同的外族女性，耽溺於聲色之中。當然，迎娶鄰近各國掌權者的女兒為妻子或側室，的確有助於彼此友好的關係，讓雙方的貿易往來能夠更順利，然而這麼做的缺點卻遠比好處要多太多了。

━━━━━ 神賜給所羅門的恩惠 ━━━━━

財富　判斷力　智慧　名譽　長壽

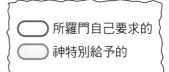

◯ 所羅門自己要求的
◯ 神特別給予的

所羅門的故事
所羅門變成愚者

擁有眾多妻子和側室的所羅門，開始祭拜她們所信仰的異教神祇，因而被神懲罰。

所羅門背離信仰

神過去曾經吩咐過以色列人「你們不可與他們往來通婚，否則他們必會引誘你們的心，去跟隨他們的神。」，而所羅門的妻子們，便是神所說不可接近的異族人。她們祭拜自己出身地所信仰的諸神，如西頓的女神亞斯他錄、亞捫的神摩洛、摩押的神基抹。

由於她們不斷纏著要所羅門去禮拜她們的神，所羅門最後還是勉為其難地答應了。隨著年紀的增加，體力和智力都已衰退的所羅門為了討這些女子的歡欣，自己也開始祭拜這些異族的神。

人民看到這樣的現象，也開始認為每個國家都有自己的神，而耶和華只是以色列一國的神，並不是全世界的神。神之國以色列於是變得完全俗世化，所羅門的心也遠離了神。原本擁有傲人智慧的所羅門王，變成了一位縱情聲色的愚者。

所羅門被神懲罰

神二度出現在所羅門的夢裡，警告他要過著清淨的生活。但是，他卻沒有遵從神的旨令。神於是派遣先知去告訴所羅門：「既然你破壞了契約，我必會奪去你的國，把國賜給你的臣子。然而，因為你父親大衛的緣故，我會在你死後才讓王國分裂。又為了我的僕人大衛的信仰，我會留下一個部族給你的兒子（見本頁聖經筆記）。」

聽到神的宣告，所羅門受到了很大的衝擊。但是，他卻沒有表現出像父親大衛冒犯拔示巴並讓她的丈夫烏利亞戰死、而被先知拿單嚴厲斥責時所展現的深深悔意。

後來，王國遭受到各方的威脅。首先是來自南北方的軍事威脅。北方為統治大馬士革的利遜所發起的叛亂，南方則為以東人哈達所領導的叛亂。

國內則有以法蓮出身的耶羅波

聖經筆記 耶羅波安掌管了十個部族，所羅門一族則只剩下了兩個部族。由於所羅門一族之下的猶大族和便雅憫族合為了一族，所以便以一個部族來稱之。

安所帶領的反叛。他原本受到所羅門王的信賴,而由耶路撒冷城修建工程的監工,一躍成為以色列的總指揮官。有一天,結束宮廷的工作走出耶路撒冷城的耶羅波安,在路上遇見了一位來自示羅城的老先知亞希雅。亞希雅開口和他打了聲招呼後,就把他帶到沒有人的路邊,把穿在身上的新外套撕成十二片,其中的兩片由自己拿著,其他十片則交給了耶羅波安,並對他說:

「耶羅波安啊。神從所羅門的手裡讓國家分裂,把十個部族賜給你,只留下以色列的兩個部族給所羅門家。你去把十個部族取到手,並且遵守神的契約、建立王國,只禮拜真神。」

受到先知這番話的鼓舞,耶羅波安立即開始說服民眾離開所羅門王。知道這件事後,所羅門便下令要逮捕並殺死耶羅波安。但是,耶羅波安早已逃到埃及王示撒的領地,在所羅門死之前都在埃及過著亡命的生活。

以色列境內的異教信仰蔓延

所羅門的故事
所羅門的深刻思索

所羅門領悟到愈增長智慧煩惱也就愈深。不斷思索的所羅門最後看破了「人生不過是陣風」。

人生最大的目的是什麼？

出生在以色列王族並繼承王位的所羅門，在分析動物、植物、礦物和自然現象以及邏輯推理、諺語和詩等文學各方面，都展現了他的智慧。

在《舊約聖經》裡，〈傳道書〉、〈箴言〉、〈雅歌〉、〈詩篇〉中便保留了所羅門一部分的文學之作。

所羅門的文學提供了指導者政治上的方針、人生的指南、建立良好家庭的方法等等，可說是解決人生和社會諸多問題的優良指導手冊。

此外，所羅門將官僚制度導入了大衛好不容易建設起來的以色列國家裡，讓國家得以更加蓬勃發展。他把國家分成了十二個行政區，各個地區皆有任命的長官，並給付長官可維持各地宮殿的費用。

以色列雖然只生產小麥、油和葡萄酒等特產，但他們還是成為了成功的貿易商人。所羅門買進國外的商品，再販賣到其他的國家去。雖然以色列原本沒有造船和航海技術，但所羅門也把民眾送到了推羅去學習這些技術。

所羅門不但擁有優秀的學問、在學術上有相當的成就，在商場上也十分成功。擁有了財富、名譽、地位、智慧和知識，所羅門可說幾乎擁有了全部，甚至可以說是人類歷史上最幸福的人吧。

所羅門以他豐富的知識為基礎，並運用智慧思索了人生的目的為何。人生要如何才能獲得最大的幸福呢？是快樂嗎？事業？財富？還是擁有眾多的奴隸、或眾多的妻子？所羅門在〈傳道書〉的開頭便如下所寫道。

傳道者說：虛空的虛空。虛空的虛空，一切都是虛空。

人的一切勞碌，就是他在日光

 聖經筆記 要推動建築工程必須要有很多的勞力。在古代的以色列，勞力是由奴隸制度所提供，奴隸的最大供給來源則為戰爭的俘虜和借錢無法償還的人們。

之下的勞碌，

> 對自己有甚麼益處呢？
> 一代過去，一代又來，
> 地卻永遠存在。
> 太陽升起，太陽落下，
> 匆忙回到它上升之處。
> 風向南颳，又往北轉，
> 循環周行，旋轉不息。
> 江河向海裡流，
> 海卻不滿溢；
> 江河之水歸回本源，循環流轉。

> 萬事都令人厭倦，
> 人說，說不盡；
> 眼看，看不飽；
> 耳聽，聽不足。
> 已有的事必再有，
> 作過的事必再作；
> 日光之下並無新事。
> （〈傳道書〉1章1～9節）

幸福的條件

所羅門認為無論財富、地位、智慧、知識或家庭，一切都是虛空。許多人嚮往學術和學問，追求科學和哲學，甚至窮極探究生物科技、基因研究和奈米科技等。

以前所羅門曾說：「我曾用智慧專心尋求查究天下所發生的一切事。」（傳1:13）但這還是無法讓他的心得到滿足，最後他下了結論：「眼看，看不飽；耳聽，聽不足。」甚至說：「因為多有智慧，就多有煩惱；加增知識，就加增痛苦。」（傳1:18）

只有尚未擁有學問和知識的人，才會認為學習愈多的學問和知識就能得到幸福。所羅門在學問和知識裡追求人生的目的，最後卻只得到了失望。

不求回報的愛

於是，他把心力轉向追求美術、建築、音樂，試圖從中得到快樂。擁有眾多妻妾是很多人的願望，所羅門連這也試過了。他說：「我眼中所求的，我都不禁止；我心所喜歡的，我都沒抑制。我的心因我的一切勞碌而快樂，這就是我從一切勞碌中所得的分。」（傳2:10）但是，他最後所獲得的結論卻是：「想不到一切都是虛空，都是捕風。」（傳2:11）

頭腦聰明的所羅門不斷思索後，覺悟到人生不過就像一陣風。但如果真是如此，那麼人生就會變得空虛和悲觀。若以現代的觀點來看，或許會覺得所羅門王是得了憂鬱症吧。而這就是倚靠自己並遠離神、失去了信仰的所羅門對人生所下的結論。

那麼，人生果真是毫無意義，像是在追逐風一樣嗎？

所羅門對於這個問題的答案，

卻也是明確地否定。人生最重要的事並不是知識和智慧，不是快樂，也不是在商場上獲得成功。長久探索人生後，所羅門得到的結論是，人生最大的目的，在於不吝惜對他人付出愛，這才是人生所應走的道路。

他呼喊著：「要把你的糧食撒在水面上。」（傳11:1）即使知道這麼做沒有用，但還是要去行好事，不要期待回報和感謝。這份不求回報的愛的根源是什麼呢，他認為：「應當敬畏神，謹守他的誡命，因為這是每一個人的本分。」（傳12:13）「應當敬畏神」不只意味著要畏懼神，還必須要打從心裡信服神。

智慧之王所羅門

第 5 章
以色列的分裂和對立

統一王國結束
分裂成兩個國家

以色列統一王國因羅波安和耶羅波安兩人分裂成南邊的猶大王國和北邊的以色列王國。

羅波安王思慮不足

公元前九三一年，治理以色列統一王國四十年的所羅門王去世。所羅門死後，由他和亞捫人出身的妻子拿瑪所生、時年四十一歲的兒子羅波安繼位。民眾的指導者們於是派人到埃及，將逃亡的耶羅波安找去了新王舉行就任儀式的地點示劍。

來到示劍的耶羅波安，帶著民眾的指導者們到新王羅波安的面前請願道：「你父親所羅門為了城市和宮殿的建設，讓我們負擔沈重的稅金和勞役。如果你能夠減輕這些你父親加在我們背上的重擔，我們就忠心地服事你為王。」

羅波安回答：「我三天後再給你們回覆，你們先回去吧。」

羅波安王不知道應該如何回答民眾的請求，於是便向所羅門在世時就在宮中服事的長老們請教。這些人非常清楚民眾對前王所羅門有許多的不滿，於是向羅波安說明為了讓國家安定，必須要聽取人民的心聲，並在三天內不斷努力說服羅波安。

羅波安看似接納了長老們的諫言，但又去問了那些與他同年紀的年輕隨從們。年輕隨從半開玩笑地建議他要這樣回答：「我的小指頭比我父親的腰還粗！我父親把重稅和嚴苛的勞役加在你們身上，但我要更加重你們的重擔。」

第三天，以耶羅波安為首的大群民眾都等著要聽國王的回覆，大家都十分期待會得到一個好的答應。然而，羅波安王卻無視於長老們的諫言，反而按照年輕隨從們所說的來回答。

事情這樣的發展，應驗了過去神透過先知亞希雅對耶羅波安所說的話。（見227頁）

聖經筆記 在以色列漫長的歷史中，至今共建築了三座聖殿，分別為所羅門所建設的聖殿、巴比倫俘虜返國後所重建的第二聖殿、大希律王所建造的希律聖殿。

統一王國分裂

聽到王如此不慈悲的回答，民眾的忿怒終於爆發了出來。他們對羅波安說：「既然如此，我們和大衛家也不再有關係了。我們各自回自己的家去吧。」說完後，便回到各自的土地，然後選擇從埃及回來的耶羅波安做為他們的王，宣布脫離羅波安王獨立。

羅波安於是差派掌管勞役事務的官員亞多蘭去向民眾勸解，請大家原諒他欠缺考慮而不適當的發言，並能夠回歸自己的統治之下。但是，民眾對於所羅門王時代負責強制民眾服勞役的亞多蘭積怨極深，亞多蘭完全沒有開口的機會，

以色列統一王國的分裂

就被忿怒的民眾用石頭打死了。羅波安得知這件事後，深怕自己也會成為眾矢之的被民眾丟擲石頭打死，便急忙乘坐戰車逃回了耶路撒冷。

雖然如此，和大衛王緣分深厚的猶大族和便雅憫族依然選擇羅波安為自己的王，這就是以色列南部的兩個部族所組成的猶大王國。另一方面，以色列北部的十個部族則擁護耶羅波安為王，建立了以色列王國。就這樣，北部的十個部族完全背棄了大衛家。

羅波安回到耶路撒冷後，從忠實於自己的猶大部族和便雅憫部族中召集了精銳戰士十八萬人，準備進攻耶羅波安所領導的以色列王

國，好把王國奪回，重歸自己的統治之下。

但是，神傳話給先知示瑪雅要眾人中止這個計畫。示瑪雅向民眾宣告道，同胞之間不應該互相殘害，而以色列大多數民眾會背棄正當的王位繼承者羅波安，也是出於神的旨意，眾人應當要順從。

大衛用盡一生的時間所建立的以色列統一王國，只維持到第二代王所羅門的時代，僅歷經了短短的七十三年（公元前一○○四～九三一年），第三代羅波安繼位後，王國就分裂成南北兩個王國。南邊的猶大王國首都位在大衛之城耶路撒冷；北邊的以色列王國首都則位於以法蓮的示劍。

南北兩個王國的誕生年表

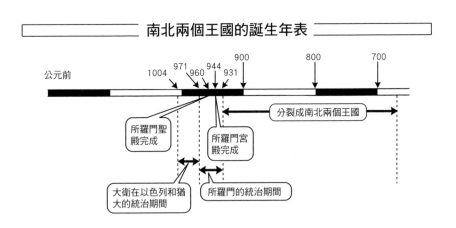

〈列王紀上〉12章26節～14章20節
〈歷代志下〉13章1～20節

統一王國結束

北方的第一任王耶羅波安

耶羅波安對於民眾前往位於猶大王國的耶路撒冷進行巡禮感到很不安，於是自己鑄造了牛像，讓民眾繼續祭拜偶像。

耶羅波安對民眾前往耶路撒冷巡禮感到不安

　　所羅門時代的以色列統一王國共有十二個部族，領土達一六八九〇平方公里。十二部族當中由耶羅波安所的統治的十個部族，占地約為所有領土的三分之二，也就是一一二六〇平方公里。換句話說，統一王國的大部分領土都在耶羅波安的統治之下。而且，在所羅門統治時期，耶羅波安就已經是一位十分有能力的官員，擅長領土、經濟、都市、行政相關的國家政務，他相當有自信能夠將國家治理好，但唯一擔心的卻是能否掌握民心。

　　到耶路撒冷的聖殿獻祭巡禮，是以色列人民相當重要的信仰依靠，不是國王的命令能夠剝奪的。但是，耶羅波安卻擔心如果以色列王國的人民持續到耶路撒冷巡禮的話，民心就會動搖，變得較為傾向敵對猶大王國的羅波安王那邊，甚至可能會把自己給殺了。

　　耶羅波安於是和身邊的親信商量，而鑄造了兩座金牛像，一個安放在伯特利的高地，一個安放在但的高地，並對眾民說：「同胞啊，正如你們所知，在任何地方都有神的存在，神並不只存在於一個地方，所以，你們沒有必要再為了祭神而前往敵人所在的耶路撒冷去巡禮。看哪，把你們從埃及地帶領出來的神就在這裡。你們就住在這兩個城市的附近，因此到比較近的那個地方去祭拜就可以了。」

耶羅波安的手變得乾枯

　　耶羅波安為了金牛像而建造了神殿，並臨時將非利未族出身的人立為祭司，負責上香祭奉金牛像。此外，耶羅波安還擅自訂定第八個月的十五日為「祭神日」，在伯特利建造了新的祭壇，並在祭壇上獻祭燒香。

　　此時，神派遣了一位先知來到

聖經筆記 以色列中開採得最多的金屬為銅。把礦石融解後抽出銅的元素，等待銅冷卻後就藉由敲打的方式使之延展，讓銅硬化及成形。

耶羅波安面前，對他說：「祭壇哪，祭壇哪，神這樣說：『看哪，大衛家將會生一個名叫約西亞的男子，他要把在你面前燒香的祭司們做為祭物獻上，人的骨頭也要在你上面焚燒。』」先知又繼續說：「看哪，這祭壇必會破裂，祭壇上的灰都會傾撒下來。」

聽到這番話的耶羅波安很生氣，就站在祭壇上伸手指著這個人喊道：「抓住他！」就在此時，耶羅波安指向先知的手卻變得乾枯，完全無法動彈，接著祭壇也破裂，灰從祭壇上傾撒了下來。

耶羅波安十分害怕，一改先前高傲的姿態轉而哀求先知：「神人啊。求你為我向你的神求情，請他息怒。求你為我禱告，使我的手復原。」

於是，先知一伸出手來，耶羅波安乾枯的手就立刻復原了。王為了答謝就邀請先知到家裡作客，但先知拒絕後就離去了。

耶羅波安的罪後來遭受審判

即使發生了這些徵兆，耶羅波安還是不知悔改，依然繼續祭拜偶像，也讓民眾跟著這麼做。金牛像依然安置在伯特利和但的高地，以色列的民眾也持續祭拜著這些偶像。

耶羅波安不但欺騙了以色列王國的民眾，還背棄了以色列祖先們對神的事奉及信仰，違反了律法。這就是「耶羅波安的罪」，聖經裡認為就是這個原因，使之後以色列人敗給了其他民族而成為俘虜。

耶羅波安相當輕視在羅波安死後繼承猶大王國的年輕國王亞比央，並發起了戰爭。耶羅波安的軍隊有八十萬人，亞比央的軍隊只有四十萬人，以士兵的人數來看，耶羅波安應該占壓倒性的勝利，但結果卻由亞比央軍贏得了歷史性的大勝利，耶羅波安軍有五十萬士兵被殺死。失敗的耶羅波安在亞比央在世時再也無法威脅猶大王國，他在統治了以色列王國二十二年後死去，由他的兒子拿答繼承王位。

聖經筆記

戰爭裡輸掉的一方的男性，不是「全被殺死」、「手腳被砍下」，就是「被當成奴隸」，這是當時的慣例。女性和小孩則全部成為俘虜。

耶羅波安讓民眾在金牛像前祭拜

統一王國結束

南方的第一任王羅波安

羅波安原本應該能繼承父親所羅門所留下的根基，但卻因為高傲和對神的不信仰，而失去了眾多的部族和財產。

羅波安因妻子的勸說而祭拜亞舍拉像

以色列統一王國在智慧之王所羅門統治了四十年後，由所羅門和亞捫人出身的妻子拿瑪之間所生下的兒子羅波安繼任王位。

四十一歲登基的羅波安在剛就任為王時，對於民眾希望減輕所羅門時代的重稅和過於苛刻的勞役的請求，相當冷酷地拒絕了，因此使得統一王國分裂為二。他無視於父親輩的長老們深思熟慮的警告，聽信了同輩隨從的莽撞建議，而失去了北方十個部族，這都是由於他不夠謹慎的結果。

羅波安對於這件事情感到相當懊悔，在登基的最初三年認真地事奉著神。他在猶大族和便雅憫族的土地上建設了許多城市，在周圍築起了堅固的城牆；此外，還在每個城市配置了守衛兵和指揮官，除了配給盾、刀槍等武器外，並貯備

了豐富的橄欖油、葡萄酒等民生物資。

羅波安王的身邊，除了以色列王國的祭司和利未人外，還聚集了捨棄自己的土地、到耶路撒冷的聖殿禮拜的虔誠民眾。這些民眾拒絕祭拜北部以色列王國耶羅波安所製作的金牛像，在王國分裂後為了到耶路撒冷的聖殿進行禮拜，便搬到了南部的猶大王國，也因而鞏固了猶大王國的國家基礎。

羅波安王娶了很多的妻子和側室，正妻有十八人，側室有六十人，生下了二十八個兒子和六十個女兒。

然而，羅波安受到了亞捫人出身的母親以及押沙龍的女兒、也是他妻子之一的瑪迦的影響，竟公然在宮殿內建起亞舍拉的神像並祭拜。

此外，神殿裡還有男娼和妓女存在。在迦南為了祈求作物豐收，

聖經筆記 在以色列人從埃及出走的數百年之前，埃及早已擁有金和銀的工藝技術，製造了許多的裝飾物品。

男女在神殿裡進行性交是宗教信仰裡的重要儀式，因此神殿裡會有許多男女專門從事這樣的儀式。

祭拜亞舍拉像、在神殿裡性交，都是異邦族人的習俗，但這也是神耶和華非常厭惡的事。身為猶大王國的國王，羅波安不顧神的戒律，帶頭領先民眾仿效外族行這些神所看惡的事，這是對神的悔辱，神於是降下了忿怒的天罰。

埃及王示撒襲擊猶大王國

羅波安繼位的第五年，也就是公元前九二五年，埃及王示撒突然派遣一千二百台戰車、六萬騎兵和無數的步兵前來襲擊猶大王國，征服了南部的城市並逐漸迫近耶路撒冷。

示撒奪去了所羅門精心製作的金盾和王宮的寶物，並把耶路撒冷聖殿和宮殿裡保管的所有東西都奪走，全部運到了埃及去。

猶大王國上下都十分愕然，因為自從大衛王統一以色列以來，外敵入侵的事一次也沒有發生過。大家怎麼也沒有想到，耶路撒冷的聖殿竟會被外族的軍隊給洗劫一空。

但是，示撒侵略以色列的事，不過只是大災難的前兆而已。

羅波安不但沒有任何戰勝的成果，連一件身為國王值得讚揚的事蹟都沒有留下。在他統治猶大王國的十七年內，始終都懼怕著耶羅波安。他在五十八歲時結束了一生，和歷代的以色列王葬在一起。

統一王國結束

以色列王國的歷代國王

前任國王的家族全部慘遭殺害或部屬弒君的悲劇，不斷地在以色列王國反覆上演，王位就在如此的情況下更替。

謀反不斷地發生

以色列王國後來由耶羅波安一世的兒子拿答登基為王，但拿答卻被友人巴沙給殺害了。巴沙就這樣奪取了王位，成為以色列第三任國王。巴沙還殺了耶羅波安的整個家族，陳屍在城裡各處的屍體被狗咬得四散，在郊外被殺害的人則成為野鳥的餌食。

巴沙殺了耶羅波安一家，是為了確保謀反後自身的安全，這正應驗了示羅的先知亞希雅曾說過耶羅波安一族將會滅亡的預言。就這樣，耶羅波安一家人因為耶羅波安對神的冒犯和惡行，而遭受到相對應的懲罰。

巴沙死後，由他的兒子以拉繼任第四代王。但是，以拉在部下家裡飲酒時，被騎兵隊長心利刺殺身亡。殺死君王的心利奪取了政權，就任第五代王，並且在奪取王位後，立即把巴沙家族的小孩、親戚和朋友全都殺光，一個也不剩。但是，心利的天下只維持了短短七天就結束了。他背負著「弒君」的惡名，被人民強迫讓出王位，而民眾推舉將軍暗利取代心利成為以色列王。暗利包圍了心利宮殿所在的首都得撒，心利自知逃不過一死，於是放火燒了宮殿自焚而死。

背信之王接連就位的以色列王國

件事發生之後，以色列王國的人民分裂成兩派，一半跟從基納的兒子提比尼，要立他為王，另一半則追隨暗利。追隨暗利的人贏了跟從提比尼的人，因此提比尼被殺後，暗利便就任為第六代王。

暗利治理了以色列王國十二年，最初的六年是在得撒就位，後來的六年則將首都遷移到了撒瑪利亞。這是為了防備在美索不達米亞勢力逐漸崛起的武力征服者亞述

聖經筆記　北方的以色列王國從公元前九三一～七二二年，維持了兩百零九年之久。其中出了許多位信仰不虔誠的惡王。歷任十九位國王裡，就有七位（37％）是被暗殺或被公開處刑而死的。

的威脅，因此將首都遷到位於高地地形的撒瑪利亞，比較不容易被攻下。

以色列王國的王位從耶羅波安一世開始，由拿答、巴沙、以利、心利、暗利接著繼位，每位王都背離了神，不斷行惡。歷代的王不是完全不信仰神，不然就是信仰得不虔誠，同時還做了許多冒犯神的事，使得民心也漸漸地遠離了神。

這樣的侮辱讓神發怒，歷代的王因而都死於敵對者的手裡，而且連家族也同時都被滅絕。

暗利比起以前的王對神還要更為不敬，他在首都撒瑪利亞逝世之後，便由他的兒子亞哈繼任為第七任王。亞哈的時代偶像崇拜的風氣達到了頂盛，因此，亞哈被認為是以色列王國的歷代國王裡，最為惡劣的一位。

以色列王國歷任國王和在位期間

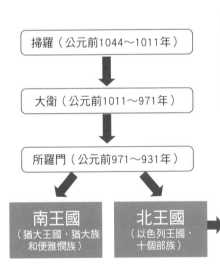

掃羅（公元前1044～1011年）

↓

大衛（公元前1011～971年）

↓

所羅門（公元前971～931年）

南王國（猶大王國，猶大族和便雅憫族）

北王國（以色列王國，十個部族）

1.	耶羅波安一世	（公元前930～910年）
2.	拿答	（公元前910～909年）
3.	巴沙	（公元前909～886年）
4.	以拉	（公元前886～885年）
5.	心利	（公元前885年）
6.	暗利	（公元前885～874年）
7.	亞哈	（公元前874～853年）
8.	亞哈謝	（公元前853～852年）
9.	約蘭	（公元前852～841年）
10.	耶戶	（公元前841～813年）
11.	約哈斯	（公元前813～797年）
12.	約阿施	（公元前797～782年）
13.	耶羅波安二世	（公元前782～747年）
14.	撒迦利雅	（公元前747年）
15.	沙龍	（公元前747年）
16.	米拿現	（公元前747～742年）
17.	比加轄	（公元前742～740年）
18.	比加	（公元前740～731年）
19.	何細亞	（公元前731～722年）

統一王國結束
猶大王國的歷代國王

擁有耶路撒冷城的猶大王國，建築起堅固的城牆以抵抗敵人的入侵。在歷代國王裡，惡王依然占多數。

兩個王國長期處在內戰狀態

耶羅波安和以色列王國的人民對耶路撒冷懷抱著強烈的信仰依靠，很希望能夠到神殿去參拜，但由於耶路撒冷位於敵國猶大王國的領土內，因而無法前去。因此，以色列王國的民眾比起自怨自艾的心理，更對猶大王國充滿了強烈的嫉妒和恨意。

另一方面，猶大王國也深怕領土比自己廣大的以色列王國會前來侵略，而時常活在備感威脅的恐懼之下。猶大王國為了防止以色列王國的入侵，在耶路撒冷北方的米斯巴築起了牆壁厚達七公分的堅固軍事據點。

以色列王國的第一任王耶羅波安和猶大王國的第一任王羅波安兩家的戰爭，從來不曾停止過。不只如此，兩家的繼承人之間也一樣爭戰不斷。兩國視彼此為敵人，這樣的同胞內戰持續了六十年之久。

羅波安死後，相繼由亞比央和亞撒繼承猶大王國。猶大王國的第二任王亞比央十分年輕，耶羅波安因而看輕他而刻意挑起戰事，但卻反而被亞比央打敗。亞比央雖然贏得了戰爭，但卻年輕早逝，只統治了猶大王國三年，死後被葬在耶路撒冷，之後便由他的兒子亞撒繼任王位（第三任王）。

惡王遠比善王還多

亞撒就像其父大衛（聖經裡時常稱祖先為父）一樣，是個只敬拜真神且品格高尚廉潔之人。他把神殿裡的男娼全都放逐國外，並將之前所有祖先們所建造的偶像都破壞除去。無論任何事，他都一定先向神祈禱，詢問神的旨意，並遵從神的指示行動亞撒是個生活在信仰裡的王。

亞撒統治的第十年，衣索比亞王謝拉率領九十萬步兵、十萬騎

聖經筆記 南邊的猶大王國從公元前九三一～五八六年，維持了三百四十五年。歷代二十位國王裡，被暗殺和被公開處死的王占了三人（15%）。南王國中篤信神的國王比北王國多了許多。

兵和三百台戰車襲擊猶大王國，但亞撒把他們完全擊潰，並獲得了大量的金銀等戰利品。亞撒統治期間，猶大王國的人民雖然得享十年的和平生活，但其餘時間仍然忙於和以色列王國第三代王巴沙之間的內戰。信仰堅定的亞撒因為實踐了正義而得到神的祝福，活得十分長壽，共統治了猶大王國四十一年，死後被葬在耶路撒冷。

亞撒死後，由他的兒子約沙法繼任第四代王。約沙法學習父親的精神，兼具虔誠的信仰與勇氣，統治了王國二十五年。

第一任國王羅波安和第二任國王亞比央不但不信仰神，還不斷崇拜偶像，但第三任王亞撒和第四任王約沙法卻是追求信仰的義人。不過，後來的第五代王約蘭和第六代王亞哈謝又再度丟棄了對神的信仰。

回顧整個猶大王國的歷史，當中離棄了神並崇拜偶像的惡王，還是比善王占了多數。

猶大王國歷任國王和在位期間

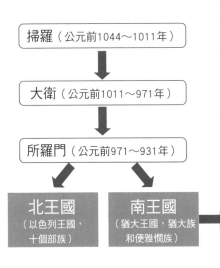

1. 羅波安	（公元前931～914年）
2. 亞比央	（公元前914～911年）
3. 亞撒	（公元前911～871年）
4. 約沙法	（公元前871～848年）
5. 約蘭	（公元前848～841年）
6. 亞哈謝	（公元前841～840年）
7. 亞他利雅	（公元前840～835年）
8. 約阿施	（公元前835～796年）
9. 亞瑪謝	（公元前796～767年）
10. 亞撒利雅（烏西雅）	（公元前767～739年）
11. 約坦	（公元前739～734年）
12. 亞哈斯	（公元前734～728年）
13. 希西家	（公元前728～698年）
14. 瑪拿西	（公元前698～642年）
15. 亞們	（公元前642～641年）
16. 約西亞	（公元前640～609年）
17. 約哈斯	（公元前609年）
18. 約雅敬	（公元前609～598年）
19. 約雅斤	（公元前597年）
20. 西底家	（公元前597～586年）

先知的活躍
以利亞的預言活動

以色列王國第七代王亞哈娶了巴力的信仰者為妻,不但不信仰神還不斷為惡,使以色列遭受乾旱之災。

外族妻子將巴力信仰帶進以色列

以色列王國在暗利死後,由他的兒子亞哈登基為第七代國王。亞哈不但和歷代的王一樣不信仰神且惡行不斷,甚至還更變本加厲,亞哈的罪惡之深重,連原本被認為是歷代國王中對神最為侮辱的耶羅波安一世,和他相比之下都顯得無足輕重。最重要的原因,就是亞哈娶了西頓王謁巴力的女兒耶洗別為妻。亞哈娶外族為妻是為了和西頓王國(統治推羅和西頓的王國)締結同盟。對西頓王國來說,締結同盟不但讓他們可以從以色列王國購買食物,也對擴展北非殖民地的統治很有幫助;而對以色列王國來說,則能夠藉由把食物賣到推羅以獲得利益。此外,兩國還組織了同盟軍抵禦他們共同的外敵敘利亞和美索不達米亞。但是,這椿政治婚姻卻同時也把外族的多神信仰帶入了以色列王國裡。

才貌兼備的耶洗別是迦南神祇巴力的狂熱信徒,而且本身就擔任祭司的負責人,並且在嫁入以色列王國時也把巴力的祭司們帶了過去。在迦南,農業是主要的產業重心,雨量對農作物的豐收與否有決定性的影響,因此迦南的民眾都會祭拜雨神巴力和他的妻子亞斯他錄。王后耶洗別不僅在以色列繼續信仰祭拜巴力,甚至也向丈夫亞哈和民眾熱烈地宣傳,亞哈因此依照妻子的要求在首都撒瑪利亞建了巴力廟,並在廟裡為巴力立一座祭壇,還鑄造了亞舍拉的神像。就這樣,國王帶頭信奉巴力,人民也跟著一同信仰祭拜。此外,以色列王國還盛行祭拜基抹,行耶和華神最厭惡的人身獻祭。基抹是摩押人和亞捫人的神,特別是摩押人甚至會把自己的孩子燒死當做祭品獻給基抹。以色列王國的民眾完全喪失了對神的信仰,讓以色列變成一個充滿不公、腐敗和殺戮橫行的社會。

聖經筆記

「謁巴力」為「巴力活著」的意思。謁巴力是耶洗別的父親,為腓尼基(統治西頓和推羅)的國王,是靠著暗殺先王而奪得王位的。

乾旱和飢荒肆虐

這一切的行為讓神很忿怒，於是將以利亞立為了先知。以利亞出身於加利利的提斯比，沒有任何顯赫的家世，也不是傳教士。他住在位於約旦河東邊的基列，沒有上先知學校，一個人生活在曠野裡，不和任何人交往，但卻直接聽取神的話，是位自學的先知。他身著粗糙的衣物，卻決心為了神和正義要奮戰到底。

以利亞接受了神的命令前往首都撒瑪利亞，將神的話轉告了國王亞哈和王后耶洗別：「我以以色列的神之名起誓，從今後的兩、三年裡，以色列將一滴雨也不會下，直到我宣告會下雨為止。」以利亞在亞哈連一句話都還來不及說，直接宣告了神對偶像崇拜所降下的懲罰後，就立刻像風一樣地離去。之後，以利亞聽到神對他說：「你趕緊離開這裡往東方去，躲藏在約旦河東面的基立溪旁。你喝那溪裡的水吧，我已經吩咐烏鴉在那裡供養你。」以利亞於是忠實地照著神的話去做，住在約旦河東面的基立溪旁，每天早晚都會有幾隻烏鴉幫他帶來餅、羊肉和魚等食物，他就在那裡過著簡樸的生活。幾週過去，一直持續著都是大太陽的日子。完全沒有降下過一滴雨水。基立溪的水位愈來愈低，最後連溪底都露了出來。

以利亞行先知工作的移動路線

245

先知的活躍
以利亞讓死人復活

在信仰巴力的根據地和寡婦一起生活的以利亞，向神祈求讓寡婦中暑死去的兒子復活。

用不盡的麵粉和橄欖油

以利亞又再度聽到神的聲音：「起來，以利亞。往西頓的撒勒法去，我已經吩咐那裡的一個寡婦供養你。」於是以利亞照著神的吩咐，前往位於示羅和西頓中間的撒勒法。撒勒法是王后耶洗別的故鄉，也是巴力信仰的重心。

以利亞來到撒勒法城門口的時候，看見一位婦人蹲在那裡撿柴。婦人就是神所說的寡婦，和兒子兩個人相依為命。以利亞從乾旱的基立河出發以來，已經兩天沒有喝水了，於是喉嚨乾渴的他對婦人說：「請你分我一杯水喝吧！」親切的婦人便立即起身到井邊去取水。

以利亞又從背後叫她：「請你也拿點餅給我吧。」婦人回過身來說：「我對神起誓，我家裡連一塊餅也沒有。缸裡只剩下一把麵粉，瓶裡也只有一點橄欖油。你看我現在正在撿柴，等會要為自己和兒子用那些麵粉跟油做餅，等我們吃完就只能等著餓死了。」

以利亞對婦人說：「拿出勇氣來，不要失去希望。就照著你剛才所說的去做吧，但請先為我做好一個小餅拿給我後，再用剩下的麵粉和油為你自己和你的兒子做餅。在神降雨到地面上的日子之前，缸裡的麵粉和瓶裡的橄欖油絕不會用完。」

婦人相信了以利亞所說的話，便用她僅存的麵粉和橄欖油揉好麵糰烤成了餅，並拿了一片給以利亞。第二天，麵粉和橄欖油的量依然和昨天一樣多。於是，在乾旱不斷持續的日子裡，婦人和她的兒子以及以利亞三人，一起生活了好一段日子，就靠這些用不盡的麵粉和油過生活。

雖然因為乾旱而使得糧食不足，但在貧困婦人的廚房裡，麵粉和橄欖油卻怎麼也用不盡。正如神

聖經筆記　偶像即是指偽神的神像。由人所鑄造，並宛如具有神的力量般地受到祭拜。偶像通常使用木頭、金、銀等材料來製作。

所說的,缸裡的麵粉必不會用完,瓶裡的油也絕不會短缺。

以利亞使寡婦的兒子復活

有一天,婦人的兒子不知是否因行走在艷陽底下而中暑死亡。婦人抱著已經沒有呼吸的兒子,發狂地對以利亞哭道:「你是為了要讓我知道我的罪孽,為了要殺死我的兒子而來到這裡的嗎?」

以利亞對她說:「拿出勇氣來。把你的兒子交給我吧!」並從婦人懷中接過孩子,把他抱到自己的床鋪上,並伏身在孩子的身上,然後大聲對神祈求:「神啊,求你恢復這孩子的生命,讓他再度活過來吧。」

神憐憫婦人,於是垂聽了以利亞的祈求。死去的孩子果然恢復了生命,又再度活了過來了,以利亞於是把孩子抱還給他的母親。婦人對以利亞說:「現在我完全知道你是神人,神藉著你的口說話是真實的。」此後並成為了虔誠熱心的信仰者。

以利亞使寡婦的兒子復活

先知的活躍
亞哈王和以利亞的對決

神要讓以利亞再度使雨降下，便命令他去見亞哈。於是便展開了一場真神和偶像偽神的對決。

亞哈王因國內外的問題而苦惱

距以利亞告知亞哈王神要對以色列王國降下天罰之事，已經過了三年六個月。在這段期間一直持續都是大太陽的日子，連一滴雨水也不曾下過。

迦南的偶像偽神巴力被認為是雨神，因此國王亞哈、王后耶洗別以及以色列的民眾都不斷祭拜巴力祈求降雨，但他們熱忱的祈求卻完全沒有用。以利亞的預言成真，所以河床都乾枯了，穀物和蔬菜無法生長，人和牲畜也面臨嚴重的糧食缺乏問題，迦南完全為乾旱和饑荒所襲。

這三年間，亞哈不但得面對國內乾旱和饑荒的問題，還深受以統治世界為目標的亞述帝國威脅。眼前有著令人畏懼的強敵，亞哈只好選擇和宿敵亞蘭（敘利亞）結盟共同對抗亞述。

他們的同盟軍雖然在大馬士革周邊勉強阻止了亞述軍的進攻，但才剛慶祝獲得勝利沒多久，和宿敵所組成的盟軍之間又再度反目成仇並分裂，亞述軍則在一旁暗自等待機會，以色列王國的危機依然沒有解除。

另一方面，亞哈為了討好妻子耶洗別，也為了保住自己身為王的威嚴，而將耶洗別的家鄉西頓所擁有最先進的工程技術引進以色列，並用象牙建造豪華的宮殿。

住在象牙宮殿裡的亞哈王和王后耶洗別十分憎恨以利亞，並派遣部隊四處搜尋他的下落，想致他於死地，但卻怎麼都無法找到他，兩人對此都感到相當忿恨。

此外，耶洗別相當厭惡以色列的神，因而殺害了耶和華神的先知們。但是，亞哈的家宰俄巴底瞞著耶洗別，暗中救出了一百位先知，把他們安置在洞穴裡，並提供水和餅安養他們。

聖經筆記　提到「夢的解析」，或許會令人想到十九世紀出現的精神醫學和心理學家如佛洛伊德和榮格等人，不過從聖經裡可以得知，「解夢」這樣的行為其實還可以追溯至更古老的歷史。

亞哈才是讓以色列惹麻煩的人

有一天，神對以利亞命令道：「你去見亞哈吧，我要讓雨降在這地上。」此時撒瑪利亞正陷入十分嚴重的饑荒裡。

亞哈對俄巴底說：「你跟我去國內各地尋找水源，如果可以找到供馬和驢子食用的草糧，就不至於讓所有的牲畜都餓死了。」於是他們兩人便出發尋找水源，並且分開巡視。

俄巴底走在道路上前進時，突然就遇到了以利亞。

俄巴底在開口詢問並確認對方就是以利亞本人後，立刻就伏趴在地上。以利亞告訴俄巴底自己正要前去見亞哈，並要俄巴底把這件事轉告給亞哈知道，但俄巴底恐懼地說：「王一直派人拚命地四處找你，如果我前去告訴王你在這裡，在我離開這裡的期間，神的靈一定會把你隱藏在我不知道的地方，到時王在這裡找不到你，必定會發怒把我給殺了。」

以利亞對害怕的俄巴底回答：「我對著神起誓絕對不會隱藏起來。今天我一定會在亞哈面前出現。」俄巴底聽了才放心地去見亞哈，把這件事告訴他。

於是，亞哈來到了以利亞的面前。當他一看見以利亞，就對著他粗暴地喊道：「以利亞，你這個給以色列惹麻煩的人。」但是，以利亞卻反駁說：「不，給以色列惹麻煩的不是我，而是離棄了神的誡命又信仰巴力的你和你的家族。」以利亞義正嚴辭地指出了亞哈的惡行。

接著他又說：「你現在立即派人去召集以色列的國民和四百五十個巴力的祭司，以及耶洗別所供養的四百個亞舍拉的先知，要他們都上迦密山來。」

先知的活躍

真神讓天降下了雨

在以色列眾民的守候中，真神的先知以利亞和巴力的先知展開了對決，結果由耶和華獲得了勝利。

一人與四百五十人的對決

亞哈派人將以色列眾人和眾先知召集到了迦密山的山頂上（海拔一六八公尺）。以利亞走到眾人的面前，說：「你們要迷惘到幾時呢？快點決定你們的真神是誰並且事奉他吧。如果你們認為巴力是真神，就打從心底專心地跟隨巴力。但是，如果你們認為我的神耶和華才是唯一的真神，就應當跟隨事奉耶和華。你們不能同時事奉耶和華和巴力。」

但是眾民裡沒有一個人出來應答，於是以利亞又對眾人說：「耶和華的先知只有我一個，巴力的先知卻有四百五十個。現在，我要宰殺一頭公牛放在柴上，但不會點火，請巴力的先知也要照著這樣做。接著，請巴力的先知們呼求你們的神，要他為你們將柴點上火，我也會向我的神耶和華求。如果哪一邊的柴火能夠點起來，就表示那才是真正的神。」

眾人都贊成以利亞的提議，因此便由人數眾多的巴力先知們先開始祈禱。他們從早晨到中午不斷拚命呼求巴力的名，但卻完全沒有任何回應，於是，他們的祈求聲漸漸地變成了狂呼亂叫，並且在自己所築的祭壇周圍瘋狂地跳起舞來，可是仍然沒有任何回應發生。

以利亞對他們嘲笑地說道：「大聲呼求你們的神吧，也許你們的神正外出旅行不在，或者是事務繁忙，或正在睡午覺，你們要大聲把他叫醒。」

最後，巴力的先知們甚至拿出了刀和槍刺傷自己，讓血流出來，進入了狂亂恍惚的狀態，並大聲喊著：「巴力啊，請回應我們的祈求吧。」就這樣過了中午，甚至已經到了要獻祭的時間為止，他們都一直不斷激烈地呼求，但巴力卻沒有給他們任何的回應。

聖經筆記 向偶像祈願、並為了達成願望而祭拜的行為，即是偶像崇拜。在古代為了求取豐收、多子多孫、貿易繁盛，便會向偶像跪拜。在現代社會，則會為了獲得金錢、名譽、地位和快樂而這麼做。

被以利亞的嘲笑所刺激，巴力的先知們甚至刺傷身體讓自己流血，陷入了瘋狂狀態。這些人的行為如果是因為出自對宗教的狂熱也就罷了，但如果他們是真心地祈求神的回答，卻完全沒有獲得任何回應的話，反而會讓人為他們感到悲哀。

真神耶和華的勝利

到了下午三點左右，換以利亞開始祈禱。以利亞要民眾全部走近自己，以親眼確認自己沒有偷偷在柴上點火。

以利亞照著以色列部族的數目，拿了十二塊石頭築起一座祭壇，並在祭壇的四周挖溝，然後把柴排放在祭壇上，又把公牛的肉切成小塊放在柴上。接著，以利亞倒下了滿滿的四桶水，肉塊、木柴和祭壇都浸濕了，水甚至滿出了溝渠之外。不論是誰都看得出來，以利亞這麼做是要挑戰巴力的先知們。

準備全部完成後，以利亞便開始向神耶和華祈求，希望至今猶豫搖擺的眾民能夠明白神的力量。祈禱完後，立刻有火從天降下來，將祭肉、木柴、和祭壇全部燒盡，甚至連溝裡的水也都燒乾了。民眾看見了立刻跪下把臉伏於地面，叫道：「耶和華才是真神。」

於是以利亞對他們說：「把迷惑以色列眾民的巴力先知們捉起來並把他們處死，一個也不要讓他們逃脫。」以利亞下了命令要把巴力的先知們處死，因為他相信，這麼做才能讓偽神巴力從以色列王國完全消失。

他們把四處逃竄的四百五十位巴力的先知逮捕起來，並把他們從山頂推下河灘。以利亞也拿出了自己的小刀，往尚有氣息的人的脖子刺下去。亞哈從頭到尾只是呆然地看著這件事發生。

之後，以利亞對亞哈說：「你上山去用餐吧！不久後就會下雨了。」亞哈就帶著自己的下屬上山去。以利亞接著帶著僕人上了迦密山頂，屈膝跪在地，並低垂著頭向神祈求。

然後，以利亞對自己的僕人說：「你到山邊的展望台向海那邊觀看，如果看到烏雲出現了就立刻來向我通報。」但是，上去觀看後的僕人卻回報「什麼都沒有看到」，並如此重覆向以利亞報告了好幾次，都是相同的結果。到了第七次，僕人終於說：「我看到地平線那一端有手掌般大小的雲！」

聽到這樣的回報，以利亞便派人去通知亞哈：「在大雨來臨之前趕緊回家去吧。」於是，亞哈便乘著戰車要趕回位於迦密山東南二十五公里處的耶斯列所在的宮

殿，霎時之間，天空因濃密的烏雲和風吹而變為黑暗，跟著便降下了大雨來。神的靈降臨到了先知以利亞的身上，因此直到到達耶斯列為止的一路上，以利亞都一直跑著跟在亞哈的戰車旁。

這是睽違了三年六個月以來的降雨，雨水被乾裂的以色列大地全部吸盡。乾枯的大地再度充滿了生氣，不久後就冒出了綠芽，民眾都歡欣鼓舞地談論著麥的收成。

在雨中奔跑的以利亞

〈列王紀上〉19章1～21節
〈列王紀下〉8章7～15節，9章1～6節

先知的活躍
聖靈被奪走的以利亞

「以暴制暴」殺害了巴力先知的以利亞，受到了聖靈被奪走的懲罰。

耶洗別恐嚇以利亞

全身溼透的亞哈王回到耶斯列，把迦密山頂上對決的結果、以及四百五十位巴力先知全被以刀劍刺死的事，告訴了來到宮殿避暑的妻子耶洗別。

巴力信仰因耶洗別積極傳教的結果，才得以成為以色列的國教，因此以利亞殺害了巴力的所有先知們這件事，激怒了耶洗別，於是她便差派使者去見以利亞，恐嚇說：「明天的此時，我會像你殺害巴力的先知一樣來取你的性命。」

耶洗別殺害了神的先知們，以利亞為了復仇便也殺死了巴力的先知。以暴力對抗暴力之事，如果是普通人，或許還可說是情有可原，但神人卻是不被允許有這樣的行為。若神人使用了暴力，就要為此受到處罰，身上的聖靈將被奪走，即使連大先知以利亞也免除不了。因此，聖靈從以利亞身上離開了，以利亞的精神狀況變得十分脆弱，而開始懼怕起耶洗別的報復。

以利亞趁著夜裡和僕人逃往南邊的猶大領地，並來到最南端的別是巴。以利亞把僕人留在那裡之後，就又自己一人在曠野裡走了一天的路，筋疲力盡的他坐在樹蔭底下，如此向神祈求：「我的精神和肉體已經到達極限了，再也無法逃下去了，請將我的性命取走吧。」一邊祈求著一邊就睡著了。

以利亞逃到西奈山

但是，有一位天使出現在他的夢裡，對著疲憊的以利亞說：「起來，吃吧！」以利亞醒過來後張眼一看，只見身旁放著食物和水，他就起來將這些東西吃了。體力回復後，他又再躺下去睡，但神的使者再度出現對他說：「起來吃吧！因為你還有很長的旅途要走。」於是，以利亞又起來吃了餅、喝了水，體力和精神都完全恢

聖經筆記 被嚴格地教育長大的猶太教徒、也是全球知名的電影導演史蒂芬史匹柏曾說過，當他初次接觸到一般的社會時，感覺自己就像是個異鄉人一樣。電影《E.T.》主角的原型，正是活在異鄉社會的猶太人寫照。

復了。

　　以利亞往西奈半島的南邊繼續前進。他走了四十個晝夜，眼前的風景一直都有險峻的山群聳立著。這就是「神的山」西奈山（何烈山）。到了晚上，他就在山裡的洞穴中過夜休息。

　　黑暗中，神又對著以利亞說：「以利亞啊，你在這裡做什麼呢？」以利亞認為神是要懲罰他，便回答：「我一直熱心地事奉神。以色列人背棄了你的約，事奉巴力；耶洗別殺死了你的先知們，事奉神的就只剩下我一個，現在她還要索取我的性命。」

　　神對以利亞說：「到外面去，站在山上，站在我面前。」當以利亞站在山上時，山上颳起了強烈的大風，使得山崩石碎。但是，神並沒有在強風當中。當強風吹過之後，又接著發生了地震，但神也不在地震之中。地震過後又出現了熊熊的火焰，神依然不在火裡。

　　但是，大火發生後傳來了神低微輕柔的聲音。神再次提出了相同的問題：「以利亞啊，你在這裡做什麼呢？」以利亞也重覆了之前為自己辯護所說的回答。

舊約先知以利亞的極限

　　神為正義之神，但同時也擁有慈愛（慈悲）的一面。

　　正義之神的那一面，是支配著萬物而令人敬畏的（絕對的存在），以燒盡一切的火為象徵，懲罰罪惡、對惡行忿怒並追求正義。摩西在西奈山上荊棘燃燒的火焰裡所看見的，正是正義之神的那一面。在《舊約聖經》裡許多地方都強調正義之神的存在。

　　慈愛（慈悲）之神的那一面則擁有撫慰萬物並給與恩惠的特質。以利亞在西奈山上所聽見低微柔和的聲音，正是慈愛之神的象徵。神的本質是慈愛的，但為了要引導人類回歸禮拜唯一真神耶和華的正確信仰、以及教導人類正義的生存方式，因此神才同時具有追求正義的正義之神那一面。

　　神想以自然現象讓以利亞了解，神的本質其實是慈愛的，但是，以利亞卻沒有從中得到領悟，不斷主張自己行為的正當性。

　　神不是以強烈的狂風使對方粉身碎骨那樣地粗暴，神不喜歡用破裂和粉碎來破壞事物。神也不會像地震似地來震撼對方，讓對方恐懼顫慄，也不是像將對方所有一切

聖經筆記

「四十」這個數字時常被使用在代表新的展開的事物上。舊約中的例子便有：挪亞的洪水時，大雨連下了四十天；以色列人因為信仰不足在曠野流浪了四十年；摩西在西奈山上和神一起待了四十個晝夜。

都燒盡的烈火一般的存在,將對方燒盡並不是神所想要的。神喜愛寂靜,並且像微風一般地溫柔。在寧靜中若聽到沉穩而輕柔的聲音,我們會知道那就是神的聲音。

但是,以利亞卻不明白神對自己的暗示,以為神只具有懲罰罪惡的正義之神那一面。即使如此,神也沒有因為聽到以利亞再次為自己辯護而責罵他,不僅如此,還用以利亞所能理解的方式安慰他。神所具有慈愛之神的本質,在舊約和新約裡始終如一。

摩西在荊棘燃燒的火燄中看見了神的這件事所代表的教訓及涵意,要處於舊約時代的先知以利亞理解,或許是很困難的吧。不過,神後來又派遣了比以利亞更優秀的先知來到地上,以輕柔的聲音傳遞福音。這位神所派遣而來的人正是救世主耶穌。

以利亞被賦予重大的任務

被耶洗別追殺而逃亡到異國的以利亞,耗盡了全身的力氣。為了讓他能夠重新振作,神不但以言語安慰他,更給了他富有危險的重大任務。

神對以利亞說:「以利亞啊,往北方去吧。到大馬士革,在那裡找到一個叫哈薛的男人,並膏立他為亞蘭王。之後,再回到以色列,膏立耶戶為以色列王國的國王。接著,還要膏立沙法的兒子以利沙,讓他成為接續你工作的傳承者,也就是把我的話傳達給眾民的先知。

將來會有無數的人死在哈薛的劍、耶戶的劍、以利沙的劍下。但是,愛護我並事奉我的不只有你一人,因為在以色列當中,有七千人都是對我忠實且不曾祭拜過巴力的信仰者。」

翌日清晨,以利亞便下山往北方的大馬士革前去,並且在途中遇見了沙法的兒子以利沙,他當時正在耕田。以利亞走到了他身邊,把自己的外衣披在以利沙身上。以利沙領悟到自己將為神而工作,於是便成為以利亞的弟子跟隨著他。後來,哈薛和耶戶都由以利沙膏立他們為王。

〈列王紀上〉21章1節～22章53節
〈列王紀下〉9章1～37節

先知的活躍
被惡妻操弄的亞哈

亞哈和耶洗別為了取得田地，而把地主殺害後沒收對方的土地。這樣的惡行大大地激怒了神。

惡王是位膽小者

和先知以利亞之間有過激烈對決的亞哈王，是以色列王國史上最差勁的國王。本章節便要介紹幾件能夠窺見他性格的事件。

位於撒瑪利亞的亞哈王宮殿附近，有一位耶斯列出身名叫拿伯的農夫，他是位正直之士，擁有一個很好的葡萄園。

亞哈自己已經擁有了廣大的土地，卻還是十分想要拿伯的園地，於是他以王的身分對拿伯說：「把你的葡萄園讓給我，我想把那塊地當成我的菜園。當然，我會拿一個更好的葡萄園與你交換，或者要我用金錢向你購買也可以。」

國王以低姿態要求農夫拿伯，可是拿伯卻斷然地拒絕了國王的請求：「這是我祖先代代所傳下來的土地，即使王再怎麼要求，我也絕不會把祖業拿去變賣。」就算王怎麼威逼利誘，拿伯依然不接受王的要求。

國王亞哈無法取得拿伯的土地，因而覺得被拿伯所侮辱。他相當地忿怒，並把自己關在宮裡，一直躺在床上臉朝向內側，也不進食。亞哈因為太過失望而變得憂鬱，就像是現在所謂的自閉症狀一般。

王后耶洗別相當擔心國王，便詢問道：「你怎麼了呢？」亞哈就把和拿伯之間的事說了出來，耶洗別聽了說：「那人真是不知好歹。你可是統治以色列的王，只管起來吃飯，好好打起精神，我一定會幫你取得拿伯的葡萄園。」

耶洗別殺害沒有犯罪的人

耶洗別想出的方法便是將拿伯處以死刑，以順理成章地沒收他的土地。

首先，她以亞哈的名義寫了信並蓋上國王的印泥後，把信送去給

聖經筆記 「離散的猶太人」（Diaspora）指的是七〇年時敗給羅馬帝國而被趕出巴勒斯坦、流落散居到帝國各處的猶太人以及其社群。

拿伯居住的城裡具有權勢的人士。她在信上寫著，要兩個人出來做偽證，誣告拿伯「曾經咒詛神和國王」，然後把他拉到城外用石頭打死。

她的計謀很成功，正直人士拿伯因莫虛有的罪名而被拖到城外，被眾人用石頭給打死。耶洗別一聽到拿伯已經被處死的報告，就立刻向仍然伏趴在在床上的亞哈，告知拿伯已經死去的消息，要亞哈快去將拿伯的葡萄園沒收為己有。

亞哈聽到拿伯死去、而葡萄園能夠成為自己所有物的消息後，對於事情這樣意外的發展感到十分驚訝，但也相當感謝自己能幹的妻子，然後馬上高興地從床上跳起來前往拿伯的葡萄園探視。但是，對這件事感到十分忿怒的神，派遣了以利亞到撒瑪利亞。

以利亞一來到亞哈的面前，亞哈便十分忿怒地對他說：「我的仇人哪，你還敢出現嗎？你是來定我的罪的嗎？」以利亞也順勢回答：「沒錯！」又說：「神這麼說了。你竟隨意殺了人還奪取他的土地。現在狗在什麼地方舔拿伯的血，將來也會在什麼地方舔你的血。我必使亞哈家的後代、親戚和奴隸全部滅絕。狗必在耶斯列的地方吃耶洗別的肉。」

亞哈聽見了這些話，對自己的罪行感到十分後悔。他身穿麻布並且禁食，向神懺悔自己的罪行，希望得到平息神的忿怒。亞哈的舉動看在神的眼哩，於是神對以利亞說：「亞哈已經後悔了，因此他在世之時，我先不降下給予他家族的處罰。但是到了他兒子的時候，我必會降下災禍至他的家。」以利亞便把神的話告訴了亞哈。

預言成真

一般人聽到惡王這樣的名號，大概都會以為這一定是個兇狠嚴酷的人吧。但實際上的亞哈卻只不過是個處處討妻子歡心、完全只照著妻子的話去做的膽小之人罷了。

神的預言後來果然成真了。亞哈乘著戰車和亞蘭軍作戰時，被沒沒無名的亞蘭士兵所放出的箭給射中，箭矢貫穿了他的胸口。他一直到日落為止都站在戰車上，期間因流血過多而死。王的遺體在運回撒瑪利亞的途中經過拿伯的土地時，有成群的狗出現舔著遺體所滴下來的血（見262頁「南北兩國相互聯合」）。耶洗別也因將軍耶戶的叛變，從宮殿的窗戶被丟出去而身亡，她的屍體也一樣被野狗所啃食。亞哈一族和巴力的信仰者，都被後來的以色列國王耶戶所殺。

先知的活躍
以利亞的最終

弟子以利沙祈求能夠繼承以利亞偉大精神的願望實現了，以利亞的一切都為以利沙所接續。

師徒展開了告別之旅

以利亞不怕國王也不怕眾人，為了神、為了行正義之理，即使自己的生命會有危險也在所不惜。

對這樣的以利亞來說，弟子以利沙是個最好的幫手，同時也是志同道合的對象。對以利沙來說，以利亞則是自己至今所遇過最偉大的人物，不但是自己的老師，也像是自己的父親一般。師徒兩人相互合力，把神的話傳達給人民，並共同監督以色列王國的國王。

以利亞的年紀已漸漸老邁，並且被神告知自己所剩的日子不多了，因此必須著手準備將自己的工作都交由弟子以利沙來繼承。

有一天，兩人走在路上時，以利沙突然有預感今天就是老師以利亞離開人世的日子，但由於以利亞對這件事什麼都沒有提到，以利沙便也完全保持沈默。兩人離開了吉甲之後，以利亞就對以利沙說：

「你留在這裡吧，因為神差派我到伯特利去。」

但是，察知兩人即將就此分別的以利沙回答：「我絕不離開你。」並且跟著以利亞前往伯特利去。

到達伯特利時，一群先知們出來見他們，其中有一人悄悄對以利沙說：「你知道你的老師今天就要離開你了嗎？」以利沙回答：「我已經知道了，但請你什麼都不要說。」

兩人才剛到達伯特利，以利亞就對以利沙說要前往耶利哥，以利沙便又跟隨著前去。在耶利哥時，他們遇見了另外一群先知，並且當中也有人說了和伯特利的先知相同的話，以利沙也回覆了一樣的答案。

接著，以利亞又說要自己一人前往約旦河去，但以利沙還是一樣跟著去了。他們在約旦河邊也遇到

聖經筆記　以《牧羊少年奇幻之旅》等著作而聞名的巴西暢銷作家保羅，科爾賀，在以先知以利亞為主角的聖經文學作品《第五座山》中展現了豐富的想像力。

了一群先知們。

繼續著旅程的兩人來到約旦河邊時，以利亞把自己的斗蓬脫下並捲起來，用來擊打河水，結果河水立刻就左右分了開來，他們兩人便從乾涸的地面走了過去。

渡過河以後，以利亞就對弟子以利沙說：「在我離去之前，我可以為你做些什麼，你儘管求吧！」以利沙回答：「求你像長子繼承家產一樣，讓我繼承你偉大的精神。」以利亞說：「你所求的是一件難事。不過當我離開你的時候，如果你看見我，你所求的就能實現。」

以利亞乘著火馬車離去

兩人邊走邊談時，突然出現了由火馬所拉的火馬車把他們分了開來，並且瞬間颳起旋風將以利亞包圍住，以利亞就在旋風中乘坐上火馬車，然後往天上飛去了。

「我父啊！以色列的戰車啊！」

以利沙不斷地喊叫，並目送著火馬車離開。當先知以利亞漸行漸遠，最後變成一個小點消失在以利沙的視線時，一件斗蓬從天上緩緩落了下來，這是以利亞的斗蓬。

以利沙拾起了從以利亞身上落下來的這件斗蓬，並且往回走來到了約旦河邊，這時以利沙一邊祈求道：「神啊！請把以利亞偉大的精神賜給我。」並一邊用捲起的斗蓬擊打河水，結果河水立刻就往左右分開。

這就是以利沙繼承以利亞所有一切的瞬間時刻。耶利哥的先知們遠遠地看見這一幕，就說：「以利亞的靈在以利沙身上了。」（列下2：15）並且來到以利沙面前，俯伏在地向他行禮。

突然現身於歷史舞台的大先知以利亞，就這麼乘著火馬車突然地離去了。

聖經筆記

巴勒斯坦就是神應許要給亞伯拉罕的以色列土地，在《舊約聖經》裡被稱為「迦南」或是「迦南地」。

以利亞和以利沙的旅行路線

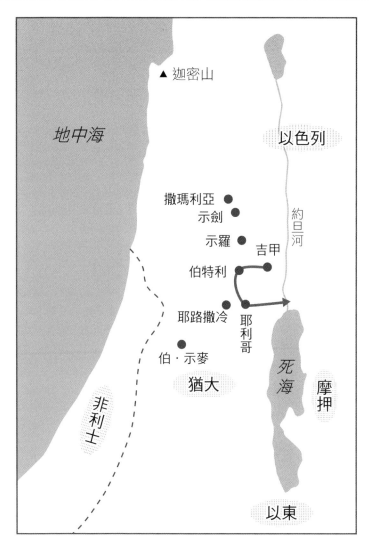

▲ 迦密山

地中海

以色列

撒瑪利亞 ●
示劍 ●

示羅 ●
吉甲

伯特利

約旦河

耶路撒冷 耶利哥

伯・示麥

猶大

死海

摩押

非利士

以東

以利沙在伯特利和耶利哥遇見先知們。
接著在約旦河遇到先知們後，便親眼看見了奇蹟的發生。

先知的活躍
南北兩國相互聯合

在先知中，為了讓國王安心而做假預言的偽先知占了大多數，只有米該雅説出了王會死於戰場上的真預言。

亞哈的周圍都是偽先知

以色列統一王國在公元前九三一年分裂成南北兩個國家後，兩國之間的抗爭就不曾停過。但是，以色列王國的國王亞哈卻把自己的女兒亞他利雅嫁給了猶大王國的第四代王約沙法（公元前八七一〜八四八年）的兒子約蘭，兩國的關係於是修好。約沙法是位信仰神且熱心仕奉神的王，繼承了他父親亞撒的信仰和王位。

有一天，約沙法前去拜訪亞哈，亞哈便趁此時與約沙法商量：「基列的拉末（見本頁聖經筆記）原本是屬於我們的，我們怎麼能夠就這樣按兵不動，不把它從亞蘭王的手中奪回來呢？請和我一起到基列的拉末去作戰吧。」約沙法回答亞哈：「我們原本就是親戚，我願意幫你。首先請你先求問神的旨意吧。」

亞哈有四百位先知，在宮殿裡過著奢侈的生活。其實他們都是聲稱自己是神的傳訊者的偽先知，總是說些討王歡欣的話。亞哈把這些先知召集起來，要他們向神求問如果自己前去奪回基列的拉末而和亞蘭王作戰，神是否會幫助自己在此戰中獲得勝利。這些偽先知們都回答亞哈一定會獲勝，要王前往攻打亞蘭，但約沙法從這些人的話看出了他們都是假的先知。

於是，他佯裝想知道更多詳細的情況，便詢問亞哈是否還有其他位先知。亞哈回答：「還有一位叫米該雅的先知，但我討厭這個人，他每次對我說的都是不好的預言。」由於約沙法堅持要見米該雅，亞哈只好派人將米該雅召了過來。

在等待的期間，王所信任的先知西底家為王做了些鐵角，說：「神這樣說，你要用這些鐵角消滅亞蘭。」其他的先知們也跟著附和

聖經筆記　「基列的拉末」是以色列王國的亞哈王戰死的地方，對以色列人來說是社會和宗教的重要城鎮。此外，位於迦得領土的城鎮利未，也是經商和軍事的重要據點。

他所說的話，眾人都相當情緒高昂。

米該雅被偽先知們嘲笑

前去召喚米該雅的使者對米該雅說，其他的先知都預言王會獲得勝利，請他也要一樣這麼對王說，但米該雅毅然地回答：「神吩咐我什麼，我就說什麼。」米該雅來到了亞哈的面前，亞哈就問他：「米該雅啊，我們可以去攻打基列的拉末嗎？或是應該要忍耐不去呢？」米該雅嘲笑地回答：「請前去攻打獲得勝利回來吧。」

亞哈王要米該雅對他說真話，米該雅於是回答：「神預示了以色列會輸。以色列的士兵都能夠平平安安地各自回家，只有你會死在戰場上。」

亞哈對約沙法說：「就向我剛才告訴過你的一樣，這個人只會對我說些不吉利的預言。」但米該雅義正嚴辭反駁道：「我只是正確地傳達了神的話，這是先知的責任。那些要你對戰爭抱著希望並前往戰場的人才是假的先知。」

另一方面，其他的先知則口口聲聲地指責米該雅才是假傳神意的偽先知，並用繩子把米該雅綁起來，他們的代表者西底家還打了米該雅好幾個巴掌侮辱他。亞哈嚴厲地命令：「把這人囚進牢房裡，只給他麵包和

水，直到我平平安安地回來。」

米該雅低聲地說道：「眾民啊，你們聽好了。如果你真的可以平平安安回來，那麼神就沒有藉著我的口說話了。」

亞哈悲慘地死去

翌日早晨，亞哈和約沙法前往進攻基列的拉末。開始作戰前，亞哈對約沙法說：「我要改裝上戰場去了，你可以穿自己的王服。」於是亞哈脫下了自己的王服，改換上普通士兵的衣服上戰場。他對於米該雅所說只有自己會戰死的預言相當在意，因而刻意換了服裝。

亞蘭的哈薛王在戰爭開始前曾囑咐他的指揮官和部下：「只要以以色列王國的國王亞哈為目標將他殺害就可以了。」戰爭剛開始時，亞蘭的軍隊以為戰車隊長約沙法就是亞哈，便將他包圍起來並射箭攻擊，但仔細看發現他並不是亞哈後，就解除包圍返了回去。

戰事從早上一直持續到傍晚。占優勢的亞蘭軍根本不在意其他以色列士兵，只一心尋找目標的亞哈王，但卻一直找不到。但是，有一個亞蘭兵隨意射了一箭，竟然就射中了乘在戰車上亞哈王的胸口，箭矢直達他的肺部。亞哈因為不想讓軍隊士氣低落，便沒有通知己方的士兵自己已經受了重傷。他一直到黃昏為止都站在

戰車上指揮作戰，最後終於體力透盡而死去。從他的傷口不斷有血流出到戰車底下，並滴在道路上。

到了晚上，亞蘭的士兵便退回陣營去。當他們聽到情報員傳來亞哈死亡的消息，就解散了陣營回到亞蘭去。

亞哈的遺體被送回撒瑪利亞埋葬。由於王的戰車沾滿了血跡，於是隊伍就在耶斯列的一座泉水旁清洗戰車，此時，就有狗來舔亞哈的血。在這之後，這個泉就成為了妓女們沐浴的地方。就這樣，亞哈以殺害正直之人拿伯的不當手段奪得土地時，神透過以利亞所說的預言就此實現。

死在戰車上的亞哈王

先知的活躍
讚美歌聲傳揚的戰場

三國的聯合軍隊準備進攻猶大王國。信仰虔誠的約沙法國王和民眾一起大聲唱和讚美歌，敵人的大軍因而潰敗。

「不用懼怕，因為神會抗戰」

另一方面，位於猶大王國東南的摩押、亞捫和米烏尼三國，聯合起來攻打猶大王國。

他們已經占領了猶大領地之一的隱‧基底，併在這裡安營。敵人的大軍聲勢浩大，眼看著就要進攻到首都耶路撒冷。

摩押、亞捫和米烏尼三國的聯合軍隊為數眾多，以猶大王國的兵力，根本毫無招架之力。雖然心裡十分恐懼，約沙法王和國民們還是呼求神的幫助。約沙法向人民宣告禁食，並且把人民代表召集到耶路撒冷的宮殿。

王的旁邊站著利未人，他們的工作就是在神殿裡事奉神，演奏音樂並讚美神。約沙法就在眾民的面前，含淚向神祈求道：「神啊，你不是統治全世界的嗎。敵人來奪取你賜給我們的土地，以我們的力量卻無法抵擋來攻打我們的大軍。求你幫助我們吧。」

此時，神的靈降到了利未人雅哈悉的身上，雅哈悉於是站到眾人面前宣告神的回答：「大家聽好了。神這樣對你們說：『你們不要因這大軍而懼怕驚慌，因為戰爭的勝負不是在於你們，而是在於神。明天你們前往出戰時，只要穩守陣地並站立不動即可，神會為你們而戰。』」

聽到這番話後，約沙法和眾民的心裡充滿了對神的感謝與讚美，就俯伏在地禮拜神。利未人們則站起來高聲讚美神。

敵人的大軍自相殘殺而滅亡

第二天早晨在出發之前，約沙法對民眾說：「猶大王國的人民哪，你們要相信神、並展現你們對神的忠誠。要相信神透過先知所傳達給你們的話。」約沙法和人民商議後，組成了一隻聖歌隊，走在軍

聖經筆記

「七」這個數字有完成、成就、完全的意思。神花了六天的時間創造世界，並祝福第七天而將其定為安息日。因此，人類的生活以每七天為一個完整的區分。

隊的前面唱頌讚美歌獻給神。他們一邊行軍一邊大聲唱著：「你們要讚美神，他的慈愛永遠長存。」

隨著不符合戰場氣氛的歡呼讚美歌開唱，奇蹟就在此時發生。敵軍因無法理解猶大軍的奇怪舉動而錯亂，並且開始疑神疑鬼。

三國聯軍陷入了大混亂中，相互以為對方是敵人而開始攻擊自己人。猶大的士兵從曠野的瞭望台往大軍的方向望過去，只見伏屍遍地，沒有一個生存者逃脫。猶大軍就這麼不戰而勝。

約沙法和猶大軍帶走了戰場上所留下的武器和高價財物，花了整整三天之久才結束收取戰利品的動作。之後，他們為了感謝神，便由約沙法帶頭唱著讚美歌，一邊凱旋回到首都耶路撒冷。

回到耶路撒冷後，他們一邊演奏十弦琴、豎琴和號角，一邊在神殿正式祭神再度表示感謝。神替以色列打敗了敵人的事情，不但傳到鄰近諸國，也傳到了其他許多國家，這些國家因而對神的信仰之國以色列抱持恐懼，因此約沙法統治期間，王國得以安享太平和安寧。

約沙法在三十五歲時登基為猶大王國的國王，在耶路撒冷共統治了二十五年的時間。

第 6 章

逃過滅亡危機的猶太人

約拿的故事
逃離神的約拿

神命令約拿前去傳教，但目的地卻是敵國亞述，約拿於是計畫逃離神。

約拿逃往他施

公元前七七五年左右，有一位加利利出身的先知約拿。有一天，神對約拿命令道：「起來到尼尼微去，警告城裡的居民，要悔改現在殘酷不道德的惡行，如果不悔改的話，神將會對他們降下懲罰。」

但是，約拿並不想去。如果這是神對以色列人所說的預告，約拿便會很樂意地去傳達。但要他去告誡讓以色列人民陷入痛苦的敵人、也就是亞述帝國的首都尼尼微的人民，這就讓約拿感到無比地厭惡。約拿心想，如果自己真的前往告誡尼尼微的人民，他們或許真的會悔改，如此一來神就不會降下天罰，但約拿心裡卻期望神降下懲罰給可恨的尼尼微人。

於是，約拿決定要違背神的旨意。由於亞述位於以色列的東方，約拿便計畫逃往位於反方向的西班牙港口城市他施去。

他先來到位於特拉維夫南部的約帕港，港口裡停泊著許多的船，其中有一艘即將要開往他施，約拿便坐上了這艘船。由於已經步行了很久，疲憊的約拿就在船艙底下沈沈地睡去。他心想，等到他睜開眼時，自己已經位於遙遠的海上，這麼一來就無法執行神所命令的工作了。

暴風雨襲擊約拿

聽船出航時，天氣晴朗，海面平靜。先知約拿逃避之行的開始一切都很順利。但是，隨著船隻乘著海浪不斷前進，海面上卻開始吹起暴風、颳起大浪。由於大浪激烈地沖打著甲板，船體已經開始毀壞，而且，暴風和巨浪不但完全沒有減緩的趨勢，甚至還愈來愈增強，這樣下去沈船只是遲早的問題。船已經完全偏離了原本的航線，為了讓船易於操控，水手們便把船上的東

聖經筆記：「耶和華」是以色列人稱呼「神」的固有名稱，拼法為「YHWH」，一般也會譯為「主」。神是造物主，是「光」，也是「完全神聖的存在」，並擁有「完全神聖的愛」。

西丟進海裡，以減輕船的重量。

水手們相當害怕，每個人都向自己所信奉的異教神明大聲呼求。船長下到船艙來時，驚訝地發現約拿竟然還在熟睡著，便把他搖醒說：「快起來求告你的神吧！這暴風雨要是再繼續下去，大家都會喪命的。」

甲板上的水手們互相談論著，一定有惡人乘上了這艘船，神為了懲罰這惡人才會颳起暴風雨。於是，他們用抽籤的方法試圖想找出犯人，結果抽中了約拿，船員們於是要約拿說出自己的罪行。

約拿回答：「我是猶太人，所敬拜的是創造天地的神，並且是一名先知，為了違背神的旨意而正在逃亡當中。」眾人聽了之後十分害怕，便說：「你為什麼要這樣做呢？現在我們要怎麼樣才能將暴風雨平息下來呢？」約拿沈著地回答道：「你們把我捉起來丟進海裡吧，這樣海面就會恢復平靜了。」

船上的人拼命地划船想讓船回到陸上，但卻徒勞無功，海面也愈來愈洶湧。他們於是祈求：「約拿的神啊！我們現在要把約拿丟入海裡，如果他死了，懇求你不要懲罰我們，因為興起這暴風雨的正是約拿的神你啊。」接著約拿就被幾個人扛起來，丟入了波濤洶湧的海裡。

結果，暴風巨浪在轉瞬間就平息了下來，海面再度回復了平靜。船員們因此對約拿的神相當敬畏，並且向神獻祭祈願。

以色列統一王國的分裂

約拿的故事
約拿回心轉意開始傳教活動

被丟下海的約拿被巨大的魚吞下肚而撿回一命，並終於啟程前往尼尼微。

約拿在大魚的胃裡向神祈禱

約拿是位有勇氣的先知，竟然要大家把他丟進海裡。被丟入大海中的約拿，不斷地往海底沈下去。大浪從他的頭頂上橫越而過，海水使他無法喘息，海草也纏住了他的頭。約拿害怕地全身顫抖，不斷地向神求助。突然間，一隻巨大的生物向他靠近了過來，約拿昏了過去。

醒過來後，約拿知道自己正身處在大魚的腹中，他還活著，並沒有溺死。約拿知道巨大的魚來到自己身邊將自己吞下，和暴風雨的發生一樣都是出自神所為，因此喜悅地向神表達感謝，在黑暗中唱歌讚美神。

「救恩的神啊！你把我的命從海底救了上來。當我心靈疲弱時，我就思念你。我在海底的禱告直達居住在天上聖殿的你的面前。那敬奉虛妄偶像的人，其實是離棄了憐愛他們的神。不過，我發誓要帶著感謝的心向你獻祭，我必定實現我的誓約。救恩是屬於神的。」

第三天，大魚游到了約帕港附近的沙岸把約拿吐出來。大魚遵從神的吩咐，把約拿安全地帶到淺灘上。不久後，體力回復的約拿再度聽到神的話：「起來到尼尼微去。」約拿經歷過之前的事，明白神是不可違逆的，於是這次誠摯地接受了神的命令。

在尼尼微的傳教意外地成功

約拿到達了亞述帝國的首都尼尼微。尼尼微是一座極大的城，繞著城走要花上三天才走得完（見本頁聖經筆記）。

約拿每天都在城裡邊走著邊不斷宣告：「快點悔改吧。再不悔改的話，四十天後尼尼微就要毀滅了。」公元前八世紀，約拿不過是弱小國家以色列的一個先知，竟然隻身來到亞

聖經筆記 根據挖掘及調查，尼尼微周圍的城牆長達一二‧八公里，走一圈約須花上三小時。但若將郊外許多城鎮也包含在內的話，則至少要走上三天的時間（徒步距離約為一百公里）。

述帝國的首都開始傳教，而且還說著讓他們聽了就皺眉的滅國論，要至今為止不斷行惡的帝國人民立刻悔改並信仰神，過著正確的人生。

若以現代的情況來比喻，就好比一個東南亞或某個非洲國家的小市民來到美國首都華盛頓，要人們放棄至今為止腐敗的拜金主義生活悔改向上一般。人們或許只會冷笑著想這個人可能頭腦有問題吧。

然而，尼尼微的王和人民卻令人意外地聽從了約拿的教誨，對自己過去的惡行和暴虐的行為徹底悔過，並開始信仰神，誠心祈求神的原諒。為了表達他們悔改的心意，尼尼微城從高位階的官員到身分低的市民，全部都禁食並在身上撒上灰、披上麻布，表示徹底悔改，連國王也脫去了王袍披上麻衣，並一同斷食，甚至坐在爐灰上。

巨大的魚把先知約拿吐出來

271

約拿的故事
約拿明白了神深切的愛

尼尼微的人民悔改後，神表現了對他們的憐憫，但約拿卻無法坦然接受這樣的事，因而被神所訓示。

看見神對尼尼微民眾的憐憫，約拿感到生氣

看見尼尼微的人民努力地棄惡悔過，神於是大悅，決定不將原本所說的災禍降在他們身上。但是，傳教成功的約拿卻一點也不高興，反而因人類的矛盾心理而感到非常不悅。

憤慨的約拿對神說：「神啊！你是有恩典有憐憫的神，不輕易發怒，並且擁有豐盛的慈愛，但我因此擔心你會輕易地原諒了這些行惡的亞述人，不把災禍降在他們身上，所以才會想逃往他施去。這些一點也不願憐憫以色列人的殘忍亞述人，竟能蒙受你的憐憫，我不想再活下去了，求你取走我的性命吧。」

於是，約拿離開了尼尼微城。約拿認為神是以色列人的神，就算是擁有財力和軍力的尼尼微人民，也沒有資格接受神所給予的特別恩典，而如此踐視他們。

神的愛是給天下萬民的

約拿想要看看尼尼微城接下來會發生什麼事情，於是來到一個可以將城鎮一眼望盡的的小山丘上，搭了一座臨時的小屋在那裡待了四十天。約拿期盼神會將這個惡城給毀滅掉。他終日在烈陽的照射下，汗流夾背且疲憊不堪，最後因中暑而昏了過去。

但是，悲憐的神讓一顆蓖麻（葫蘆類的植物）生長出來，讓約拿能夠因為植物的庇蔭而免受日照之苦。就這樣，約拿在這棵蓖麻下休息且恢復了體力，心情也完全轉好。

但是，次日黎明的時候，神讓一條蟲子將這棵蓖麻的根部都蛀蝕掉，使蓖麻枯萎。

日出的時候，神又興起了巴勒斯坦地方常因季節而起的東風。

聖經筆記 「蓖麻」是栽種在西南亞和北非等地的植物，種子所榨出的油被用在祭祀上。這種植物生長快速，有時甚至可長到兩公尺以上，有著大片的葉子。

烈日曝曬在約拿的頭上，使得他再度體力耗盡。他因為極度的痛苦和失望而大喊：「與其活著，我不如死了倒好。」神問約拿：「你因為這棵蓖麻死了而這樣發怒，是不是呢？」約拿回答：「我會這麼生氣也是理所當然的。」

神於是教訓約拿：「這棵蓖麻不是你栽種，也不是你使它長大的，它死了你卻如此生氣。這棵蓖麻一夜長了出來、又在一夜之間死去，你都尚且愛惜，為什麼你卻認為我應該要降下懲罰給尼尼微城的人民將他們滅亡呢？尼尼微的十二萬人民和牲畜是我所創造並看顧的，對於這些人民和眾多的牲畜，我豈能不憐惜呢？」

很多人認為《舊約聖經》裡只強調神的正義和忿怒，但讀了這一節之後，就能夠了解其實並非如此，神對於人類和動物有著深切的愛。

神愛著以人類為首的所有萬物

巴比倫俘虜
具有才能的俘虜但以理

猶大王國的人民成為巴比倫王國的人質，其中四位以但以理為首的年輕人，因為具有才能而得到很好的評價。

但以理等人在巴比倫接受精英教育

公元前六〇五年，猶大王國第十八代王約雅敬在位時，巴比倫王國的國王尼布甲尼撒在迦基米施打敗埃及和亞述的聯合軍隊，甚至趁勝圍困了耶路撒冷。約雅敬為了不讓猶大王國走上滅亡之途，於是向尼布甲尼撒王表達恭敬順從之意，並交出人質及獻上了財寶。這就是第一次的巴比倫俘虜。

尼布甲尼撒不但把約雅敬和他的部下做為人質帶回了巴比倫，還把以色列聖殿裡的器物帶回他們所禮拜的米羅達（彼勒）神殿，存放在神殿的寶庫裡。這些人質當中，也包括了但以理和他的三位友人。

尼布甲尼撒手命令太監長亞施毗拿從被帶到巴比倫的以色列人質裡挑選出優秀的人，被選中的有但以理、哈拿尼雅、米沙利和亞撒利雅四位年輕人，他們足智多才、思慮周密、體格健康且儀容端正。

巴比倫會挑選出素質良好的年輕人接受菁英教育，培養他們以後出任尼布甲尼撒宮廷裡的官員。王對被自己所征服俘虜的外族年輕人也平等對待，讓當中有能力的人材能夠為巴比倫王國所用。

太監長亞施毗拿親自教導這些年輕人學習巴比倫語，還有其他指導老師負責巴比倫的文學、哲學、天文學、宗教等科目。在三年內學習完這些科目並順利畢業的年輕人，就能夠獲得在宮廷裡工作的資格。

在巴比倫王國，只要有能力的話，即使是俘虜一樣能夠出人頭地。對於有能力的年輕人來說，有這樣的制度可說是相當幸運。

當然，他們也必須捨棄原本的信仰和祖國的習慣，並宣誓對王國效忠，其中的實例便是要他們遵從巴比倫王國的習俗。首先，他們必

聖經筆記 迦基米施是幼發拉底河沿岸的赫族（西台）城市。現在的土耳其和敘利亞的國境之處還留有迦基米施的遺址。

須將原本的名字改掉，取一個巴比倫式的名字，並且要食用國王所賜予的食物。這些食物是供奉給巴比倫偶像米羅達的高級菜餚，耶和華神禁止人民食用這些食物，因此對猶太年輕人來說，這是個嚴格的試煉。

亞施毗拿替這四位猶太年輕人取了新的巴比倫的名字，但以理（神審判）為伯提沙撒（守護他的性命），哈拿尼雅（神的恩惠）為沙得拉（意思不明，和米羅達神有關），米沙利（神是誰）為米煞（意思不明，和米羅達神有關），

公元前六百年左右的巴比倫王國

亞撒利雅（神的幫助）為亞伯尼歌（事奉尼布神之人）。

這四個年輕人的以色列名字，原本帶有對耶和華神的信仰之意，但卻被改成了和巴比倫王國所信仰的偶像有關的名字。

四位年輕人不願食用國王所賜的食物

但以理和友人們雖然遠離了耶路撒冷神殿，卻決心要遵從神的律法到底，並決定要過著簡樸的生活，不食用巴比倫國王所賜的御用肉品和葡萄酒等奢侈的佳餚美酒。因此，但以理請求太監長亞施毗拿為他們準備只有蔬菜的食物菜色。

亞施毗拿對這四位年輕人很有好感。他回答但以理：「我很想答應你的要求，但我會感到不安。因為如果王見到你們的面色比其他的年輕人憔悴難看時，就會認為我沒有做好你們的健康管理，到時我一定會被王嚴厲處罰的。」

於是但以理請求亞施毗拿：

「請你給我們十天的時間試試看，讓我們這十天內只吃素菜。如果我們的身體一樣健康的話，就請繼續讓我們吃素菜就好；如果我們的容貌比其他年輕人瘦弱蒼白，再請你回復原來的菜色吧！」亞施毗拿便答應了他們的請求。

然而，但以理四人連續十天都只吃素菜，容貌和健康狀況卻比其他享用王的佳餚的年輕人還要更加良好。於是，亞施毗拿就撤去了指定給他們享用的佳餚美酒，讓他們只吃素菜。

受到神所祝福的這四位年輕人，被神賜予了能夠領悟各種知識和所有文字的能力。清心寡欲且用心學習的四個年輕人在完成了三年的學業之後，成績比起從其他國家來的年輕人都要卓越，以名列前矛的成績畢業。

而且，他們的智慧和能力比起巴比倫全國所有的學者還要更勝十倍。甚至，神還特別賜給了但以理解夢的特殊能力。

巴比倫俘虜
尼布甲尼撒的夢

尼布甲尼撒王做了個奇怪的夢,而且不記得夢境的內容,但卻希望有人能幫他解夢,只有但以理解開了這個難題。

王宣告無法解夢的學者將被處刑

尼布甲尼撒王在位的第二年(公元前六〇四年),有一天他做了個奇怪的夢。在夢中,神向尼布甲尼撒王顯示了某些事情的徵兆,但早晨起來時,王卻記不起夢的內容,因此十分在意而坐立不安、焦躁煩悶。

於是,王把國內所有的學者都召集起來,告訴眾人自己做了一個奇怪的夢,但已經忘了內容是什麼,然後命令學者們要把夢的內容以及夢的意義都解開。

學者們回答王:「只有請王把那夢的內容告訴我們,我們才能夠解釋夢的意思。但是,如果連夢的內容是什麼都不知道的話,就無法解夢了。」

學者的回答激怒了王。身為世界王國(統治全世界的國家)統領的王,在全國設立了許多大學和圖書館,也雇用了許多的學者。王認為,支付薪水給學者,就是為了在這種時候能夠派上用場。於是他下令:「如果你們不能夠解開那夢境的內容和夢的意思,就全員都處死。」

這個命令發佈後,巴比倫王國的眾多學者都將被處以死刑,其中當然也包括了但以理和他的三個朋友。

王的護衛長亞略奉王的命令前往捕殺巴比倫的學者,並來到了但以理所在的地方。不過,但以理運用他的智慧機智地應對,並問出了王為何下了如此嚴厲命令的原因。於是,但以理就進宮去拜見國王,請求王延後對學者行刑的時間,王也接受了他的請求。

但以理和他的三位朋友於是回到自己家中,徹夜向神祈禱。當天夜裡,但以理在幻象中看見了王所做的夢,並且領悟了這個夢的意

聖經筆記　巴比倫王國的國王尼布甲尼撒(Nebuchadnezzar)的名字是由「Nabu-kudurri-usur」而來,意思為「尼布神守護我的王位」。

義。但以理於是感謝神，向神祈禱：「願神的名永得稱頌。智慧和力量之神啊，我感謝你，讚美你！因為你把智慧和能力賜給了我，並讓我知道了王的夢境內容和夢的意義。」

只有但以理解開了王的夢

於是，但以理入宮去見王，向王解釋他所做的夢的含意。

「這世上沒有人能夠說出王的夢境內容並解開夢的意思。但是，天上有一位神把未來將會發生的事顯示在尼布甲尼撒王的夢裡。而我能夠知道這個夢的內容，並不是因為我的智慧或能力勝過所有的人，而是為了要藉由解夢使王知道自己心裡所想的事。

王的夢內容如下。你正在觀看一座巨大的立像。這立像的頭部是純金做的，胸膛和手臂是銀，腹部和大腿是青銅，小腿是鐵，腳部則一部分是由鐵、一部分是由粘土混雜做成的。

正當王在觀看這座立像時，有一塊非人工所鑿的石頭從山上落下來，擊碎了那座立像的腳，結果鐵、粘土、青銅、銀、金全部都變得粉碎，接著就像風吹過稻殼一般地飛散開來，消失無蹤。但是，打碎這座立像的石頭卻逐漸變大，最後大到充滿了整個世界。這就是王所做的夢。」

王十分驚訝，不住地點頭，因為這正是他所做的夢境內容。但以理又繼續說：

「接下來我要為王講解這個夢的意義。天上的神將王的權威、榮光與智慧都授予你，並將世人、田野間的走獸和空中飛鳥的統治權力都交在你手裡。你就是那純金所做的頭部。在你之後還有第二個王國將興起，但不及於你。在之後還有青銅所做的第三國將興起統治世界。

接著的第四個王國堅強如鐵，並且就像鐵能砸碎其他一切般地把之前的國家都擊碎。至於你所看見一部分由鐵、一部分由粘土所做成的腳部和腳趾，則代表著這個國家必將分裂。這個王國雖然堅強，但有一部分卻是脆弱的。此國的人藉由和異國通婚將各國統一起來，但卻像鐵和泥無法混合一樣，彼此之間不能團結一致。

那些王在位的時代，天上的神會興起另一個永不滅亡的國。這國必將擊碎其他各國，並且持續到永

聖經筆記 「歸向神」指的是人由原本的特定信仰或想法一百八十度地大轉變，改為遵從神、依賴神而活。特別指改變了原本仰賴自己的能力和努力而生存的價值觀。

遠。你所看見神從山上落下一塊非人工鑿成的石頭，把鐵、粘土、青銅、銀和金都砸碎的事，所代表的正是這個意義。在天上偉大的神把日後會發生的事都告訴了王。這個夢的內容是真實的，夢的解讀也是準確的。」

聽了夢的內容和解讀後，尼布甲尼撒王宛若敬拜神一般地俯伏在地，向但以理行禮。他讚美耶和華並對但以理說：「你們的神是真神。」於是，王任命巴比倫王國的第一智者但以理負責管理所有的學者，並答應但以理的請求，將他的三位朋友任命為巴比倫的地方政務長。

━━━━ 但以理清楚地描述出尼布甲尼撒王的夢 ━━━━

專欄
探索夢境的意義

但以理預言了世界王國的興衰

　　公元前六一二年，巴比倫王國打敗了亞述帝國，成為最早的世界王國。所謂的世界王國，指的是統治全世界的國家。

　　公元前六〇九年，那波帕拉薩爾的兒子尼布甲尼撒成為巴比倫全軍的統帥。過了四年後的公元前六〇五年，尼布甲尼撒王將亞述帝國消滅，更在迦基米施的戰役中大敗唯一的勁敵強國埃及，埃及大軍甚至幾乎無人生還。

　　就這樣，世界上的文明國家全都成為他一人的統治之下。擁有軍事和政治才能的尼布甲尼撒，一個人統治了全世界四十三年（公元前六〇五～五六二年）之久。尼布甲尼撒死後，王國由他的兒子所承繼，然而，他的孫子伯沙撒因為遭受瑪代和波斯聯合軍隊的攻擊而被殺死。公元前五三九年，「金頭」所代表的巴比倫王國持續了七十三年的世界統治霸權之後，劃下了休止符走向滅亡。

　　瑪代和波斯的聯合帝國取代了巴比倫王國，從公元前五三九年到三三二年的兩百年間統治了世界。不過，聯合帝國和巴比倫王國相較起來，團結力和統一性較不穩固，就像是價值低於金的銀一般。

　　公元前三三三年左右，亞歷山大打敗了瑪代波斯聯合軍，希臘帝國於是誕生。希臘帝國在文明上雖然比瑪代波斯聯合帝國要來得進步，但在團結力方面又更加比不上瑪代波斯聯合帝國，可說是價值低於銀的青銅。公元前三二三年，年僅三十二歲的亞歷山大得了熱病（推測應是瘧疾）突然死去。

　　公元前二七五年，原本至今為止不過是城邦國家的羅馬，勢力擴張到了義大利全境，並藉由戰爭和連盟政策，勢力範圍急劇地擴大，位於現在突尼西亞沿岸的迦太基、敘利亞、哥林多等地全被納入版圖內，公元前八六年時連雅典都陷落。於是世界成為了羅馬帝國的統治之下。

　　公元前二七年，羅馬帝國產生了新的職稱「皇帝」，並組織了由有能力的市民所組成的「元老院」和由自由身分的男性市民所組成的「公民大會」，由「皇帝」、「元老院」和「公民大會」三股力量來支撐著帝國的統

籌營運。羅馬帝國擁有傲人的強大軍事能力，但皇帝的權威和權力因為有元老院和公民大會相抗衡，所以相對起來較為削減，中央集權的結構也較為薄弱。因此，羅馬帝國可說是最具平民性質的世界王國，因而被比喻為鐵。

但以理的預言成真

巴比倫王國、瑪代和波斯的聯合帝國、希臘帝國、羅馬帝國，稱霸世界的王國隨著時代的變遷而改變。這幾個帝國分別有其代表的領袖，如巴比倫王國的尼布甲尼撒、瑪代和波斯聯合帝國的古列、希臘帝國的亞歷山大、羅馬帝國的皇帝（凱撒）。

但以理的夢境解析

部位		材質	意義解讀	領袖	政治形態
頭部		金	第一個王國（巴比倫）	尼布甲尼撒	獨裁君主
胸部和兩臂		銀	第二個王國（瑪代和波斯）	古列	寡頭政治
腹部和大腿		青銅	第三個王國（希臘）	亞歷山大	貴族政治
小腿		鐵	第四個王國（羅馬）	羅馬皇帝（凱撒）	平民政治
腳部		鐵和黏土	—	—	—

以色列國家奇蹟重建

羅馬帝國雖然滅亡了，《羅馬法》卻成為了歐洲文明的基礎而傳承到現在。後來，德國、西班牙、英國等西歐列強掌握了世界的霸權，之後從二十世紀後半開始，便由美國掌握世界的統治權。但是，無論西歐或是美國，在文明上可說都傳承自羅馬帝國，因此羅馬帝國可說至今尚未完全滅絕。

世界王國一直從金依序進行到鐵和黏土的時代。巴比倫王國的尼布甲尼撒王可謂是權威和權力一手在握的獨裁君主；瑪代和波斯聯合帝國則由王室的親戚一同牽制國王，可說是由少數人所統治的寡頭政治；希臘帝國則是由少數優秀人材掌管國家運作的貴族政治；羅馬帝國是平民政治。

國家的統治者由一人變成少數人，再由少數人演變成由多數的人民所領導的平民政治，可以看出時代已由金的部分進行到鐵和黏土的階段了。成為偉大政治家的先知但以理，在兩千五百年前就已經描述出世界在未來的演變過程。

鐵和黏土組成的美國帝國

一九九一年，因為敵方蘇聯的經濟崩潰，讓美蘇的冷戰時代結束，世界進入了美國一國獨大的領導之下。有著高科技的軍備和高度經濟發展的美國，是一個由世界各國的移民和難民所組成的多民族國家。

除了在加州草莓園和葡萄園工作的勞工之外，頭腦優秀的勞動者也紛紛湧進了美國。筆者的友人之一是舊蘇聯的難民，移居到美國後，也在癌症的研究上有了很大的成果。

在美國的職場中，雖然不會因為人種和出身國家而有不同的待遇，但只要一離開了職場，就會自動分為黑人、白人、東方人各自所組成的生活圈。此外，美國的基督教（清教徒支派、天主教支派）、猶太教、伊斯蘭教等各宗教盛行，各自在經濟和政治上都握有很大的影響力，但各個宗教間卻一直彼此都互不相容。由此看來，美國帝國因民族和宗教上的差異，背後可說隱藏著分裂的危機。因此，美國帝國就像是處於鐵和黏土混在一起但無法相融的狀態。

世界處於鐵和黏土相混的狀態

　　美國所支配的世界也正處於鐵和黏土相互混合的狀態。拜網路的普及所賜，以美國為主所使用的英語成為世界共通的語言，世界看似即將邁入各國攜手合作的時代，但是，事實上卻正好完全相反。

　　蘇聯瓦解後產生了十五個小國家，此外在冷戰之後，新的國家也不斷出現，現在全世界已經超過了有兩百個國家。世界雖然在自由經濟的體制下不斷統合，但另一方面，也正朝著民族國家的方向前進，諸如非洲諸國、舊南斯拉夫、北愛爾蘭的紛爭、東帝汶、西藏等民族與民族之間的抗爭和內戰，一直持續不斷未曾停止。

　　中東地區更有以色列人和巴勒斯坦在同一塊土地上不斷發生衝突，流血抗爭持續不斷。巴勒斯坦甚至不斷有十幾歲至二十幾歲的年輕人以自殺炸彈行動，持續對以色列人發動恐怖攻擊。

　　對於巴勒斯坦人所發動的恐怖行動，以色列政府為了自衛，也以壓倒性的武力破壞了恐怖份子可能藏身的巴勒斯坦村落和城鎮。要判定這種攻擊是正當防衛還是防衛過當，實在是很困難的事。巴勒斯坦和以色列之間因憎恨所產生的一連串紛爭，看來似乎還會再持續下去。

世界的不安蔓延以及耶穌再臨

　　生活在現代的人們，受到核武、生物及化學兵器的威脅，並因食物的不足和地球環境惡化等等而處於不安的混亂之中，今後想必不會再有尼布甲尼撒、古列、亞歷山大、羅馬皇帝等時代的重現。

　　立像由金做的頭一直到由混合了鐵和黏土的腳所組成，隨著時間的經過，從頭部到胸、腹、腳部的材質價值也不斷下降。換句話說，由一人獨統的絕對君主國家，發展到現在由平民而治、混合了鐵和黏土的民主主義國家，立像的材質愈來愈差。最後，神不但將用一塊石頭打破這座立像，金、銀、銅、鐵的國家也將全部粉碎。這塊石頭正是指耶穌基督的再臨。

巴比倫俘虜
免於災難的猶太人

尼布甲尼撒強制民眾祭拜金像，但以理的三位友人因為不願意伏拜，而被丟進了火爐裡。

尼布甲尼撒鑄造金像

聽了但以理解開了不可思議的夢境而讚美真神的尼布甲尼撒王，卻在不久鑄造了一座夢裡的金像。這座金像十分巨大，高二十七公尺，寬二‧七公尺。王想要藉由讓人民都跪拜這座金像而使民心合一。於是，大批的民眾都來到首都的廣場參加這座金像的獻祭儀式，國內所有居高位的省長和官員們全部參列，周圍則圍繞著無數的民眾，宮廷的樂隊也在一旁等候著。

此時，傳令官高聲說道：「帝國的所有人民，你們一聽見角笛、豎琴、風笛和各種樂器的聲音演奏出來時，就要向尼布甲尼撒王所立的金像伏拜。凡不遵從命令者，就立即扔進燒著烈火的窯中。」

廣場上一片鴉雀無聲。接著，角笛、豎琴、風琴的聲音響起劃破了寂靜，民眾不論身分高低，都一起向尼布甲尼撒王所立的金像跪拜。但是，

參與獻祭儀式的人當中，只有但以理的三位友人依然站立著，沒有下跪禮拜。

看到這一幕的巴比倫宮廷官員，當然不會放過他們。他們一直敵視著順利升任高職的但以理和他的朋友們，猶大王國來的奴隸竟然比自己這些自由民還要順利爬到高位，使得他們一直懷恨在心，而眼前正是一個除掉猶太人一族千載難逢的好機會。

從燃燒的火爐裡被救出的三人

幾個官員立即去向王報告，說明國王所任命負責管理巴比倫省務的三位猶太人沙得拉、米煞和亞伯尼歌，竟然沒有遵從王的命令。

王相當忿怒，立即把三人召來怒斥道：「你們不向我所立的金像下拜這件事是真的嗎？我再給你們一次對我展現忠誠的機會。音樂響起之後，你們就立刻俯伏跪拜，這樣我就不

聖經筆記　「離散的猶太人」（Diaspora）這個字是代表「離散」意思的希臘文，指的是居住在巴勒斯坦地區以外的猶太人和其社群。猶太人的離散起源於公元前五九六年巴比倫王國把以色列人俘虜至巴比倫城時。

把你們扔進火窯中。」然而三人如此回答：「王啊！我們不需要這個機會。除了我們所事奉的神之外，我們是絕對不會低頭禮拜的。我們的神一定有能力將我們從火爐中救出，但無論神救不救我們，我們都只事奉我們的神。」

尼布甲尼撒因爆怒而臉色脹紅，對三位年輕人的態度也完全改變。王吩咐人把窯燒至比平常還要猛烈七倍，並將三人在穿著衣服的情況下綁起來，扔進燒著烈火的窯中。由於窯中的火勢實在太猛烈了，連負責把綁著的三人丟入窯裡的人都被燒死了。

接著，王往窯裡一看，卻看到了令人不敢置信的景象。剛才被丟入窯裡的應該是三個人，但此時窯裡卻有四個人，且都沒有被綁縛住，還在火中走動自若，而這第四個人的樣貌就宛如天使。

站在窯口的王於是呼喊：「偉大的神的僕人們，你們快從那裡面出來吧。」於是，沙得拉、米煞和亞伯尼歌就從窯裡出來，三人都毫髮無傷，衣服也沒有被燒毀。王再往窯裡一看，卻已經看不到剛才第四個人的蹤影。於是王就讚美神：「你們的神是偉大的。」

在火窯裡行走自如的四個人

巴比倫俘虜
尼布甲尼撒的功過

尼布甲尼撒數十年後又夢見了不可思議的夢，但這次夢所傳達的訊息卻是他即將沒落的下場。

尼布甲尼撒做了第二個夢

　　尼布甲尼撒夢見立像之後又過了四十年。

　　王和各國的戰爭無一不勝，國內也因為任用優秀的人材而政局安定，並因商業城市的發展，經濟也不斷成長。此外，王在城市和建築上也有很高的成就。

　　王國的首都巴比倫建造了許多裝飾精巧的四層樓建築。此外，王還在由長二十二公里的四方形城牆所包圍的巴比倫城內部，開拓了廣大的耕地，即使被敵人包圍數年也不會有斷糧之虞。王對於這樣的城市發展由衷地感到滿足。

　　有一天，王又做了一個夢。王向巴比倫所有的智者說明了夢的內容，要他們解讀夢的意義，但沒有一個人解得出來，因此便又將但以理召了過來。但以理來到宮廷後，王立即又向他說了夢的內容。

　　「在大地的中央有一棵十分高大的樹，那棵樹不斷成長，最後高達於天，因此在世界的各個角落都可以看得到它。這棵樹結了大量美味的果實，所有的生物都以這果實為食。樹枝上有鳥築巢，野獸也在樹下歇息。

　　突然，有一位天使出現說道：『把這棵樹砍倒，削斷樹枝，搖落葉子，打落果實，並把鳥和走獸都驅趕走散，只留下樹幹。』之後，剩下來的樹幹變成了一個人。天使又說：『把這個男人用鐵和青銅製成的鍊鎖銬住，放逐到野地當中。他會像走獸一樣住在野地裡，以野草為食，心也會變得像野獸一樣。如此會經過七年的時間。』智者但以理啊，請把這夢的意思告訴我。只有你能解這個夢，因為你裡面有聖神的靈。」

　　但以理聽了夢的內容後很驚訝，只是低著頭而無法回答。雖然王要但以理不用害怕，只管把夢的

 聖經筆記　巴比倫王國的尼布甲尼撒王於公元前五八六年征服耶路撒冷時，將所羅門聖殿徹底破壞，並將聖殿裡金製和銀製的器物都帶走放置到米羅達的神殿裡。

意思照實說出來，但這個夢宣告出王未來命運的祕密，但以理因而感到猶豫。

他如此回答王。

「我王啊！願這夢所顯示的意義是歸給你的敵人。王啊！你就是那棵樹，變得愈來愈雄偉而強大。供給世界各地的人們食物，就是王支配著這個世界的象徵。

但是，有一天你將被趕逐出人世，和野地的走獸同住，以野草為食，要如此經過七年的時間。這是為了讓你打從心裡徹底明白，支配著這個世界的是神。王啊，請你不要再只顧享受奢華，要打從內心施行正義，憐憫貧者，以除去你的罪孽。這樣你的繁華才能夠長久延續。」

王遠離人居住的世界，變得有如野獸一般

王聽了這個警告，十分戒慎自重。但才過了一年的時間，王就完全忘了但以理的警告，再度變得心高氣傲，回復以往傲慢的行徑。無論是人民的生死、下賜高位或剝奪權位等，王全都憑自己的喜好行事。

有一天，王在宮殿的屋頂上散步時，看著底下的巴比倫城說：「這麼大的巴比倫城，正是為了彰顯我的威嚴榮光，而用我的威權所建造起來的。」王認為眼前所展現的景象全是自己的功績，不由得誇耀起自己。

王的話還沒有說完，就有聲音從天上傳下來：「尼布甲尼撒王啊！你聽好，你的王權被褫奪了。」神對他下了審判。

於是，尼布甲尼撒發了狂而喪失神智，連自己是誰都認不出來，並且離開人群和野獸一起生活在原野中，像牛一樣吃草為生。他得了一種以為自己是野獸的精神疾病「變獸妄想症」。王所做的夢就這麼應驗了。

悔改的王讚美神

尼布甲尼撒發瘋之後過了七年，有一天突然恢復了神智，也想起了自己是誰。他明白了自己並非萬能者，一改傲慢的想法和態度變得謙虛，並仰望著天讚美全能的神。

過了幾年後的公元前五六二年，第一位統治世界王國的尼布甲尼撒，在統治了巴比倫王國四十三年後辭世。

尼布甲尼撒被神所懲罰變得有如野獸一般

巴比倫俘虜
巴比倫王國的滅亡

尼布甲尼撒死後，巴比倫王國變得政局不安定，並在他的孫子在位時，偶像崇拜的風氣達到頂盛，王國也同時毀滅。

用神器飲酒的皇太子伯沙撒

尼布甲尼撒死後，由他的兒子和子孫相繼繼承王位。以未·米羅達、尼甲·沙利薛和拉巴西·米羅達都相當早就去世，之後繼位的是繼尼布甲尼撒之後的第二位偉大君王拿波尼度。拿波尼度的兒子伯沙撒（公元前五五三～五三九年）則是巴比倫王國最後一位國王。

公元前五五〇年，波斯的古列將瑪代的首都亞馬他置於統治之下，並征服了現在的土耳其，勢力東達印度的西北部。十年後的公元前五四〇年，波斯的國力已足以匹敵巴比倫。古列的軍隊包圍住王國的首都巴比倫，隨時都可能發動攻擊。

此時是由皇太子伯沙撒代理父親拿波尼度治理王國。他是一位輕率且思慮不周延、不具足以領導國家才能的庸俗之王。他盲目地相信首都的城牆是牢不可破的，於是看輕了古列所帶領準備攻擊首都的軍隊實力。

他招待了一千位大臣和貴族大擺筵席，在半裸美女們的服伺包圍下飲酒作樂、狂歡舞蹈，葡萄酒一桶一桶地飲盡，宴會的氣氛相當熱烈。喝得爛醉的伯沙撒，為了給客人和美女們一個驚喜，下令把尼布甲尼撒當做戰利品從耶路撒冷聖殿掠取回來、被慎重放置在米羅達神殿的金銀器皿都拿出來。這些器皿連尼布甲尼撒王自己都不曾使用過。

於是，伯沙撒王和他的大臣、妻妾嬪妃們就使用這些器皿來喝酒。他們一邊這樣喝著酒，一邊嘴裡唱頌那些用金、銀、銅、鐵、木材、石頭所做成的偶像之神的名字，並且行禮拜的動作。真神的聖器竟然被拿來做為敬拜異教之神的器具，偶像禮拜的行為由此達到極致。

聖經筆記 「離散的猶太人」藉由建設猶太教會堂、徵收神殿稅、至耶路撒冷巡禮等方式，來維繫和祖國以及其文化、宗教之間的深厚關係。

牆上大大地寫著不可思議的文字

突然，被燭火所照亮的牆壁上出現了人的手指頭，並在牆上寫下文字。王看到這樣的景象嚇得臉色大變，雙腳無力顫抖。

他立刻召集所有的占卜師和學者們，對他們說：「誰能讀懂這文字並解釋它的意思，我就賜他身穿紫袍、頸戴金鍊、並賜予他位列第三的權位（位於拿波尼度王和王儲伯沙撒之後）。」

然而，沒有任何一個人能夠看得懂牆上的文字，更不用說解釋文字的意義。伯沙撒王和大臣、貴族們都面面相覷、各個臉色鐵青。

尼布甲尼撒的女兒、也就是伯沙撒的母親得知這件事後，便來到了宴會對兒子伯沙撒說：「王啊！你不要驚惶。在這個國家裡有一個人，他裡面住有聖神的靈。先王在世的日子，這人解開了其他人都無法解開的難題。現在，就把但以理給召來吧。」

於是，此時已經八十歲的但以理被帶到王的面前。王對但以理的態度十分無禮，他對但以理說：「你就是我祖父尼布甲尼撒從猶大王國帶回來的俘虜但以理嗎？」

由這句話，但以理明白了這位年輕的王是不值得尊敬的人物，但愚昧的王仍然繼續高傲地說著：「把牆上突然出現的文字讀給我聽。如果你能夠讀這文字，我就賜你紫袍和金鍊，以及位列全國第三的權位。」

文字代表著帝國滅亡的意義

但以理回答王說：「我不需要賞賜。但我仍會為王讀這文字，並且解釋這文字的意義。

王啊！你必死亡。天上的神把統治世界的權勢和榮光賜給你的祖父尼布甲尼撒。但因為他心高氣傲且不信仰神，所以被趕逐出人群，過著和野獸同住的生活。

後來先王不斷地祈求，神終於憐憫他，讓他回到人群裡，並回復他的王位。有了這樣的經歷後，他了解了擁有萬能的力量、並守護著人類和自然的是天上的神，而至死為止都過著虔誠的信仰生活。

你是他的子孫，應當知道這一切，但卻一點也沒有警戒。你和你的妻妾們用神的器皿喝酒，這是對神的嚴重侮辱。神被激怒了，因此藉由這些文字宣告你以後的命運。

牆上所寫的文字是『彌尼，彌尼，提客勒，烏法珥新』，意思是

『數盡，數盡，量秤，分裂』。

「彌尼」代表神已經決定了你治理國度的數盡之日；「提客勒」表示你被放在天秤上秤量，並顯示出你欠缺正義；「毗勒斯」（與「烏法珥新」同義）就是你的國將要分裂，國土將歸給瑪代和波斯。」

聽完但以理的解讀後，伯沙撒和妻妾、大臣以及所有的宴客都一同向但以理伏拜。

當晚神即降下了天罰。古列的波斯軍隊把幼發拉底河的河水引到另闢的水道裡，由乾枯的河床突襲進入巴比倫城。

以傲人的鐵壁著稱的首都巴比倫於是被攻陷，伯沙撒也被殺死。這是公元前五三九年的盛夏夜裡所發生的事。第一個世界王國巴比倫王國，由建國以來只維持了七十三年就滅亡了。

寫在牆壁上的文字解讀

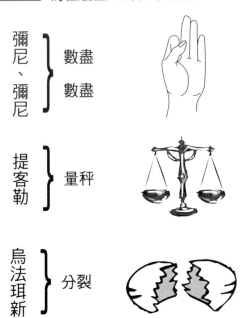

彌尼、彌尼 } 數盡 數盡

提客勒 } 量秤

烏法珥新 } 分裂

猶太民族的解放
但以理成為首相

大利烏王任命但以理為首相，對此人事安排感到不悅的人，便計畫要制定法律來陷害但以理。

嚴格正直的首相但以理受到惡人厭惡

巴比倫王國滅亡後，古列王將其併為波斯帝國的領土。之後，由古列的親戚大利烏接任王位。大利烏王將全國劃分成一百二十個州，並在各州設立總督，在全國的總督之上又設置了三位大臣負責管理。這三位大臣的其中一人，就是已超過八十五歲高齡的但以理。

大利烏王是位有名的君王，他將曾仕奉敵國國王的但以理任命為為波斯國的大臣。但以理不但具有學識、政治能力、規劃政策的能力及實行力，且品性優良又公正，比起其他總督和大臣都優秀許多。因為在但以理身上有神的靈與他同在。因此，王任命了猶太人但以理擔任首相，有意讓他治理全國。

但是，其他兩位大臣和一百二十位總督都反對王這樣的決策。居上位者如果十分嚴正的話，居下位者通常會產生許多不平和不滿，況且但以理原本還是個猶太人俘虜。而且他敬畏神，忠實地堅守職務，不收受賄賂，也不會行逃稅或終飽私囊等不義之事。部下通常都會厭惡這樣的上司。

由於這些人並不滿足於王所給予的薪水，便收受賄賂來累積自己的財富，如果受到但以理的監視，就不能做這些惡事了。

對但以理的嫉妒加上無法獲取非法利益等因素，他們決定讓這個外國來的老人但以理失去政府的要職，並在宴會之類的場合上聚集商討，彼此達成了協議。

他們拚命尋找能夠控訴但以理的把柄，但忠實又認真做事的但以理完全沒有任何的缺點和過失。因此，他們決定利用法律來陷害但以理，而決議了這樣的新法案：無論是誰，在今後的一個月內除了王以外，若對其他的神或任何人敬拜的

聖經筆記　猶太人離散到了埃及、小亞細亞、羅馬等地。公元前後的亞歷山卓城，居住了超過一百萬的猶太人。

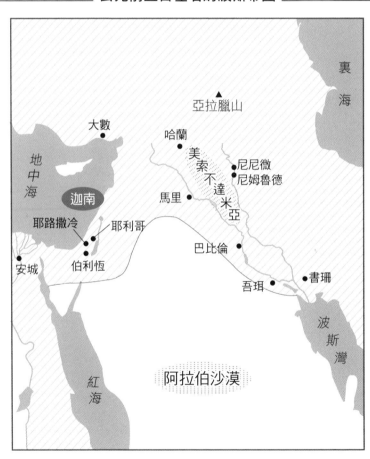
話，就必須被扔進獅子坑裡。

他們拿著這項決議前去請王簽署這份文件並公告。王完全沒有料到這項法案是為了陷害但以理所佈下的陰謀，於是立刻署名並承認了法案。

法案就這樣正式通過了。按照瑪代和波斯的律法，王所簽署制定的法令，無論是誰都必須遵守，沒有例外，也不能廢除。

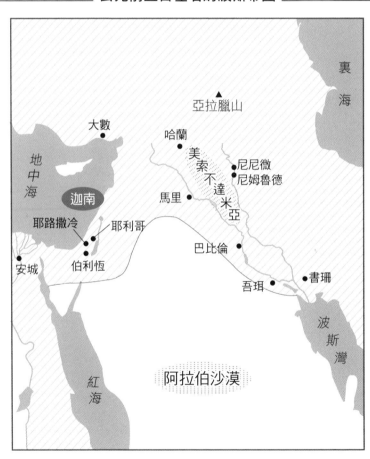

公元前五百左右的波斯帝國

裏海

亞拉臘山

哈蘭

大數

美索不達米亞

尼尼微
尼姆魯德

地中海

迦南

馬里

耶路撒冷　耶利哥

巴比倫

安城

伯利恆

吾珥

書珊

紅海

波斯灣

阿拉伯沙漠

猶太民族的解放
從獅子坑裡生還

每天往耶路撒冷方向朝拜的但以理，因為違反了新制定的法律而被丟入獅子坑裡，但是神幫助了他。

但以理被丟入獅子坑中

但以理雖然知道這項新的法令，但每天工作完回家以後，依然照常每日三次打開窗戶，朝著耶路撒冷的方向跪拜、禱告並感謝神。

大臣和總督們在但以理的住家旁監視並目睹這一切，便立即將他逮捕，高興地把他帶往宮殿對王說：「大利烏王啊，你所簽署的法令，無論是誰都要遵守，無法取消的。你確實簽名了啊。」王回答說：「我確實署名了。」

他們立刻接著對王說：「王啊，猶大王國的俘虜但以理違背了你簽署的禁令，竟仍一日三次向他的神祈求。但以理違背了你。」王聽見了這些話，才發現這是大臣和總督們為了讓自己所信賴又倚重的但以理被處以死刑所設下的陷阱，但現在才察覺也為時已晚了。

王想要搭救但以理，但卻無法想出什麼好方法。

於是，但以理被帶出去扔進了獅子坑裡。王來到獅子坑旁對但以理說：「但以理啊。願你事奉的神能搭救你。」之後，獅子坑就用一塊石頭堵住了洞口，王在石頭上蓋上自己的印鑿後就回到了宮殿。

敵手反而被獅子吃了

王回到宮裡，一想到自己的心腹但以理，就整夜吃不下東西、睡不著覺。

翌日天一亮，王就急忙來到獅子坑旁。石頭依然堵著洞口，王就將石頭挪開，大聲地呼叫但以理。但以理回答王：「神差遣天使來封住了獅子的口，所以我完全沒有受到傷害。」就這樣，但以理毫無損傷地從獅子坑裡出來。

得知但以理平安無事的大臣們，並不認為是神在守護他，反而推測獅子是因為剛吃飽才沒有吃掉但以理，並把這樣的推測對王說明。

聖經筆記 公元前十九年，大希律王開始在耶路撒冷建造雄偉的聖殿。這就是希律聖殿。建造這座聖殿的目的之一，是身為以土邁人（「以東人」的希臘羅馬發音）的大希律王為了討好猶太人而建的。

聽到這樣的說法，王對他們邪惡的想法感到很忿怒，於是下令先把大量的肉放入獅子坑裡，再把但以理的敵人和他們的妻子扔進獅子坑裡，以確認獅子不襲擊但以理是因為吃飽的關係。結果，他們還沒有完全下到坑底，獅子就抓住他們，把他們吃了，一個人也沒生還。想陷害神人但以理的惡人就這樣被消滅了。

王於是讚美神，並寫信到波斯帝國全境：「全國無論任何地方都要尊敬但以理的神，並且敬拜他。他才是永活的神，永遠毅立不搖的神。他拯救人，在天上和地下都施行奇蹟，並從獅口底下拯救了但以理。」

大利烏王發布到波斯帝國各地的信件內容

願你們大享平安！

現在我下令，我所統治的全國人民都要在但以理的神面前戰兢恐懼。

他是永活的神；他永遠長存；他的國度永不滅亡，他的統治直到永遠。

他搭救人，拯救人；他在天上地下施行神蹟奇事；他搭救了但以理脫離獅子的爪。

（《但以理書》6章25～27節）

猶太民族的解放
以斯帖成為王后

亞哈隨魯王廢了高傲的王后後，開始尋找新的王后，結果選中了猶太美女以斯帖。

瓦實提王后因太高傲而被廢

亞哈隨魯王（薛西斯一世。公元前四八六～四六五年）剛接手統治波斯帝國時，猶太民族面臨了滅絕危機。而拯救猶太人逃離這個危機的，便是猶太美女以斯帖。

亞哈隨魯王在父親大利烏一世之後繼承了王位，統治從東邊的印度到西邊的衣索比亞為止、共一百二十七省的廣大地區。

在他執政的第三年（公元前四八四年），為了誇耀自己的財富和尊榮，亞哈隨魯王召集了親友、各省的總督、高級官員、波斯的貴族到位於書珊（現在的伊朗還保有其遺址）的宮殿，舉辦盛大的筵席。由於各地的人士都輪番前往拜訪宮殿，這場宴會竟持續了一百八十天之久。以絕世美女著稱的瓦實提王后，也為客人的女伴們擺設了筵席。

亞哈隨魯王因飲酒而心情大悅，就吩咐太監去請王后瓦實提，要她戴上后冕、盛裝打扮來到筵席上。國王想要讓來賓和大臣看看自己有這麼一位美麗的皇后。

但不知為何，瓦實提王后以女人不能隨便在不認識的人面前拋頭露面的波斯法律為由，再三拒絕了王的請求。

也許是因為受到了王的寵愛，使得王后變得任性妄為，又或是王后自恃父親在宮廷裡位居高官，因此仗著父親的權勢拒絕王的命令。王后瓦實提讓亞哈隨魯王在眾多客人的面前完全喪失了顏面，王會完全地被激怒也是可想而知的。

於是，王和幾位賢士商量應該怎麼處理這樣的事情，七位賢人召開會議討論後，便如此對王呈上建言。

「王后瓦實提不但侮辱了國王，而且還侮辱了所有的波斯人民。因為王后的作為必會傳到所有

聖經筆記 「錫安」這個字有四個意思：1. 耶路撒冷建城所在的山丘（錫安山）；2. 指耶路撒冷城全區；3. 以色列國家的別稱；4. 天國的別稱。

婦女的耳中，使得她們彼此口耳相傳：『亞哈隨魯王命令瓦實提王后到他跟前來，王后卻沒有前去。』而開始也輕視起自己的丈夫。

如果現在不做適當的處置的話，所有的婦女必不再敬重她們的丈夫。王若是贊成，可以下一道諭旨，不准瓦實提再出現到王的面前來，並請王把王后的位子賜給另一位更好的婦人。」

王和身邊親信都接受了這個建言。於是，瓦實提王后因為侮辱了王，而在一夕之間失去了她的地位。「在滅亡以先，必有驕傲；在跌倒以前，心中高傲。」（箴16:18）

接著，王下了詔書送到全國各省：「男子當為一家之主。」

開始尋找新的王后

王后被廢除後的第三年，也就是公元前四八一年，亞哈隨魯王前往遠征希臘但吃了敗仗。此時，應該要有一位溫柔的王后來安慰國王，但美麗的瓦實提王妃已經不在了。於是，王開始希望能尋找一位如瓦實提一般美麗、但不能像她一樣傲慢、且謙虛、教養與道德都兼備的新王后，這樣的念頭與日俱增。

幾位侍臣察覺了王的心意，於是向王提議要選一位新的王后來代替瓦實提。而且，王后的選拔方式不只是從宮裡的美女當中物色，而是先選出各地最為端莊美麗的未婚女性之後，再進行最後的選拔，規模擴及整個波斯帝國。

王欣喜地接受了這個提議，於是委派統治各省的官員，把所有美貌的未婚女性都召集到書珊城的後宮，教她們化妝的方法、社交禮儀和一般教養等，再從中選出王最中意的人成為王后。

在書珊城裡住著一位名叫末底改的猶太人，他是巴比倫王尼布甲尼撒從耶路撒冷帶往巴比倫的猶太俘虜後裔，並收養了自己叔叔的女兒以斯帖（原本的名字是哈大沙），將她養育長大。

年幼就失去父母的以斯帖被堂兄末底改所收養，並像親生女兒般地被撫養長大。以斯帖的個性溫順，體態美麗，容貌娟秀，品格高尚，是一位很有魅力的女性。

由於帝國內舉辦了王后的選拔，國內所有美麗的未婚女性都被官員帶到宮殿裡，交由後宮的監督官希該來管理，以斯帖也是其中的一位。

以斯帖一躍成為王后

聚集到宮裡的女孩們，每天都要照著規例潔淨身體長達十二個月，要先以加入香油的香皂清洗身體之後，再仔細地按摩身體，把女

性魅力發揮出來。

經過十二個月的潔身後，少女便要輪流進到亞哈隨魯王的寢室。進去王的寢室的前一日，監督官希該會問每個女子想要的東西，無論是衣服、裝飾品、化妝品等都會一一提供，因此幾乎每個女孩都會把握機會要求高價的物品，希該也全部都滿足了這些要求。

第一個女子進去王的寢室後，只待了一夜就回來了，王沒有再召她進去過。

第二位女子在王的寢室待了一夜後也回去了。王和希該都很失望。後來的第三位、第四位和之後的女孩，也都沒有讓王和希該感到滿意。

接著輪到了以斯帖進去見王。前一晚，希該按照慣例詢問以斯帖想要什麼東西，然而除了希該為她預備好的東西以外，以斯帖都別無所求。這樣寡欲又謙虛的以斯帖，讓希該和其他在後宮侍奉的所有人都很喜歡她。

傍晚時，以斯帖被帶進了王的寢室，過了許多天之後，她都沒有再回到後宮來。王完全愛上了以斯帖，並決定立她為王后。

世上有很多人，在默默無名時很謙虛，出人頭地後就突然變得高傲，態度囂張跋扈。但以斯帖當上王后之後，依然對教養她長大的末底改相當順從，並且嚴守末底改的叮嚀，對自己的本名和猶太人的身分嚴格保密。

公元前四八〇年，此時為亞哈隨魯王執政的第七年。有一天，末底改得知兩位宦官企圖刺殺國王，便將此事告訴了以斯帖王后，以斯帖於是以末底改的名義將這個消息向王報告。

王派人追查之後，了解以斯帖得自末底改的這項消息的確屬實，便將兩位宦官以謀反罪處死。就這樣，末底改成了國王的救命恩人。

聖經筆記 巴比倫俘虜的時代雖然於公元前五三八年時結束，但猶太人沒有能夠守護自己國家的軍隊。大希律王於公元前三七年到公元四年之間統治猶大，雖然他擁有自己的軍隊，但他的軍隊也是置於羅馬帝國的指揮下。

使國王傾心的美女以斯帖

猶太民族的解放

視猶太民族為敵的哈曼

哈曼對於一點都不畏懼身為首相的自己的末底改相當憎恨，
為了一吐怨氣而企圖滅絕猶太民族。

哈曼計畫滅絕猶太民族

亞哈隨魯王有一位乾兒子哈曼。哈曼的口才很好，很擅長在王的面前阿諛奉承，因此雖然在政治上沒有什麼才能，卻搏得了王的喜愛。

這種人到處都有，而且幾乎都能藉此爬到不錯的位子。統治由東邊的印度到西邊的衣索比亞廣大領土的王，卻提拔傭才哈曼，任他為僅次於國王之下的首相位置。因此，進出宮裡的所有臣僕，都必須向哈曼首相屈身下拜，哈曼可說得意至極。

但是，卻有一個人完全不對哈曼行禮或伏拜，這個人就是猶太人末底改。

末底改謹守猶太教的律法，除了神以外不禮拜任何人。哈曼對此事十分在意，於是調查了他的出身，而得知末底改是一位猶太人。

哈曼心想，連自由之身的波斯人都要向自己跪拜，奴隸身分的末底改卻竟敢不從，因而懷恨在心。若只是懲罰末底改的話，未免也太容易了，如此並無法消除哈曼心中的憎恨。哈曼心裡所想的，不但是要對付末底改一個人，還要同時滅絕猶太人全族。

公元前四七五年，哈曼在心裡下定了決心。他決定要利用自己身為大帝國首相的地位來報個人的私仇。由此看來，哈曼可說已喪失了身為首相的資格。

哈曼把滅絕猶太人的主意告訴了王，王立刻就應允了。王的眼中沒有人民，只有自己所喜愛的首相哈曼。

雀躍的首相哈曼，於是以王的名義寫了詔書，並以王的戒指蓋上泥印表示威信。詔書內容如下：「在第十二個月時，所有猶大人無論老少婦孺，全部都要殺死。」這份詔書被頒行到波斯帝國全國各

聖經筆記 以色列人為了表示真誠的悔改，便會進行禁食。禁食期間，他們多半會不斷地祈禱，此外還會把衣服撕破，只纏上破布，並在頭上撒灰。

省，廣大的波斯帝國都操弄在哈曼的股掌中。

賢人末底改訓示以斯帖

末底改得知了這項消息，就撕裂自己的衣服披上麻衣，在身上撒上灰塵，並大聲地痛哭呼叫表達他的失望。然後，他立即去見王后的使者，要使者把這份哈曼以國王名義送到全國的諭旨，轉交給猶大族出身的王后以斯帖看，並且要使者轉告王后，請她進宮去求見王，為自己的族人向王求情。

以斯帖這樣回答末底改：「無論是王的臣僕或任何人，如果沒有奉召就擅自入內院去見王，除非王向他伸出金杖賜他免死，否則一律都要處以死刑。而且這三十天以來我都沒有奉召去面見王。」

末底改回覆以斯帖說：「你不能以為自己待在王宮裡，就比所有的猶太人都安全。這時你若是緘默不言，猶太人還是會由別的方式獲得解救，但那時你和你的父家就必定會滅亡。你進到宮廷裡，不正是為了挽救現今的危機嗎？」

末底改的話裡雖然看不出任何關於信仰或是神之類的字句，但卻清楚地表達出他相信看不見的神一定會伸出援手救助猶太人的堅定信念。

對以斯帖來說，在民族存亡之秋為同胞盡自己的綿薄之力，不但關乎她的名譽，也是她的義務和應行的正義（神所引導的路）。而此時末底改又對以斯帖說，她之所以會成為原本並沒有想要獲選的王后，而身處高貴榮華的地位，不就是為了要在此刻民族存亡的危機之時，伸出援手拯救人民的嗎。

賢人末底改促使以斯帖自覺到自己所賦有的使命。

以斯帖王后挺身而出

王后以斯帖終於覺悟：「即使違背法律，我也要去晉見王。如果我必須因此而死，那麼就一死吧。」這是覺悟到自身使命的人所產生的堅定信念。於是，以斯帖決定要如同住在書珊城裡的所有猶太人一般禁食三天，然後就前去晉見國王。原本為被動一方的以斯帖，如今化被動為主動，決定鼓起勇氣展開行動。

到了第三天，以斯帖細心地化妝並穿上王后的朝服，一身盛裝打扮。比平常更加美麗的以斯帖，對死有所覺悟而來到王的面前。王見到以斯帖，就向她伸出手中的金杖，並問她：「王后以斯帖，你有什麼事嗎？是有想要的東西嗎？就算是這王國的一半江山，我也一定賜給你。」

因國王伸出金杖而免於一死

的以斯帖回答：「今天我為王設了筵席，請王帶著哈曼一同前來赴宴。」

於是，國王便帶著哈曼一起參加筵席，結果王后又再度要求王：「請您再一次帶著哈曼來赴我所準備的筵席。」

這天晚上，回到家裡的首相哈曼心情極好，並把以斯帖王后的邀請之事告訴了妻子。他滿臉得意地說：「王后以斯帖除了我以外，就沒有邀請別人與王一同去赴她的筵席，而且在席上又邀請我明天再次到她那裡去赴宴。」又說：「只要能不要再看見待在宮門那裡的猶太人末底改，這一切就無可挑剔了。」

他的妻子於是如此唆使道：「既然這樣，你就叫人立一個高木架，明早去見王之前，把末底改掛在木架上面殺了他，這樣你就可以歡歡喜喜地與王一同去赴宴了。」哈曼接受了妻子的建議，為了把末底改吊起來處死，便立刻要人立了高達二十二公尺的木架。

猶太民族的解放
末底改成為波斯首相

以斯帖請求國王拯救猶太民族同胞，王於是把設計陰謀詭計的哈曼處死，並頒予榮譽給末底改。

王發現末底改有功未酬

一想到王后以斯帖的美麗容顏和明日宴會裡王后不知會提出要什麼獎賞，王就興奮得睡不著覺。

於是，王吩咐書記把波斯歷代國王的史事紀錄、和自己上任王位以來所發生事情的紀錄拿來，並且誦讀給他聽。讀著讀著，王注意到曾有兩個宦官企圖要謀害亞哈隨魯王，但這件事被末底改告發了，而且這位末底改至今尚未被賜予任何的榮譽和官位。

翌日早晨，哈曼為了要求王允許他把末底改掛在木架上處死，而來到了宮殿的外院。

這時候王問了哈曼：「身為王的我對於想要賜予尊榮給他的人，應該要怎麼樣做呢？」哈曼心裡想，王想要賜予尊榮的人，除了自己以外就不會有別人了，因而如此回答：「王可以讓那人穿上和王相同的服飾、頭戴王冠並騎乘王的座馬，由貴族牽著那匹馬帶著那人到城裡的街上，然後讓人邊走在前面宣告：『這位是王所要賜予尊榮的人。』」

於是，王命令哈曼：「去把末底改召來，照你剛剛所說的為猶太人末底改這樣做。」哈曼雖然十分驚愕，但因為是王的命令，只能立即照王的命令去做。於是，原本哈曼預謀要殺害末底改，卻因為他自己的提議，反而讓末底改在街道廣場的眾民面前受到公開的榮譽表揚。

哈曼之死與末底改任官

那一夜，王和哈曼首相一起前去赴以斯帖所設的第二次筵席。

席間，王又問以斯帖想要什麼賞賜，並且再次說了要賜一半的江山給以斯帖。於是，王后以斯帖含著淚向王哀求：「請王把我的性命賜給我，並答應我的請求。」

聖經筆記　公元前五三八年，波斯帝國的古列王准許猶太人從巴比倫遷回故鄉。從俘虜身分解放的猶太人回到家鄉後，便仿照以前的所羅門聖殿，於公元前五一五年完成了第二神殿的建設。

王十分地意外王后竟會向他請命。以斯帖又繼續說道：「我和我的族人被人陷害，如果我們只是被賣為奴隸，那我也什麼都不會開口，但我們就快要被趕盡殺絕，完全滅除了。」

亞哈隨魯王相當驚訝，便問以斯帖：「是誰企圖要這麼做的？」於是，以斯帖鼓起全部的勇氣嚴正地回答：「這個迫害者就是這惡人哈曼！」

哈曼在王和王后面前立即變得驚惶萬分。王盛怒地從酒席間起來到庭園裡去，而哈曼看出王決意要給予他嚴厲的懲罰，便懇求王后以斯帖救他一命。

王從庭園回到酒席時，哈曼正好伏在以斯帖所在的榻上。看到這一幕而誤會的王怒道：「你竟敢在宮裡當著我的面污辱王后！」話一說完，哈曼立刻害怕地掩面，說不出話來。

此時，有一位臣僕來向王報告：「外面有一座高木架，是哈曼為了那位曾經救王有功的末底改所立的。」王於是命令：「把哈曼掛在那木架上！」於是，哈曼就在那座為了殺害末底改而準備的木架上，被絞首而死。

由於王后以斯帖冒著決心赴死的危險，才揭穿了哈曼首相想殺害猶太全族的陰謀，猶太人因而得以逃過被滅絕的命運。

之後，賢人末底改取代了哈曼成為領導波斯帝國的首相。

專欄
等待彌賽亞到來的猶太教徒

以色列滅亡

　　由十個部族所組成的以色列王國和兩個部族組成的猶大王國，兩者都滅亡了。以色列王國在公元前七二二年第十九代的何細亞王時代，被亞述帝國的薩爾恭二世所滅亡，結束了兩百零九年的歷史。以色列王國的人民被俘虜至亞述帝國，之後即行蹤不明，以色列的十部族於是消失。推測原因，應該是這十個部族和其他民族通婚並逐漸融合，因而喪失了禮拜唯一真神耶和華的猶太教信仰及其儀式和文化。

　　另一方面，猶大王國的首都耶路撒冷雖然被巴比倫王國的尼布甲尼撒王二度攻陷，但每次猶大王國的國王都對敵人展現恭順的態度，因而逃過了滅亡的命運。所謂「態度恭順」的具體表現，就是把神殿和宮殿裡的金、銀製杯盤食器等貴重寶物都獻給巴比倫，並且把有能力的人材當成人質讓他們帶回去。這即是公元前六○五年的第一次俘虜事件和公元前五九七年的第二次俘虜事件。移居到巴比倫的猶大人質中，也包含了但以理和他的三位友人。

　　第二次的俘虜之後，成為尼布甲尼撒王傀儡的西底家就任了猶大王國的第二十代王（公元前五九七～五八六年）。

　　祭司的兒子耶利米在二十歲時受到神的感召，到處宣揚傳教，向人們說明回復和神之間關係的重要性。他忠告西底家，只要順從巴比倫王國，耶路撒冷就能免於滅亡的命運，但西底家不聽耶利米的忠告，因期望會有來自埃及的援助，而一反以往恭順的態度反叛了巴比倫王國。

　　被反叛舉動激怒的尼布甲尼撒王，於是在公元前五八六年時攻陷耶路撒冷，在西底家的面前把他的兒子殺了，並挖出他的雙眼後，將他帶回巴比倫囚禁直到死去。

　　隔月，巴比倫軍在耶路撒冷到處搶劫、放火、殺人，把神殿和宮殿以及所有的住家都破壞殆盡，並將除了極度貧困的民眾之外的所有人（八百三十二人）都帶回巴比倫，這就是公元前五八六年的第三次俘虜事件。至此猶大王國完全滅亡，結束了三百四十五年的歷史。

以色列統一王國的全盛期，也就是公元前九六〇年時，在所羅門王所建造豪華聖殿（所羅門聖殿）的獻祭儀式上，神這麼警告所羅門：「你若遵循你父親大衛所行的信仰道路，你的王國必能永遠繁榮。但是，如果你和你的子孫背棄我敬拜其他的神，我就讓以色列從我所應許之地消失，以色列將成為其他國家的笑柄。」

這個警告在三百七十四年後成真了。

「彌賽亞已經來了嗎？」

生活在巴比倫的猶大王國人民（猶太人）目睹了神的警告如何實現，而想起了許多先知曾勸誡過的話。於是，他們開始懊悔自己背離神的行為，並請求神的原諒。神憐憫這些悔改的猶大人，於是在公元前五三八年時，藉由波斯帝國的古列王之手，讓他們從被俘虜的巴比倫回到耶路撒冷，然後在所羅巴伯、以斯拉、尼希米的指導下重建耶路撒冷。

所羅巴伯是猶大王國第十八代王約雅敬的孫子，是一位祭司。以斯拉是摩西的哥哥亞倫的直系子孫，是一位律法學者。尼希米由於獲得波斯國王的信賴，而成為王身邊的親信，並被任命為猶大的總督，派往耶路撒冷重建毀壞的城牆。

歸還的猶太人看到廢墟般的耶路撒冷城十分感傷，於是在領導人的帶領下一致團結回歸到神的信仰，同心合力重建被破壞的神殿和城牆。城牆修築完後，便向以斯拉學習神的律法，並向神告解過去以色列所犯下的罪，以表明今後要順從神的話並遵守律法生活的決心。

《舊約聖經》裡的先知們，不斷反覆述說著彌賽亞（救世主）將降臨到地上來的預言。出生於巴比倫俘虜時代的祭司撒迦利亞曾預言，即將到來的救世主彌賽亞擁有溫柔的個性，還有他將騎著小驢來到人世。《舊約聖經》時代最後的先知瑪拉基則預言，不久後神將親自化身為王降臨到地上，在神來到人世之前，會派遣一位像以利亞一樣的使者先為神鋪整道路。此外，出身於猶大王國的王族並活躍於公元前七〇〇左右的先知以賽亞，也預言了彌賽亞的到來，並宛如親眼目睹般詳細敘述了神的使者（彌賽亞）將遭受的苦難之途，以及他最後將如何結束一生。

他被虐待，受痛苦的時候，他並不開口；

他像羊羔被牽去屠宰，

又像羊在剪羊毛的人面前寂然無聲，

他也是這樣不開口。

他受拘禁和審判以後被帶走；

至於他那個世代的人中，

有誰想到從活人之地被剪除，被擊打，

是因我子民的過犯呢？

雖然他從來沒有行過強暴，

他的口裡也沒有詭詐，

人還是使他與惡人同埋，

但死的時候與財主同葬。

耶和華卻喜悅把他壓傷，

使他受痛苦；

耶和華若以他的性命作贖罪祭，

他必看見後裔，

並且得享長壽；

耶和華所喜悅的，

必在他手中亨通。

（〈以賽亞書〉53章7～10節）

　　基督教徒在《新約聖經》裡主張，《舊約聖經》中瑪拉基所預言像以利亞一樣的使者，就是施洗者約翰；以賽亞所預言像小羊一樣被帶到刑場的彌賽亞就是耶穌；〈以賽亞書〉五十三章所寫道為了贖萬人之罪而被釘在十字架上受苦難而死去的內容，就是耶穌一生的寫照。

　　基督教徒認為彌賽亞已經來到了人世，並認為相信耶穌就是彌賽亞的人都能得到救贖。

　　另一方面，猶大教徒則不認為耶穌是彌賽亞，而至今仍繼續等待著彌賽亞的到來。

中譯	日文	原文	頁數
二劃			
七十士譯本	七十人訳聖書；セプチュアギンタ	Septuagint	20
三劃			
〈士師記〉	士師記	The Book of Judges	20, 21, 132, 137, 134, 157
上帝	ゴッド	God	15, 16
土八該隱	トバル・カイン	Tubalcain	37
土巴	トバル	Tubal	43
大利拉	デリラ	Delilah	160, 161
大利烏	ダリヨス	Darius	292, 294, 295, 296
大希律王	ヘロデ大王	Herod The Great	232, 294, 298
大馬士革	ダマスカス；ダマスコ	Damascus	41, 50, 90, 215, 227, 233, 248, 255, 275
大袞	ダゴン	Dagon	148, 155, 163, 173
大數	タルソ	Tarso; Tarsus	41, 275, 293
大衛	ダビデ	David	18, 19, 184, 194, 195, 196, 197, 198, 199, 200, 201, 202, 204, 205, 206, 207, 208, 209, 210, 211, 213, 214, 215, 216, 218, 219, 220, 221, 222, 223, 224, 225, 226, 233, 234, 236, 239, 241, 242, 243
小亞細亞	小アジア	Asia Minor	95, 292
小兒麻痺疫苗	ポリオワクチン	Poliovakzin	14
四劃			
《天倫夢覺》	エデンの東	East of Eden	36, 38
內蓋夫	ネゲブ	Negev	49, 56, 57, 207, 211
巴力	バアル	Baal	135, 136, 137, 140, 142, 143, 148, 176, 244, 246, 248, 219, 150, 251, 253, 254, 258
巴力・黑門山	バアル・ヘルモン山	Baalhermon	133
巴比倫（王國）	バビロニア	Babylonia	19, 22, 24, 41, 46, 54, 58, 135, 138, 165, 274, 275, 276, 277, 279, 280, 281, 282, 284, 286, 289, 291, 292, 297, 305, 306, 19, 22, 24, 41,
巴比倫（城）	バビロン	Babylon	44, 164, 232, 274, 275, 284, 286, 287, 291, 293, 297, 298, 303, 306
巴旦・亞蘭	パダン・アラム	Padanaram	76, 77
巴別塔	バベルの塔	The Tower of Babel	41, 44, 45
巴沙	バシャ	Baasha	240, 241, 243
巴拉	バラク	Barak	139, 140, 149
巴勒斯坦	パレスティナ；パレスチナ	Palestina; Palestine	17, 44, 75, 110, 130, 154, 158, 165, 166, 205, 206, 261, 272, 283, 284
巴賓抹	バセマテ	Bashemath	74
巴蘭的曠野	パラン	wilderness of Paran	63, 64, 109
心利	ジムリ	Zimri	240, 241
戶珥	フル	Hur	115
五劃			
〈以西結書〉	エゼキエル書	The Book of Ezekiel	20, 21
〈以斯帖記〉	エステル記	The Book of Esther	20, 21
〈以斯拉記〉	エズラ記	The Book of Ezra	20, 21
〈以賽亞書〉	イザヤ書	The Book of Isaiah	15, 20, 21, 307
〈出埃及記〉	出エジプト記	The Book of Exodus	19, 21, 22, 94, 108, 118, 122, 132, 176
〈尼希米記〉	ネヘミヤ記	The Book of Nehemiah	20, 21
〈民數記〉	民数記	The Book of Numbers	20, 21, 22
〈申命記〉	申命記	The Book of Deuteronomy	20, 21, 22, 74, 191
《他勒目》	タルムード	Talmud	13, 15
《可蘭經》	コーラン	Koran	14, 15, 65, 128, 129, 130
比加	ペカ	Pekah	241
比加轄	ペカフヤ	Pekahiah	241
比利	ベエリ	Beeri	74
比利洗人	ペリジ人	Perizzite	75
比東	ピトム	Pithom	109
比梭溪	ベソル川	Besor	211
以土邁人	イドマヤ人	Idumaea	294
以弗・大憫	エフェス・ダミム	Ephesdammim	196
以弗得	エポデ	ephod	190
以末・米羅達	アミル・メロダク	Evil-Merodach	289
以旬・迦別	エツヨン・ゲベル	Eziongaber	109, 215
以色列王國	イスラエル王国	Kingdom of Israel	24, 232, 233, 234, 235, 236, 238, 240, 241, 242, 243, 244, 251, 255, 256, 259, 262, 263, 305

以利	エリ	Eli	168, 169, 170, 171, 172, 176, 177, 241
以利以謝	エリエゼル	Eliezer	50, 68
以利加拿	エルカナ	Elkanah	168, 169
以利沙	エリシャ	Elisha	255, 259, 260, 261
以利沙瑪	エリシェマ	Elishama	223
以利亞	エリヤ	Elijah	244, 245, 246, 247, 248, 249, 250, 251, 252, 253, 254, 255, 256, 257, 259, 260, 261, 264, 307
以利亞撒	エルアザル	Eleazar	175
以利押	エリアブ	Eliab	194, 197
以利法列	エリフェレテ	Eliphalet	223
以利雅大	エルシャデ	Eliada	223
以坦	エタム	Etam	159
以拉	エラ	Elah	240
以拉谷	エラの谷	Vale of Elah	196, 200, 202
以東	エドム	Edom	79, 81, 83, 90, 109, 127, 179, 188, 215, 216, 225, 233, 261
以東人	エドム人	Edomites	133,185, 186, 227, 294
以法蓮	エフライム	Ephraim	83, 89, 92, 115, 122, 124, 126, 127, 140, 148, 149, 155, 173, 185, 190, 208, 214, 227, 233, 234
以便以謝	エベン・エゼル	Ebenezer	155, 172, 173, 175
以革倫	エクロン	Ekron	154, 155, 173, 177, 199, 207, 211, 233
以倘	エタム	Etham	108, 109
以倫	エロン	Elon	74
以拿	イラデ	Irad	37
以格拉	エグラ	Eglah	223
以特念	イテレアム	Ithream	223
以笏	エフデ	Ehud	139, 149
以掃	エサウ	Esau	71, 72, 73, 74, 75, 76, 77, 81, 82, 83, 114, 191
以斯帖	エステル	Esther	164, 296, 297, 298, 301, 302, 303, 304
以斯拉	エズラ	Ezra	306
以實瑪利	イシュマエル	Ishmael	17, 52, 53, 54, 55, 62, 63, 64, 65, 66, 70
以實瑪利人	イシュマエル人	Ishmaelite	84, 85
以撒	イサク	Isaac	17, 22, 24, 55, 63, 64, 65, 66, 68, 69, 70, 71, 72, 73, 74, 75, 76, 77, 78, 82, 83, 85, 97, 100, 101, 103, 123, 153
以諾	エノク	Enoch	37
以賽亞	イザヤ	Isaiah	307
以薩迦	イッサカル	Issachar	83, 127, 148
以薩迦人	イッサカル人	Issachar	149
以攔	エラム	Elam	43
他拉	テラ	Terah	46, 47, 48, 51, 69, 70
他施	タルシシュ	Tarshish	225, 268, 269, 272
他瑪	タマル	Tamar	221
加各	カルコル	Karkor	147
加低斯・巴尼亞	カデシュ・バルネア	Kadeshbarnea	109, 122, 215
加利利	ガリラヤ	Galilee	233, 245, 268, 269
加利利海	ガリラヤ湖	Sea of Galilee	133, 185, 221
加們	カモン	Camon	148
古列	クロス	Cyrus	19, 281, 283, 289, 291, 292, 303, 306
古珊・利薩田	クシャン・リシュアタイム	Chushanrish-athaim	139
古實	カシュ;クシュ	Cush	41, 43
史蒂芬史匹伯	スティーブン・スピルバーグ	Steven Spielberg	14, 253
尼尼微	ニネベ	Nineveh	41, 268, 269, 270, 271, 272, 273, 275, 293
尼布	ネボ	Nebo	276, 277
尼布甲尼撒	ネブカデネザル	Nebuchadnez-zar	274, 277, 278, 279, 280, 281, 283, 284, 285, 286, 287, 289, 290, 297, 305
尼甲・沙利薛	リグリサル	Nergal-Sharezer	289
尼希米	ネヘミヤ	Nehemiah	306
尼姆魯德	ニムロデ	Nimrud	275, 293
尼波山	ネボ山	Mt . Nebo	123
尼散月	ニサン	Nisan	106
尼斐	ネフェグ	Nepheg	223
尼羅河	ナイル川	Nile River	47, 63, 88, 95, 96, 104, 1017, 109, 112, 163, 164
幼發拉底河	ユーフラテス川	Euphrates River	17, 40, 41, 42, 43, 44, 46, 47, 124, 269, 274, 275, 291
弗	プテ	hut	43

末底改	モルデカイ	Mordecai	297, 298, 300, 301, 302, 303, 304
瓦克斯曼	ワクスマン	Selman Abraham Waksman	14
瓦賓提	ワシュティ	Vashti	296, 297
示巴	シバ	Sheba	41
示法提雅	シェファテヤ	Shephatiah	223
示拿	シヌアル	Shinar	44
示瑪雅	シェマヤ	Shemaiah	234
示劍	シェケム	Shechem	47, 48, 84, 126, 127, 215, 232, 233, 234, 245, 261
示撒	シシャク	Shishak	227, 239
示羅	シロ	Shiloh	126, 127, 168, 169, 172, 173, 175, 185, 227, 233, 240, 246, 261

六劃

〈列王紀〉	列王志	The Books of Kings	20
〈列王紀下〉	列王志 第二	The Book of Second Kings	21
〈列王紀上〉	列王志 第一	The Book of First Kings	21
〈米示拿〉	ミシュナ	Mishnah	13
〈西番雅書〉	ゼパニア書	The Book of Zephaniah	21
亦迦	イスカ	Iscah	51, 70
伊甸	エデン	Eden	37
伊甸園	エデンの園	Garden of Eden	17, 28, 29, 30, 34, 36, 38, 41
伊拉克	イラク	Iraq	43, 44
伊施波設	イシュ・ボシェテ	Ishbosheth	214, 215
伊朗	イラン	Iran	43
伊斯塔	イシュタル	Ishtar	135
伊斯蘭教	イスラム教	Islam	12, 15, 16, 17, 34, 64, 65, 66, 128, 129, 130, 144, 282
伊撒	イーサー	Isa	129
伊磯倫	エグロン	Eglon	139
先知書（希伯來文聖經）	預言書；ネビイーム	Nebiim	19
印加帝國	インカ帝国	Inca Empire	102
吉甲	ギルガル	Gilgal	125, 127, 177, 185, 187, 191, 192, 233, 259, 261
地中海	地中海	Mediterranean	41, 43, 47, 57, 63, 79, 108, 109, 124, 127, 133, 155, 173, 185, 207, 211, 215, 233, 245, 261, 269, 293
多坍	ドタン	Dothan	233, 245
安那托利亞	アナトリア	Anatolia	128
安城	オン	On	41, 293
朱克	ザッカー	Adolph Zukor	14
朵多	ドド	Dodo	149
死海	死海	Dead Sea	43, 47, 49, 56, 57, 60, 61, 63, 67, 79, 81, 127, 133, 155, 173, 185, 204, 205, 207, 211, 215, 233, 245, 261, 269
汛的曠野	シンの荒野	wilderness of Sin	112, 114
米戶雅利	メフヤタル	Mehujael	37
米甲	ミカル	Michal	200, 201, 202, 215, 221, 223
米吉多	メギド	Megiddo	233
米利暗	ミリヤム	Miriam	96, 97, 111, 115, 123
米沙利	ミシャエル	Mishael	274, 276
米甸	ミデヤン	Midian	99, 109, 138, 133, 139, 140, 141, 142, 143, 144, 145, 146, 147
米甸人	メデヤン人	Midianites	
米拿現	メナヘム	Menahem	241
米烏尼	メウニ	Meunim	265
米設	メシェク	Meshech	43
米斯巴	ミツパ	Mizpah	150, 151, 152, 176, 177, 182, 185, 242
米煞	メシャク	Meshach	276, 284, 285
米該雅	ミカヤ	Micaiah	262, 263
米羅達	マルドク	Marduk	274, 275, 276, 286, 289
艾城	アイ	Ai	47
衣索比亞	エチオピア	Ethiopia	243, 296, 300
西巴	ゼバフ	Zebah	147
西台	ヒッタイト	Hittite	74, 274
西布倫	ゼブルン	Zebulun	83, 127, 143
西弗	ジフ	Ziph	204, 207
西克索	ヒクソス	Hyksos	94, 95
西宏	シホン	Sihon	150
西坡拉	チッポラ	Zipporah	99
西奈山	シナイ山	Mt . Sinai	18, 22, 100, 109, 116, 117, 118, 121, 122, 123, 140, 163, 245, 253, 254
西奈半島	シナイ半島	Sinai	57, 108, 112, 113, 122, 254
西奈的曠野	シナイの荒野	wilderness of Sinai	109, 161
西底家（猶大王）	ゼデキヤ	Zedekiah	243, 305
西底家（偽先知）	ゼデキヤ	Zedekiah	263

西頓	シドン	Sidon	41, 215, 225, 226, 233, 244, 246, 248
西頓人	シドン人	Sidonian	133, 148
西緬	シメオン	Simeon	83, 127

七劃

〈何西阿書〉	ホセア書	The Book of Hosea	21
〈但以理書〉	ダニエル書	The Book of Daniel	20, 21, 295
〈利未記〉	レビ記	The Book of Leviticus	20, 21, 22, 59, 146
〈那鴻書〉	ナホム書	The Book of Nahum	21
《希伯來聖經》	ヘブル語聖書	Hebrew Bible	12, 19, 21, 22
《貝爾福宣言》	バルフォア宣言	Balfour Declaration	166
佛洛伊德	フロイト	Frued	14, 248
何弗尼	ホフニ	Hophni	170, 172
何列斯	ホレシュ	Horesh	204, 211
何烈山	ホレブ山	Horeb	100, 101, 109, 116, 254
何細亞	ホセア	Hoshea	241, 305
但	ダン	Dan	83, 127, 155, 156, 185, 233, 235, 236
但以理	ダニエル	Daniel	274, 276, 277, 278, 279, 280, 280, 282, 284, 287, 290, 291, 292, 293, 294, 295, 305
伯・瑪迦的亞比拉	アベル・ベデ・マアカ	Abel Beth Maacah	233
伯・示麥	ベテ・シェメシュ	Beth-Shemesh	173, 174, 175, 233, 261
伯利恆	ベツレヘム	Bethlehem	41, 127, 194, 196, 203, 207, 211, 275, 293
伯沙撒	ベルシャツァル	Belshazzar	280, 289, 290, 291
伯・珊	ベテ・シャン	Beth-shan	185, 211, 213, 233
伯特利	ベテル	Bethel	47, 78, 79, 155, 173, 177, 233, 235, 236, 245, 259, 261
伯提沙撒	ベルテシャツァル	Belteshazzar	276
克里特島	クレタ島	Crete	110, 154
別是巴	ベエル・シェバ	Beersheba	63, 67, 77, 79, 233, 253
利未	レビ	Levi	83, 126, 177, 178, 180, 187, 235, 262, 290
利未人	レビ人	Levite	175, 178, 180, 187, 238, 265
利百加	リベカ	Rebekah	68, 69, 70, 71, 72, 73, 74, 75, 76, 77, 79, 83

利希	レヒ	Lehi	159
利亞	レア	Leah	78, 79, 80, 81, 83
利非訂	レフィディム	Rephidim	109, 114
利遜	レゾン	Rezon	227
吾珥	ウル	Ur	17, 23, 24, 41, 46, 47, 48, 52, 94, 275, 293
含	ハム	Ham	41, 42, 43, 74, 75
希未人	ヒビ人	Hivite	75, 133
希西家	ヒゼキヤ	Hezekiah	243
希伯	エベル	Eber	43
希伯來	ヘブル	Hebrew	20, 23, 24, 28, 30, 43, 188
希伯來大學	ヘブライ大学	Hebrew University	12
希伯崙	ヘブロン	Hebron	47, 50, 56, 57, 63, 67, 70, 82, 84, 127, 160, 207, 211, 214, 215, 216, 222, 224
希底結	ヒデケル	Hiddekel	40
希特勒	ヒトラー	Adolf Hitler	165
希該	ヘガイ	Hegai	297, 298
希羅多德	ヘロドトス	Herodotus	112
希臘化時期	ヘレニズム時	Hellenistic period	24
杜邦	デュポン	Du Pont	14
求生症候群	サバイバー・シドローム	survival syndrome	14
沙母亞	シムア(シャム	Shammuah	223
沙克	ソーク	Jonas Edward Salk	14
沙拉	シェラフ	Salah	43
沙法	シャファテ	Shaphat	255
沙烏地阿拉伯	サウジアラビア	Saudi Arabia	43
沙密	シャミル	Shamir	148, 149
沙得拉	シャデラク	Shadrach	276, 284, 285
沙瑪	シャマ	Shammah	194
沙龍	シャルム	Shallum	241
沒藥	没薬	myrrhCommi	84
沒藥屬	コミイフォラ属	phora	84
皂莢木	アカシヤ	acacia wood	161
貝克曼	ベックマン	Beckmann	15
貝都因人	ベドウイン	Bedouin	37, 114
貝爾福	バルフォア	Balfour	166
那波帕拉薩爾	ナバポラッサル	Nabopolassar	280

八劃

〈阿摩司書〉	アモス書	The Book of Amos	21
《牧羊少年奇幻之旅》	アルケミスト	The Alchemist	259
乳香	乳香	frankincense	84
乳香屬	ボスウェリア属	Boswellia Carteri	84
亞比以謝	アピエゼル	Abiezrite	143

亞比他	アビタル	Abital	223
亞比央	アビヤム	Abijah	236, 242, 243
亞比米勒	アビメレク	Abimelec（Abimelech）	139, 148, 149
亞比亞	アビヤ	Abiah	177
亞比亞他	エブヤタル	Abiathar	203
亞比拿達	アビナダブ	Abinadab	175, 194, 216
亞比挪菴	アビノアム	Abinoam	149
亞比該	アビガイル	Abigail	208, 209, 221, 223
亞比篩	アビシャイ	Abishai	206
亞他利雅	アタルヤ	Athaliah	243, 262
亞弗	アフェク	Aphek	172, 173, 211, 233
亞弗·德雷福	アルフレッド・ドレフェス	Alfred Dreyfus	165
亞甲	アガグ	Agag	192
亞吉	アキシュ	Achish	202, 203, 210, 211
亞多尼雅	アドニヤ	Adonijah	223, 233
亞多蘭	アドラム	Adoram	234
亞伯	アベル	Abel	36, 38
亞伯尼歌	アベデ·ネゴ	Abednego	276, 284, 285
亞伯拉罕	アブラハム	Abraham	17, 18, 22, 23, 24, 43, 46, 49, 52, 54, 55, 56, 57, 58, 59, 60, 61, 62, 63, 64, 65, 66, 67, 68, 69, 70, 71, 74, 77, 78, 81, 82, 83, 84, 85, 86, 88, 90, 94, 97, 100, 101, 103, 123, 140, 153, 214, 261
亞伯蘭	アブラム	Abram	46, 47, 48, 49, 50, 51, 52, 53, 54
亞希米勒	アヒメレク	Ahimelech	202, 203
亞希亞	アヒヤ	Ahijah	188, 190, 227, 232, 240
亞希暖	アヒノアム	Ahinoam	209, 221, 223
亞杜蘭	アドラム	Adullam	203, 211
亞拉臘山	アララテ山	Mt Ararat	39, 40, 41, 163, 275, 293
亞法撒	アルパクシャデ	Arphaxad	43
亞舍拉	アシェラ	Asherah	135, 142, 238, 239, 244, 249
亞哈	アハブ	Ahab	241, 244, 245, 248, 249, 250, 251, 252, 253, 256, 257, 262, 263, 264
亞哈斯	アハズ	Ahaz	243
亞哈隨魯	アハシュエロス	Ahasuerus	164, 296, 297, 298, 300, 303, 304
亞哈謝（以色列王）	アハズヤ	Ahaziah	241
亞哈謝（猶大王）	アハズヤ	Ahaziah	243
亞施毗拿	アシュペナズ	Ashpenaz	274, 275, 276
亞美尼亞	アルメニア	Armenia	40, 41, 43, 44
亞述（帝國）	アッシリア(帝国)	Assyria	19, 22, 41, 43, 54, 138, 197, 241, 248, 268, 270, 272, 274, 280, 305
亞述（閃的子孫）	アシュル	Asshur	43
亞們	アモン	Amon	243
亞倫	アロン	Aaron	101, 104, 105, 106, 111, 115, 121, 123, 178, 180, 306
亞拿突	アナトト	Anathoth	233
亞馬他	エクバタナ	Ecbatana	289
亞捫	アモン	Ammon	43, 109, 179, 183, 184, 185, 188, 215, 218, 225, 226, 233, 265
亞捫人	アモン人	Ammonite	61, 133, 139, 148, 150, 151, 152, 155, 183, 185, 186, 191, 212, 218, 220, 232, 238, 244
亞略	アルヨク	Arioch	277
亞設	アシェル	Asher	83, 127, 143
亞喀巴灣	アカバ湾	Gulf of Aqaba	108
亞斯他錄	アシュタロテ	Ashtaroth	135, 136, 148, 176, 213, 226, 244
亞筆月	アビブ	Abib	105, 106, 108
亞當	アダム	Adam	28, 29, 30, 31, 32, 33, 34, 35, 38, 51, 129
亞嫩河	アルノン川	Arnon	151, 233
亞實突	アシュドテ	Ashdod	154, 155, 173
亞實基倫	アシュケロン	Ashkelon	154, 155, 158
亞實基拿	アシュケナズ	Ashkenaz	43
亞瑪力	アマレク	Amalek	179, 207, 211, 215
亞瑪力人	アマレク人	Amalekite	114, 115, 133, 139, 140, 143, 144, 145, 146, 147, 148, 185, 191, 192, 210, 211
亞瑪謝	アマツヤ	Amaziah	243
亞摩利人	エモリ人；アモリ人	Amorites	75, 148, 151
亞撒	アサ	Asa	242, 243
亞撒利雅（但以理友人）	アザルヤ	Azariah	274, 276
亞撒利雅（猶大王）	アザルヤ	Azariah	243
亞歷山大	アレクサンドロス	Aleksandros	280, 281, 283
亞歷山卓	アレクサンドリヤ	Alexandria	20, 292

羅珥	アロエル	Aroer	233
蘭	アラム	Aram	43, 76, 215, 216, 233, 248, 255, 257, 262, 263, 264
蘭人	アラム人	Aramean	148
米科技	ナノテクノロジー	nanotechnology	28
德爾頌	メンデルスゾーン	Felix Mendelssohn	14
辛吉	キッシンジャー	Henry Alfred Kissinger	14
比斯	テバイス	Thebes	95
波拉	デボラ	Deborah	138, 139, 140, 149
格里斯河	チグリス川	Tigris River	17, 40, 41, 43, 46, 47, 269, 275
土利	ベトエル	thuel	69, 70
勒	ベル	Bel	274
多瑪	ソドム	Sodom	43, 47, 49, 56, 57, 58, 59, 60, 61, 127
羅巴伯	ゼルバベル	Zerubbabel	306
羅門	ソロモン	Solomon	18, 184, 223, 224, 225, 226, 227, 228, 229, 230, 232, 234, 235, 238, 241, 243, 286, 303, 306
丁文通俗本	ウルガタ聖書	Vulgata	20
巴	ラバ	Rabbah	218
巴西・米羅	ラバン・メロダグ	Labashi-Marduk	289
比多	ラビドテ	Lapidoth	149
加什	ラガシュ	Lagash	46
末	ラモテ	Ramoth	262, 263
美西斯	ラメセス	Ramses	154
班	ラバン	Laban	69, 70, 77, 78, 79, 80, 81
麥	レメク	Lamech	37
結	ラケル	Rachel	78, 79, 80, 81, 83, 84, 86
瑪	ラマ	Ramah	168, 177, 178, 180, 185, 195, 202, 207, 208, 211, 233
示巴	バテ・シェバ	Bathsheba	218, 220, 221, 223, 226
尼珥	アブネル	Abner	206, 214
沙龍	アブシャロム	Absalom	221, 222, 223, 238
帝汶	東ティモール	East Timor	283
提芝	ポティファル	Potiphar	85, 86
斯	ペルシャ	Persia	19, 24, 41, 164, 165, 280, 281, 282, 278, 291, 291, 293, 295, 296, 297, 300, 301, 303

波斯灣	ペルシャ湾	Persian Gulf	41, 47, 163, 269, 275, 293
法老	パロ	Pharaoh	85, 86, 87, 88, 89, 92, 94, 95, 96, 97, 98, 99, 100, 101, 102, 103, 104, 105, 110, 111, 164, 225
舍客勒	シェケル	Shekel	180, 186
芭芭拉史翠珊	バーブラ・ストライサンド	Barbra Streisand	14
陀伯	トブ	Tob	150
陀拉	トラ	Tola	139, 148, 149
陀迦瑪	トガルマ	Togarmah	43
阿拉	アッラー	Allah	15, 16, 129
阿拉伯人	アラブ人	Arab	17, 54, 55, 64, 75, 85, 166
阿拉伯半島	アラビヤ半島	Arabian Peninsula	99
阿拉伯沙漠	アラビヤ砂漠	Arabian Desert	41, 46, 47, 114, 269, 293
阿拉伯海	アラビヤ海	Arabian Sea	41
阿博拿	アブロナ	Ebronah	109
非尼哈	ピネハス	Phinehas	170, 172
非利士	ペリシテ	Philistine	43, 109, 155, 159, 163, 173, 196, 198, 200, 202, 203, 207, 211, 215, 216, 233, 261
非利士人	ペリシテ人	Philistines	108, 110, 133, 134, 138, 139, 148, 189, 154, 155, 156, 157, 158, 159, 160, 161, 163, 172, 173, 174, 175, 176, 182, 186, 187, 188, 190, 191, 196, 197, 199, 201, 203, 204, 210, 212, 214

九劃

〈俄巴底亞書〉	オバデヤ書	The Book of Obadiah	21
〈哈巴谷書〉	ハバクク書	The Book of Habakkuk	21
〈哈該書〉	ハガイ書	The Book of Haggai	21
〈約伯記〉	ヨブ記	The Book of Job	20, 21, 22
〈約拿書〉	ヨナ書	The Book of Jonah	21
〈約書亞記〉	ヨシュア記	The Book of Joshua	20, 21, 132
〈約珥書〉	ヨエル書	The Book of Joel	21

〈耶利米哀歌〉	哀歌	The Book of Lamentations	20, 21
〈耶利米書〉	エレミヤ書	The Book of Jeremiah	20, 21
〈革馬拉〉	ゲマラー	Gemara	13
亭拿	ティムナ	Timnath	157, 160
侯賽因	フサイン	Husayn	166
便亞米	ベン・アミ	Benammi	61
便雅憫	ベニヤミン	Benjamin	82, 83, 84, 90, 127, 149, 155, 173, 180, 182, 185, 214, 226, 233, 234, 238, 241, 243
保羅・科爾賀	パウロ・コエーリョ	Paulo Coelho	259
俄巴底	オバデヤ	Obadiah	248, 249
俄弗拉	エフライム	Ophrah	140
俄陀聶	オテニエル	Othniel	139, 149
俄梅珥	オメル	omer	113
南斯拉夫	ユーゴスラビア	Yugoslavia	283
哈大沙	ハダサ	Hadassah	297
哈及	ハギデ	Haggith	223
哈列	ハレテ	Hareth	203, 211
哈拿	ハンナ	Hannah	168, 169, 185
哈拿尼雅	ハナヌヤ	Hananiah	274, 276
哈馬	ハマテ	Hamath	133
哈曼	ハマン	Haman	164, 300, 301, 302, 303, 304
哈達	ハダデ	Hadad	227
哈薛	ハザエル	Hazael	255, 263
哈蘭（地名）	カラン；ハラン	Haran	41, 47, 48, 50, 62, 68, 71, 76, 77, 78, 80, 94, 275, 293
哈蘭（亞伯拉罕的兄弟）	ハラン	Haran	46, 51, 70
律法書（希伯來文聖經）	律法の書；トーラー	Torah	19
扁豆	レンズ豆	lentil	72
拜占庭帝國	ビザンチン帝国	Byzantine Empire	128
施洗者約翰	洗礼者ヨハネ	John the Baptist	307
毗尼拿	ペニンナ	Peninnah	168
毗努伊勒	ペヌエル	Penuel	82, 233
流本	ルベン	Reuben	83, 85, 91, 123, 127, 233
洗革拉	ツィケラグ	Ziklag	207, 210, 211, 213
派拉蒙電影公司	パラマウント・ピクチャー	Paramount Picture	14
洛克斐勒	ロックフェラー	Rockefeller	14
突尼西亞	チュニジア	Tunisia	280
紅海	紅海	Red Sea	41, 47, 57, 63, 108, 109, 110, 111, 112, 118, 125, 215, 269, 275, 293
約旦	ヨルダン	Jordan	43, 49, 60
約旦王國	ヨルダン王国	Hashemite Kingdom of Jordan	166
約旦河	ヨルダン川	Jordan River	68, 79, 123, 124, 125, 124, 127, 133, 134, 140, 143, 150, 151, 184, 185, 187, 197, 211, 214, 216, 222, 233, 245, 260
約西亞	ヨシヤ	Josiah	261
約坍	ヨクタン	Joktan	236, 243
約沙法	ヨシャパテ	Jehoshaphat	43, 243, 262, 263, 265, 266
約坦	ヨタム	Jotham	265, 266
約帕	ヨッパ	Joppa	243, 268
約押	ヨアブ	Joab	269, 270
約阿施（基甸之父）	ヨアシュ	Joash	214, 215, 216, 219, 221
約阿施（以色列王）	ヨアシュ	Joash	140, 142, 149, 241
約阿施（猶大王）	ヨアシュ	Joash	243
約哈斯（以色列王）	エホアハズ	Jehoahaz	241
約哈斯（猶大王）	エホアハズ	Jehoahaz	243
約拿	ヨナ	Jonah	268, 269, 270, 271, 272, 273
約拿單	ヨナタン	Jonathan	185, 186, 188, 190, 191, 200, 201, 202, 204, 212, 213
約書亞	ヨシュア	Joshua	18, 114, 115, 122, 123, 124, 125, 126, 127, 132, 134, 139
約書亞（伯・示麥人）	ヨシュア	Joshua	174
約珥	ヨエル	Joel	177
約基別	ヨケベテ	Jochebed	96, 97, 98
約斤	エホヤキン	Jehoiachin	243
約雅敬	エホヤキム	Jehoiakim	243, 274, 276
約瑟	ヨセフ	Joseph	17, 22, 80, 83, 84, 85, 86, 87, 88, 89, 90, 91, 92, 94, 126, 208
約蘭（以色列王）	ヨラム	Joram	241
約蘭（猶大王）	ヨラム	Jehoram	243, 243, 262
美索不達米亞	メソポタミア	Mesopotamia	41, 43, 44, 46, 55, 66, 76, 78, 90, 95, 139, 165, 241, 244, 293
耶戶	エフー	Jehu	241, 255, 258
耶布斯人	エブス人	Jebusite	75, 216

中文	日文	英文	頁碼
耶弗他	エフタ	Jephthah	138, 139, 149, 150, 151, 152, 153, 155, 183, 197
耶西	エッサイ	Jesse	194, 196, 208
耶利米	エレミヤ	Jeremiah	188, 305
耶利哥	エリコ	Jericho	41, 109, 124, 125, 126, 127, 215, 259, 260, 261, 275, 293
耶和華（亦稱為「雅威」）	ヤハウェ	Yahweh	15, 16, 42, 94, 98, 101, 104, 105, 106, 107, 118, 119, 126, 127, 146, 176, 219, 224, 239, 244, 248, 250, 251, 254, 268, 275, 276, 279, 305
耶洗別	イゼベル	Jezebel	244, 245, 246, 248, 253, 254, 255, 256, 257, 258
耶斯列	イズレエル	Jezreel	143, 209, 233, 245, 252, 253, 256, 257, 264
耶路・巴力	エルバアル	Jerubbaal	142
耶路撒冷	エルサレム	Jerusalem	18, 19, 24, 41, 50, 78, 79, 127, 128, 144, 155, 164, 173, 176, 182, 187, 196, 207, 211, 215, 216, 218, 221, 222, 223, 224, 227, 233, 234, 235, 238, 239, 242, 243, 245, 261, 265, 266, 274, 275, 276, 286, 289, 293, 294, 297, 296, 305, 306
耶賓	ヤビン	Jabin	139
耶穌	イエス	Jesus	15, 16, 46, 64, 117, 128, 129, 191, 222, 255, 283, 307
耶羅波安	ヤロブアム	Jeroboam	226, 227, 232, 233, 234, 235, 236, 239, 240, 241, 242
若望保祿二世	ヨハネ・パウロ2世	Pope John Paul II	178
迦太基	カルタゴ	Carthago	280
迦巴	ゲバ	Geba	155
迦南	カナン	Canaan	17, 18, 22, 23, 24, 41, 42, 46, 47, 48, 49, 52, 54, 57, 62, 63, 66, 67, 70, 71, 74, 77, 80, 81, 84, 90, 91, 92, 94, 100, 104, 105, 106, 108, 109, 110, 115, 122, 124, 125, 126, 127, 132, 133, 135, 136, 139, 150, 154, 155, 160, 172, 176, 186, 191, 196, 216, 238, 244, 248, 261, 293
迦南（含的子孫）	カナン	Canaan	43, 74
迦南人	カナン人	Canaanite	42, 43, 67, 74, 75, 77, 133, 135, 136, 140, 150, 183
迦特	ガテ	Gath	154, 155, 173, 177, 196, 199, 202, 203, 207, 210, 211, 233
迦特・希弗	ガテ・ヘフェル	Gath Hepher	233
迦勒	カレブ	Caleb	122, 149
迦勒底	カルデヤ	Chaldees	17, 23, 46, 48
迦基米施	カルケミシュ	Carchemish	274, 275, 280
迦密	カルメル	Carmel	206, 207, 208, 209
迦密山	カルメル山	Mount Carmel	127, 215, 233, 245, 249, 250, 252, 253, 261
迦得	ガド	Gad	83, 123, 127, 233, 262
迦薩	ガザ	Gaza	41, 43, 79, 108, 140, 154, 155, 160, 161, 163, 173, 215, 233
哥林多	コリント	Corinth	280

十劃

中文	日文	英文	頁碼
夏甲	ハガル	Hagar	17, 52, 53, 54, 62, 63, 64, 68, 71
夏娃	エバ	Eve	28, 29, 30, 31, 32, 33, 334, 35, 38
夏瑣	ハツォル	Hazor	233
拿八	ナバル	Nabal	208, 209, 221
拿弗他利	ナフタリ	Naphtali	83, 127, 143, 233
拿伯	ナボテ	Naboth	256, 257, 264
拿波尼度	ナボニダス	Nabonidus	289, 290
拿細耳人	ナジル人	Nazirite	156, 157, 161, 163, 226

拿單（先知）	ナタン	Nathan	217, 218, 219, 220, 222
拿單（大衛的兒子）	ナタン	Nathan	223
拿答	ナダブ	Nadab	236, 240, 241
拿瑪	ナアマ	Naamah	232, 238
拿轄	ナハシュ	Nahash	183, 184, 185, 212
拿鶴	ナホル	Nahor	46, 51, 68, 70, 79
挪伯	ノブ	Nob	202, 203, 211
挪亞	ノア	Noah	38, 39, 40, 41, 42, 43, 44, 46, 51, 74, 254, 290
挪迦	ノガハ	Nogah	223
挪得	ノデ	Nod	37, 38
書珊	スサ	Susa	41, 275, 293, 296, 297, 301
書珥曠野	シュルの荒野	wilderness of Shur	112
朔罷	ショハブ	Shobab	223
烏加里特	ウガリット	Ugaritic	135
烏西雅	ウジヤ	Uzziah	243
烏利亞	ウリヤ	Uriah	218, 219, 220, 221, 226
烏爾班二世	ウルバヌス2世	Urbanus II	128
烏魯克	ウルク	Uruk	46
特拉維夫	テルアビブ	Tel Aviv	268
益轄	イブハル	Ibhar	223
納粹	ナチス	Nazis	165, 166
閃	セム	Shem	41, 42, 43, 44, 46, 75
閃族	セム族	Semite	95
馬利亞	マリア	Miriam ; Mary	96
馬里	マリ	Mari	275, 293
馬特利	マテリ	Matri	182
高登舒米	ゴールドシュミット	Goldschmied	15

十一劃

《第五座山》	第五の山	The Fifth Mountain	259
參孫	サムソン	Samson	138, 139, 149, 154, 155, 156, 157, 158, 159, 160, 161, 163, 168, 197, 290
基土拉	ケツラ	Keturah	140
基士	キシュ	Kish	180, 182, 183
基比亞	ギブア；ギベア	Gibeah	184, 202, 206, 207, 211
基比頓	ギベトン	Gibbethon	233
基尼烈湖	キネレトの海	Chinnereth	127, 133, 185, 233
基立溪	ケリテ川	Kerith Ravine	233, 245
基伊拉	ケイラ	Keilah	203, 204, 211
基列（地名）	ギルアデ	Gilead	85, 150, 151, 152, 153, 222, 233, 245, 262, 263
基列（人名）	ギルアデ	Gilead	149
基列人	ギルアデ人	Gileadite	148, 149
基列的拉末	ラモテ・ギレアデ	Ramoth Gilead	233
基列・耶琳	キルヤテ・エアリム	Kirjathjearim	173, 175, 216
基列・雅比（雅比）	ヤベシュ・ギルアデ	Jabesh-gilead	184, 185, 186, 191, 211, 212, 215
基色	ゲルゼ	Gezer	155, 233
基色人	ゲゼル人	Gezrites	210
基利押	キレアブ	Chileab	223
基利波山	ギルボア山	Mount Gilboa	155, 211, 212
基甸	ギデオン	Gideon	138, 139, 140, 141, 142, 143, 144, 145, 146, 147, 148, 149, 197
基拉	ゲラ	Gera	149
基拉耳	ゲラル	Gerar	47
基抹	モス；ケモシュ	Chemosh	226, 244
基述	ゲシュル	Geshur	221
基述人	ゲシュル人	Geshurites	210
基納	ギナテ	Ginath	240
基納斯	ケナズ	Kenaz	149
基提	キテム	Kittim	43
基督	キリスト	Christ	128
基督教	キリスト教	Christianity	12, 15, 16, 34, 54, 64, 66, 128, 129, 130, 144, 165, 222, 282, 307
基遍	ギブオン	Gibeon	224
密抹	ミクマス	Michmash	187
密迦	ミルカ	Milcah	46, 51, 70
得撒	ティルツア	Tirzah	233, 240, 241
悉帕	ジルパ	Zilpah	80, 83
掃羅	サウル	Saul	132, 139, 180, 182, 183, 184, 185, 186, 187, 188, 190, 191, 192, 193, 194, 195, 196, 197, 198, 199, 200, 201, 202, 203, 204, 205, 206, 207, 210, 212, 213, 214, 215, 217, 220, 221, 241, 243
推羅	ツロ	Tyre	41, 215, 228, 244, 269
敘利亞	シリヤ	Syria	150, 154, 244, 248, 274, 280
梭烈谷	ソレク	the valley of Sorek	160
混沌	カオス	Chaos	26
疏割	スコテ	Succoth	108, 109
細菌	バクテリア	bacteria	14
麥比拉	マクペラ	Machpelah	67

麥加	メッカ	Mecca	144
麥地那	メディア	Medina	144
麥西	ミツライム	Mizraim	43
麥馬漢	マクマホン	Henry McMahon	166

十二劃

〈創世記〉	〈創世記〉	The Book of Genesis	19, 21, 22, 28, 43, 52, 54, 55, 56, 59, 68, 71, 73, 76, 81, 84, 88, 90
〈雅歌〉	雅歌	Song of Songs	20, 21, 22, 228
凱撒	シーザー	Caesar	281, 282
勞倫斯	ロレンス	Laurence	166
喬治索羅斯	ソロス	George Soros	15
尋的曠野	ツィンの荒野	wilderness of Zin	109
是比尼	ティブニ	Tibni	240
提拉	ティラス	Tiras	43
提斯比	ティシュベ	Tishbe	233, 245
普瓦	プワ	Puah	149
普立兹克	プリツカー	Pritzker	15
普拉	プラ	Phurah	145
猶八	ユバル	Jubal	37
猶大	ユダ	Judah	23, 83, 85, 122, 127, 155, 159, 173, 184, 188, 192, 194, 203, 204, 214, 215, 226, 234, 238, 241, 253, 261, 298, 306
猶大王國	ユダ王国	Kingdom of Judah	24, 165, 232, 233, 234, 235, 236, 239, 241, 242, 243, 262, 265, 266, 274, 284, 290, 294, 305, 306, 307
猶太教	ユダヤ教	Judaism	12, 14, 15, 16, 19, 22, 34, 54, 64, 66, 117, 128, 129, 130, 144, 164, 222, 253, 282, 289, 300, 305, 307
猶太教會堂	シナゴーグ	synagogue	165, 289
猶太復國運動	シオニズム	Zionism	166
猶滴	エフディテ	Judith	74
腓尼基	フェニキア	Phoenicia	43, 90, 215, 216, 244
華納	ワーナー	Warner	14
萊德伯格	レーダーバーグ	Joshua Lederberg	14
鄂圖曼帝國	オスマン帝国	Ottoman Empire	166
雅八	ヤバル	Jabal	37
雅弗	ヤペテ	Japheth	41, 42, 43

雅各	ヤコブ	Jacob	17, 22, 24, 71, 72, 73, 74, 75, 76, 77, 78, 80, 81, 82, 83, 84, 85, 94, 97, 100, 101, 103, 114, 123, 126
雅完	ヤワン	Javan	43
雅典	アテネ	Athens	280
雅典娜	アテナ	Athena	135
雅非亞	ヤフィア	Japhia	223
雅哈悉	ヤハジエル	Jahaziel	265
雅博河	ヤボク川	Jabbok river	82, 133, 151, 222

十三劃

〈傳道書〉	伝道者の書	The Book of Ecclesiastes	20, 21, 22, 228, 229, 230
〈詩篇〉	詩篇	The Book of Psalms	20, 21, 22, 220, 228
〈路得記〉	ルツ記	The Book of Ruth	20, 21
嗎哪	マナ	Manna	113, 114, 118, 125
塞浦路斯	キプロス	Cyprus	41, 275
塞特	セツ	Seth	38
塞爾柱土耳其	セルジューク・トルコ	Seljuk Turks	128
愛因斯坦	アインシュタイン	Albert Einstein	14
愛琴海	エーゲ海	Aegean Sea	43, 110, 154
暗利	オムリ	Omri	240, 241, 244
暗嫩	アムノン	Amnon	221, 223
暗蘭	アムラム	Amram	96
聖卷（希伯來文聖經）	諸書;ケスビーム	Kethubim	19
聖熱羅尼莫	聖ジェロム(ヒエローニュムス)	St. Jerome; St. Hieronymus	20
聖戰	聖戦;ジハード	jihad	128, 130
葦海	葦の海	Reed Sea	108
葉忒羅	イテロ	Jethro	99, 101
葛林斯潘	グリーンスパン	Alan Greenspan	14
蛾摩拉	ゴモラ	Gomorrah	43, 49, 56, 57, 58, 59, 60, 61, 127
該隱	カイン	Cain	36, 37, 38
詹姆士迪恩	ジェームス・ディーン	James Dean	36
路斯	ルズ	Luz	78
路德	ルデ	Lud	43
辟拉	ビルハ	Bilhah	83
逾越節	過ぎ越しの祭り	Passover	105
雷梅爾	レンメル	Carl Laemmle	14
睚珥	ヤイル	Jair	139, 148, 149
裏海	カスピ海	Caspian Sea	41, 43, 275, 293

十四劃

〈瑪拉基書〉	マラキ書	The Book of Malachi	13, 21

317

《漢摩拉比法典》	ハムラビ法典	Code of Hammurabi	52
幔利	マムレ	Mamre	50, 56, 57, 62
榮格	ユング	Carl Gustav Jung	248
歌利亞	ゴリヤテ	Goliath	196, 197, 198, 199, 200, 201, 202, 203, 208
歌珊	ゴシェン	Goshen	47, 92, 94, 101, 105, 106, 108, 109
歌篾	ゴメル	Gomer	43
瑣拉	ツオルア	Zorah	149, 156
瑣珥	ツオアル	Zoar	60, 61
瑪土撒利	メトシェル	Methusael	37
瑪代	メディヤ;マダイ	Medes ; Media ; Madai	41, 43, 275, 280, 281, 289, 291, 293
瑪各	マゴグ	Magog	43
瑪拉	マラ	Marah	112
瑪拉基	マラキ	Malachi	307
瑪哈念	マハナイム	Mahanaim	214, 222
瑪迦	マアカ	Maacah	223, 238
瑪拿西	マナセ	Manasseh	83, 88, 89, 92, 123, 126, 127, 138, 140, 141, 143, 149, 233
瑪拿西（猶大王）	マナセ	Manasseh	243
瑪挪亞	マノア	Manoah	149, 156
瑪雲	マオン	Maon	204, 208, 211
瑪撒	マサ	Massah	114
福斯	フォックス	Fox	14
赫	ヒッタイト;ヘテ	Hittite ; Heth	41, 43
赫人	ヘテ人	Hittite	74, 75, 134
赫茨爾	テオドール・ヘルツル	Theodor Herzl	165, 166
赫族	ヘテ族	Hittite	95, 218, 225, 274

十五劃

〈撒加利亞書〉	ゼカリア書	The Book of Zechariah	21
〈撒母耳記〉	サムエル記	The Books of Samuel	20, 132
〈撒母耳記上〉	サムエル記第一	The Book of First Samuel	21
〈撒母耳記下〉	サムエル記第二	The Book of Second Samuel	21
〈箴言〉	箴言	The Book of Proverbs	20, 21, 22, 228
摩西	モーセ	Moses	16, 18, 20, 21, 22, 94, 96, 97, 98, 99, 100, 101, 102, 103, 104, 105, 106, 108, 109, 110, 111, 112, 113, 114, 115, 116, 117, 118, 119, 120, 122, 123, 124, 125, 127, 132, 148, 150, 164, 191, 197, 218, 221, 224, 254, 255, 306
摩利山岡	モレ	Moreh	143
摩利亞山	モリや山	Mount Moriah	65, 66
摩押	モアブ	Moab	61, 109, 123, 127, 139, 179, 188, 203, 207, 211, 215, 216, 225, 226, 233, 245, 261, 265
摩押人	モアブ人	Moabite	61, 133, 148, 151, 185, 186, 203, 244
摩洛	モロク	Molech	226
摩根	モルガン	Morgan	14
撒母耳	サムエル	Samuel	132, 168, 169, 170, 171, 176, 177, 178, 179, 180, 182, 184, 185, 186, 187, 191, 192, 193, 194, 195, 200, 202, 208, 212, 213, 215
撒但	サタン	Satan	30, 33, 86
撒拉	サラ	Sarah	17, 55, 56, 62, 63, 64, 67, 68, 70, 83
撒迦利亞	ゼカリヤ	Zechariah	306
撒迦利雅	ゼカリヤ	Zechariah	241
撒勒法	ツァレファテ	Zarephath	245, 246
撒萊	サライ	Sarai	46, 48, 49, 50, 51, 52, 53, 54, 55
撒瑪利亞	サマリア	Samaria	233, 244, 245, 249, 256, 257, 261, 264
撒慕拿	ツァルムナ	Zalmunna	147
黎巴嫩	レバノン	Lebanon	43, 124, 216
黎巴嫩山	レバノン山	Mount Lebanon	133

十六劃

〈歷代志〉	歷代志	The Books of Chronicles	20, 21
〈歷代志下〉	歷代志 第二	The Book of Second Chronicles	21
〈歷代志上〉	歷代志 第一	The Book of First Chronicles	21
噩	オグ	Og	150
穆罕默德	ムハメド	Mohammed	17, 66, 128, 129
穆斯林	ムスリム	Muslim	128
謁巴力	エテバアル	Ethbaal	244

錫安	シオン	Zion	296
十七劃			
〈彌迦書〉	ミカ書	The Book of Micah	21
彌賽亞	メシヤ	Messiah	13, 22, 128, 129, 305, 306, 307
環球電影公司	ユニバーサル・ピクチャー	Universal Picture	14
禧年	ヨベルの年	jubile	150
薛西斯一世	クセルクセス1世	Xerxes I	296
謝拉	ゼラフ	Zerah	243
隱・基底	エン・ゲディ	Engedi	204, 205, 206, 207, 201, 265
十八劃			
薩爾恭	サルゴン	Sargon	138, 305
十九劃			
《羅馬法》	ローマ法	Corpus Juris Civilis	282
離散的猶太人	ディアスポラ	Diaspora	256, 284, 289
羅波安	レハブアム	Rehoboam	232, 233, 234, 235, 236, 238, 239, 242, 243
羅得	ロト	Lot	46, 47, 48, 49, 50, 51, 59, 60, 61, 70
羅斯柴爾德	ロスチャイルド	Rothschild	14
鏈黴素	ストレプトマイシン	streptomycin	14
二十劃			
蘇伊士灣	スエズ湾	Gulf of Suez	108
蘇美	シュメール	Sumer	41, 46
二十一劃			
蘭塞	ラメセス	Rameses	47, 106, 108, 109
蘭德斯泰納	ランドスタイナー	Landsteiner	14

國家圖書館出版品預行編目(CIP)資料

圖解舊約聖經 / 生田哲著；黃碧君譯. -- 修訂一版. -- 臺北市：
易博士文化, 城邦文化出版：家庭傳媒城邦分公司發行, 2018.09
　　面；　公分
譯自：早わかり 旧約聖書
ISBN 978-986-480-063-6(平裝)
1.舊約 2.聖經研究
241.1　　　　　　　　　　　　　　　　　107015638

DK0083
圖解舊約聖經【更新版】

原　著　書　名	／	早わかり　旧約聖書
原　出　版　社	／	日本實業出版社
作　　　　者	／	生田哲
譯　　　　者	／	黃碧君
選　　書　　人	／	蕭麗媛
執　行　編　輯	／	蔡曼莉、呂舒崝
業　務　經　理	／	羅越華
總　　編　　輯	／	蕭麗媛
視　覺　總　監	／	陳栩椿
發　　行　　人	／	何飛鵬
出　　　　版	／	易博士文化

城邦文化事業股份有限公司
台北市中山區民生東路二段141號8樓
電話：(02) 2500-7008 傳真：(02) 2502-7676
E-mail：ct_easybooks@hmg.com.tw

發　　　　行／英屬蓋曼群島商家庭傳媒股份有限公司城邦分公司
台北市中山區民生東路二段141號11樓
書虫客服務專線：(02) 2500-7718、2500-7719
服務時間：週一至週五上午09:30-12:00 ；下午13:30-17:00
24小時傳真服務：(02) 2500-1990、2500-1991
讀者服務信箱：service@readingclub.com.tw
劃撥帳號：19863813
戶名：書虫股份有限公司

香港發行所／城邦（香港）出版集團有限公司
香港灣仔駱克道193號東超商業中心1樓
電話：(852) 2508-6231 傳真：(852) 2578-9337
E-mail：hkcite@biznetvigator.com

馬新發行所／城邦（馬新）出版集團【Cite (M) Sdn. Bhd. (458372U)】
11, Jalan 30D/146, Desa Tasik, Sungai Besi,
57000 Kuala Lumpur, Malaysia
電話：(603) 9056-3833 傳真：(603) 9056-2833

封　面　構　成	／	廖冠雯
美　術　編　輯	／	廖冠雯
製　版　印　刷	／	卡樂彩色製版印刷有限公司

HAYAWAKARI KYUYAKU SEISYO
© SATOSHI IKUTA 2002
Originally published in Japan in 2002 by Nippon Jitsugyo Publishing Co., Ltd.
Traditional Chinese translation rights arranged with Nippon Jitsugyo Publishing Co., Ltd.
Through AMANN CO., LTD.

■2007年4月2日初版
■2018年9月27日修訂一版
ISBN / 978-986-480-063-6

定價450元　HK$150

城邦讀書花園
www.cite.com.tw